에듀윌과 함께 시작하면,
당신도 합격할 수 있습니다!

대학 진학 후 진로를 고민하다 1년 만에
서울시 행정직 9급, 7급에 모두 합격한 대학생

직장생활과 병행하며 7개월간 공부해
국가공무원 세무직에 당당히 합격한 51세 직장인까지

누구나 합격할 수 있습니다.
시작하겠다는 '다짐' 하나면 충분합니다.

마지막 페이지를 덮으면,

**에듀윌과 함께
공무원 합격이 시작됩니다.**

공무원 1위

70개월 베스트셀러 1위
에듀윌 공무원 교재

기초부터 확실하게 기본 이론

기본서
국어 독해

기본서
국어 문법

기본서
영어 독해(생활영어·어휘 포함)

기본서
영어 문법

기본서
한국사

기본서
행정법총론

기본서
행정학

다양한 출제 유형 대비 문제집

유형별 문제집
국어

유형별 문제집
영어 독해·생활영어

유형별 문제집
영어 문법·어휘

단원별 기출&예상 문제집
한국사

단원별 기출&예상 문제집
행정법총론

단원별 기출문제집
행정학

* YES24 수험서 자격증 공무원 베스트셀러 1위 (2017년 3월, 2018년 4월~6월, 8월, 2019년 4월, 6월~12월, 2020년 1월~12월, 2021년 1월~12월, 2022년 1월~12월, 2023년 1월~12월, 2024년 1월~7월, 9월~10월 월별 베스트, 매월 1위 교재는 다름)
* YES24 국내도서 해당분야 월별, 주별 베스트 기준

에듀윌 공무원

출제경향 파악 기출문제집

9급공무원 기출문제집
영어

9급공무원 기출문제집
한국사

9급공무원 기출문제집
행정학

9급공무원 기출문제집
행정법총론

7급 대비 PSAT 교재   실전 대비 모의고사

7급/민간경력자
PSAT 기출문제집

기출 품은 모의고사
국어

더 많은
공무원 교재

eduwill

* 교재 이미지는 변경될 수 있습니다.

공무원 1위

1초 합격예측
모바일 성적분석표

1초 안에 '클릭' 한 번으로 성적을 확인하실 수 있습니다!

활용 GUIDE

실시간 성적분석 방법!

- STEP 1: QR 코드 스캔
- STEP 2: 모바일 OMR 입력
- STEP 3: 자동채점 & 성적분석표 확인

STEP 1

QR 코드 스캔

- 교재의 QR 코드를 모바일로 스캔 후 에듀윌 회원 로그인
- QR 코드 하단의 바로가기 주소로도 접속 가능

STEP 2

모바일 OMR 입력

- 회차 확인 후 '응시하기' 클릭
- 모바일 OMR에 답안 입력
- 문제풀이 시간까지 측정 가능

STEP 3
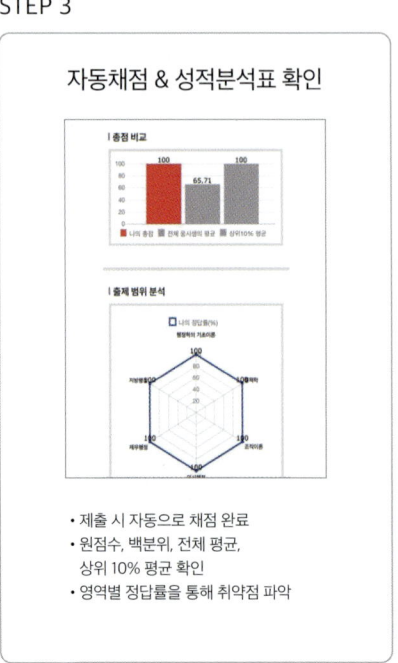

자동채점 & 성적분석표 확인

- 제출 시 자동으로 채점 완료
- 원점수, 백분위, 전체 평균, 상위 10% 평균 확인
- 영역별 정답률을 통해 취약점 파악

※ 본 서비스는 에듀윌 공무원 교재(연도별, 회차별 문항이 수록된 교재)를 구입하는 분에게 제공됨.

에듀윌 공무원

공무원,
에듀윌을 선택해야 하는 이유

합격자 수 수직 상승
2,100%

명품 강의 만족도
99%

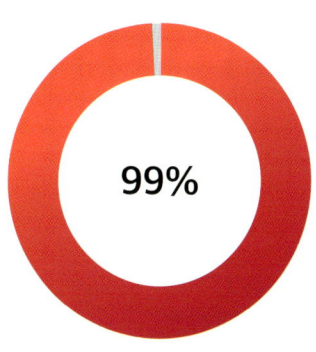

공무원

베스트셀러 1위
70개월(5년 10개월)

5년 연속 공무원 교육
1위

* 2017/2022 에듀윌 공무원 과정 최종 환급자 수 기준   * 9급공무원 대표 교수진 2023년 7월 ~ 2024년 4월 강의 만족도 평균(배영표, 헤더진, 한유진, 이광호, 김용철)
* YES24 수험서 자격증 공무원 베스트셀러 1위 (2017년 3월, 2018년 4월~6월, 8월, 2019년 4월, 6월~12월, 2020년 1월~12월, 2021년 1월~12월, 2022년 1월~12월, 2023년 1월~12월, 2024년 1월~7월, 9월~10월 월별 베스트, 매월 1위 교재는 다름)
* 2023, 2022, 2021 대한민국 브랜드만족도 7·9급공무원 교육 1위 (한경비즈니스) / 2020, 2019 한국브랜드만족지수 7·9급공무원 교육 1위 (주간동아, G밸리뉴스)

eduwill

공무원 1위

1위 에듀윌만의
체계적인 합격 커리큘럼

원하는 시간과 장소에서
온라인 강의

① 업계 최초! 기억 강화 시스템 적용
② 과목별 테마특강, 기출문제 해설강의 무료 제공
③ 초보 수험생 필수 기초강의와 합격필독서 무료 제공

쉽고 빠른 합격의 첫걸음 **합격필독서 무료** 신청

최고의 학습 환경과 빈틈 없는 학습 관리
직영 학원

① 현장 강의와 온라인 강의를 한번에
② 확실한 합격관리 시스템, 아케르
③ 완벽 몰입이 가능한 프리미엄 학습 공간

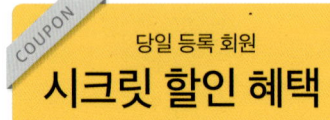 

합격전략 설명회 신청 시 **당일 등록 수강 할인권** 제공

친구 추천 이벤트

" **친구 추천**하고 한 달 만에
920만원 받았어요 "

친구 1명 추천할 때마다 현금 10만원 제공
추천 참여 횟수 무제한 반복 가능

※ *a*o*h**** 회원의 2021년 2월 실제 리워드 금액 기준
※ 해당 이벤트는 예고 없이 변경되거나 종료될 수 있습니다.

친구 추천 이벤트
바로가기

---

* 2023 대한민국 브랜드만족도 7·9급공무원 교육 1위 (한경비즈니스)

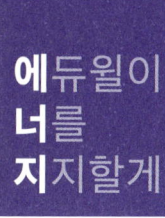

세상을 움직이려면
먼저 나 자신을 움직여야 한다.

– 소크라테스(Socrates)

설문조사에 참여하고 스타벅스 아메리카노를 받아가세요!

에듀윌 9급공무원 유형별 문제집 영어를 선택한 이유는 무엇인가요?
소중한 의견을 주신 여러분들에게 더욱더 완성도 있는 교재로 보답하겠습니다.

- **참여 방법** 좌측 QR코드 스캔 ▶ 설문조사 참여(1분만 투자하세요!)
- **이벤트 기간** 2025년 8월 22일~2026년 7월 31일
- **추첨 방법** 매월 1명 추첨 후 당첨자 개별 연락
- **경품** 스타벅스 아메리카노(tall size)

2026

에듀윌 9급공무원
유형별 문제집

영어 독해 · 생활영어

저자의 말

수험생 여러분 안녕하세요, 헤더진입니다.

적지 않은 시간을 공무원 영어로 수험생들과 소통해 왔습니다.
그리고 그 시간 동안 공무원 영어 출제 기조 변화가 크고 작게 있었습니다.
하지만 그 어느 해도 올해만큼 출제 변화의 폭이 컸던 적은 없었습니다.
새로운 시험에 대해 서술하자면, 추론 영역의 문항이 확대되었고, 독해 영역이 큰 폭으로 늘어났으며, 문법, 어휘 그리고 생활영어는 전반적인 난이도는 낮아진 가운데, 기본에 충실한 요소들의 비중이 늘어났습니다.

시험이 달라진 만큼, 이에 대한 문제풀이 교재도 달라져야 했습니다.
수험생 입장에서 시간과 노력이 허비되지 않도록 밀도 있는 교재를 만들어야겠다고 생각했습니다.
기존 교재에서 쓸 수 없는 문제를 덜어내고, 경향에 맞는 요소들을 중점적으로 다루며, 새롭게 추가된 부분에 대해 고민하고, 수정하며 완성했습니다.
특별히 2026 대비 교재는 각 영역을 DAY별 구성으로 편집해 학습 계획의 편의성을 높였고, 여러 번의 교정 작업을 통해 완성도 높은 교재로 출간되었습니다.

아무리 쉬워졌다고 하나, 여전히 수험생들은 영어 과목을 어려워합니다.
고득점을 얻기까지 상당히 많은 시간과 노력이 투자가 되어야 하는 과목임은 틀림없습니다.
이론 과정을 마무리한 후, 문제 풀이 과정에서 출제의 핵심을 꿰뚫는 훌륭한 교재가 반드시 필요한데, 본서가 수험생들의 실력을 점검하고 향상시켜 줄 매개체가 되리라 확신합니다.

2027년도에는 영어 문항이 25문항으로 늘어난다고 합니다.
출제 기조에 또 한 번의 변화가 예상이 됩니다.

하지만 본서를 접하게 되는 모든 수험생들은 다가오는 2026년, 꼭 '합격'의 열매를 수확하기를 간절히 바랍니다.

마지막으로 교재 집필에 큰 힘을 보태주신 에듀윌 출판사 관계자분들께 진심으로 감사의 말씀 드립니다.

편저자 헤더진

출제 경향 & 학습 전략

어떻게 출제되나요?

* 2025 국가직/지방직 9급 기준

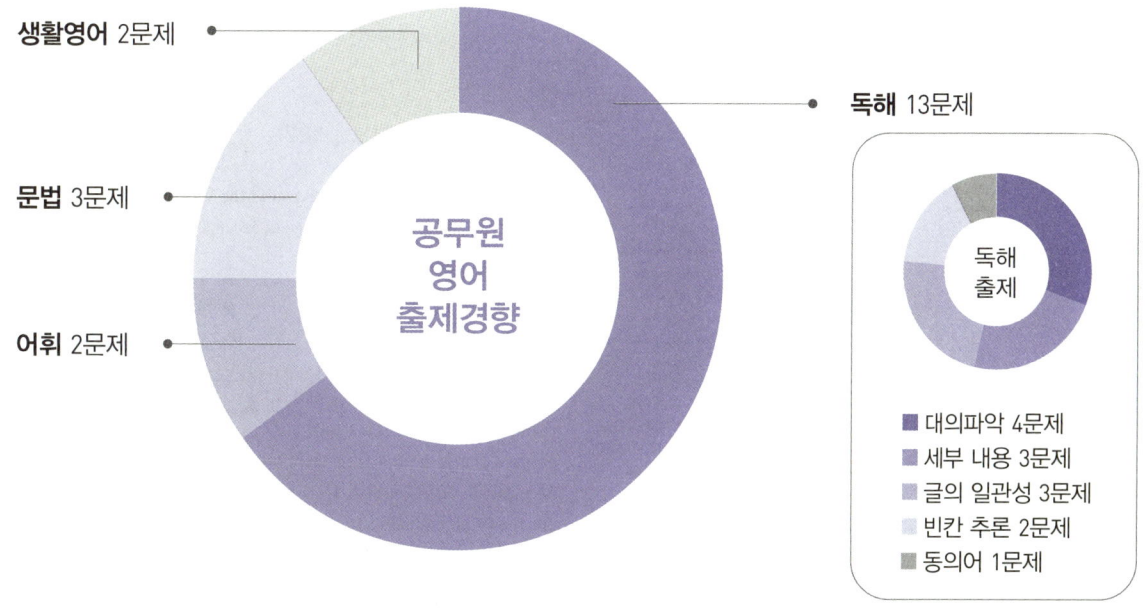

- ✓ 독해 비중의 증가로 빠른 추론과 시간 관리가 중요합니다.
- ✓ 문법과 어휘는 기출 기반의 핵심 요소들 위주로 출제가 이루어집니다.

어떻게 학습해야 되나요?

POINT 1 독해가 고득점과 합격의 기준!

2025년부터 변경된 출제 기조의 가장 큰 변화는 '독해'입니다. 문항 수와 지문 길이 증가, 추론의 영역 확대 등으로 독해의 비중이 크게 늘었습니다. 유형별 핵심 요소를 지문에서 식별하고 출제자의 시선으로 정답을 찾는 연습에 집중해야 합니다.

POINT 2 추론형 독해 문제에서 고득점 여부가 결정된다!

문법과 어휘, 생활영어는 기출 빈도가 높은 핵심 내용 위주의 반복 학습으로 효과를 볼 수 있습니다. 고득점을 위해서는 단 하나의 영역도 소홀함이 없어야 합니다. 단계와 시기를 고려해 이론과 응용의 과정이 적절하게 이루어져야 합니다.

에듀윌 유형별 문제집의
전략적 구성

1 DAY 10

독해

다음 글의 주제로 가장 적절한 것은?

In today's world, the use of celebrity advertising has become a trend. The inherent upside of attaching a celebrity to a brand is that the brand literally has a face, name and personality that immediately project an image of a living, breathing, credible person as opposed to a faceless corporate entity. Brand images built through celebrities can achieve a higher degree of attention and recall for consumers, which can eventually lead to higher sales. However, in addition to the exorbitant costs, there are dangers associated with the use of celebrities in advertising. A celebrity's consumer appeal may fade if the celebrity disappears from the media spotlight before the end of his or her contract. In addition, if the celebrity is involved in a scandal, the best laid plan can backfire. For example, an actress Cybill Shepherd's advertisement for the beef industry flopped when a newspaper reported that she rarely ate red meat.

① reasons behind the popularity of celebrity advertising
② the potential advantages of using celebrity advertising
③ building a brand image through celebrity advertising
④ the benefits and risks of celebrity advertising

2 02

다음 글의 내용과 일치하지 않는 것은?

Cooking with Spices from Around the World
featuring chef Cyndi and special guest Jaden DeGrasse

These classes are designed to teach some hands-on information about cooking with regional spices and educate 9–13 year-old children with the basics of using spices. The class will prepare one dish, and then there will be a time for everyone to taste the dish. Classes are $20 per child per class with limited seating, so sign up today!

Class schedule :

All classes 5:30 pm - 6:30 pm
• Sunday, August 7: Indian/Middle Eastern
• Sunday, August 21: Italy/France

④ 강좌에 등록하려면 Chef Cyndi에게 이메일을 보내면 된다.

---

1 유형별 30 DAY 구성
매일 학습이 가능하도록 독해/생활영어 유형별 30 DAY로 구성하였습니다.
독해: 6문제 30 DAY / 생활영어: 3문제 30 DAY

2 출제비중 반영
실제 시험 출제 비중에 맞추어 DAY별로 문제를 배치하였습니다.

01

해석

오늘날의 세계에서 유명 인사를 광고에 쓰는 것은 유행이 되었다. 유명 인사를 브랜드와 연관시키는 것이 가진 내재적 장점은 얼굴 없는 법인체와는 반대로, 브랜드가 문자 그대로 살아 있고, 숨쉬고, 믿을 수 있는 한 사람을 즉시 투영하는 얼굴, 이름과 인격을 갖게 된다는 것이다. 유명 인사들을 통해 만들어진 브랜드 이미지가 소비자들에게 더 높은 정도의 관심과 회상을 얻어낼 수 있고, 이것은 궁극적으로 더 높은 판매로 이끌 수 있다. 하지만 엄청난 비용뿐만 아니라, 광고에 유명 인사를 사용하는 것과 관련된 위험이 있다. 유명 인사가 계약이 끝나기 전에 매체의 스포트라이트에서 사라지면, 그 유명 인사의 소비자에 대한 호소력은 사라질 것이다. 게다가, 유명 인사가 스캔들과 관련되면, 가장 잘 짜인 계획은 역효과가 날 수 있다. 예를 들면, 여배우 Cybill Shepherd의 소고기 업체에 대한 광고는 그녀가 고기를 거의 먹지 않는다는 것이 신문에 보도되었을 때 완전히 실패했다.

① 유명 인사 광고의 인기 이면에 있는 이유
② 유명 인사 광고 이용의 잠재적인 이점
③ 유명 인사 광고를 통한 브랜드 이미지 구축
④ 유명 인사 광고의 이점과 위험성

해설

유명 인사를 광고에 쓰는 것의 이점과 위험성에 대해 언급하고 있으므로, 글의 주제로 ④가 가장 적절하다.

어휘

upside 긍정적인 면
credible 신뢰할 수 있는
entity 실체
exorbitant 과대한
backfire 역효과를 일으키다
flop 완전히 실패하다, 쓰러지다

정답 ④

02

해석

셰프 Cyndi와 특별 손님인 Jaden DeGrasse가 진행하는
세계 각지의 양념으로 요리하기

이 강좌들은 지역별 양념으로 요리하는 것에 관한 실제적인 정보를 가르치고, 9세에서 13세까지의 아이들에게 양념 사용하기의 기본을 가르치기 위해 만들어졌습니다. 강좌는 하나의 요리를 마련하고, 그러고 나서 그 요리를 모든 사람이 맛보는 시간이 이어질 것입니다. 강좌당 아이 한 명에 20달러이고 참가 인원이 제한되어 있으니, 오늘 등록하세요!

강좌 일정:
모든 강좌 오후 5시 30분 ~ 6시 30분
• 8월 7일 일요일: 인도/중동
• 8월 21일 일요일: 이탈리아/프랑스
• 9월 4일 일요일: 아시아
• 9월 18일 일요일: 휴일 빵 굽기

여러분의 9세에서 13세 아이들을 등록시키려면:
• 셰프 Cyndi에게 cyndi@hmail.com으로 이메일을 보내세요.
• 등록하고 싶은 강좌와 아이들의 수를 표시하세요.

해설

9월 4일에는 아시안 요리(Sunday, September 4: Asian)에 대해 가르치고, 9월 18일에는 휴일 빵 굽기(Sunday, September 18: Holiday Baking)에 대해 가르치므로, ③은 글의 내용과 일치하지 않는다.

어휘

hands-on 직접 해 보는, 실제적인
regional 지역의

에듀윌 유형별 문제집의
추가 혜택

1 최신기출 해설특강

2025 국가직 9급, 2025 지방직 9급 시험 해설특강으로 최신 경향을 파악하세요.

수강경로

① 에듀윌 도서몰(book.eduwill.net) 접속
② 동영상강의실
③ 공무원 → [최신기출 해설특강] 9급공무원 영어(국가직/지방직) 또는
　우측 QR코드를 통해 바로 접속

2 OMR 카드(PDF)

실전처럼 마킹 연습을 할 수 있는 OMR 카드를 제공합니다.

수강경로

① 에듀윌 도서몰(book.eduwill.net) 접속
② 도서자료실
③ 부가학습자료
④ '공무원 영어' 검색 또는 우측 QR코드를 통해 바로 접속

이 책의 차례

PART I 독해	PAGE
DAY 01	12
DAY 02	18
DAY 03	24
DAY 04	30
DAY 05	36
DAY 06	42
DAY 07	48
DAY 08	54
DAY 09	60
DAY 10	66
DAY 11	72
DAY 12	78
DAY 13	83
DAY 14	88
DAY 15	93
DAY 16	98
DAY 17	104
DAY 18	110
DAY 19	115
DAY 20	120
DAY 21	126
DAY 22	131
DAY 23	136
DAY 24	142
DAY 25	148
DAY 26	154
DAY 27	160
DAY 28	166
DAY 29	172
DAY 30	178

PART II 생활영어	PAGE
DAY 01	188
DAY 02	191
DAY 03	194
DAY 04	197
DAY 05	200
DAY 06	203
DAY 07	206
DAY 08	209
DAY 09	212
DAY 10	215
DAY 11	218
DAY 12	221
DAY 13	224
DAY 14	227
DAY 15	230
DAY 16	233
DAY 17	236
DAY 18	239
DAY 19	242
DAY 20	245
DAY 21	248
DAY 22	251
DAY 23	254
DAY 24	257
DAY 25	260
DAY 26	263
DAY 27	266
DAY 28	269
DAY 29	272
DAY 30	275

PART I

독해

에듀윌 공무원 영어

DAY 01~30

DAY 01 독해

01

다음 글의 목적으로 가장 적절한 것은?

> Have you ever heard of sculptor Ed Chope? Ed has created original designs and commissioned artworks based on his clients' specific needs for over 35 years. His sculptures have been displayed worldwide in private collections, national buildings, and museums. He will be your teacher in the sculpture class that starts on March 31. This class will consist of 6 two-hour sessions held on consecutive Thursdays. In the first three weeks, you will create a relief from your favorite photo, scene, or design. After you complete your relief, you will make a flexible mold that will allow you to make copies for resale out of plaster, concrete, or plastic. You don't want to miss this class if you want to learn how to make anything in 3D.

① 조각 작품의 이전 설치를 건의하려고
② 조각가가 직접 진행하는 조각 강좌를 홍보하려고
③ 조각 작품 경매 절차에 대해 설명하려고
④ 주변 경관과 어울리는 조형물 제작을 촉구하려고

02

다음 글의 내용과 일치하는 것은?

> The Netherlands will deploy a submarine off the coast of Somalia to help combat piracy. The decision came after a request from NATO. A NATO-led flotilla of international vessels already polices the waters off East Africa, and the submarine will extend its capabilities. The submarine will conduct reconnaissance for three months from the Gulf of Aden into the Indian Ocean. The Gulf of Aden is a very busy shipping route and the region where Somali pirates often hijack ships for ransom. The NATO anti-pirate operation is expected to continue until the end of 2025.

① A NATO-owned submarine will begin combating piracy.
② A submarine is set to deploy to Africa indefinitely.
③ The Gulf of Aden is currently being utilized for shipping.
④ The NATO anti-piracy operation will wind down before 2025.

01

해석

조각가 Ed Chope에 대해 들어 본 적이 있나요? Ed는 의뢰인들의 특별한 요구에 근거하여 독창적인 디자인과 주문 제작된 미술품을 35년 넘게 만들어 왔습니다. 그의 조각은 개인 소장품, 국립건축물, 박물관에서 전 세계적으로 전시되어 왔습니다. 그가 3월 31일에 시작하는 조각 강좌에서 여러분을 가르칠 것입니다. 이 강좌는 목요일마다 연속적으로 실시되는 2시간씩 6번의 수업으로 구성될 것입니다. 첫 3주가 지나면 여러분은 가장 좋아하는 사진, 장면, 또는 디자인으로 부조를 만들 것입니다. 부조를 완성한 후에 여러분은 재판매용 복제품을 만들 수 있게 해줄 구부러지기 쉬운 거푸집을 회반죽, 콘크리트, 혹은 플라스틱으로 만들 것입니다. 여러분이 입체적으로 무엇인가를 만드는 방법을 배우길 원한다면 이 강좌를 놓치지 마십시오.

해설

조각 강좌의 강사를 소개하고 일정 및 교육 내용을 안내하는 내용이므로, 글의 목적으로 ②가 가장 적절하다.

어휘

commissioned 주문 제작된, 의뢰된
specific 특정한, 특별한
consecutive 연속의, 연이은
relief 부조, 돋을새김
flexible 구부릴 수 있는, 유연한
mold 거푸집, 틀
plaster 회반죽

정답 ②

02

해석

네덜란드는 해적 퇴치를 돕기 위해 소말리아 근해로 잠수함을 파견할 예정이다. 이 결정은 NATO의 요청에 따른 것이다. NATO가 이끄는 국제 선박으로 이루어진 소함대가 이미 아프리카 동부 근해를 정찰하고 있는데, 잠수함의 가세로 이 역량이 강화될 것이다. 잠수함은 3개월 동안 아덴 만부터 인도양까지 정찰을 수행할 것이다. 아덴 만은 왕래가 매우 많은 해상로이며, 소말리아 해적들이 몸값 요구를 위해 선박을 납치하는 일이 잦은 지역이다. NATO의 해적 퇴치 작전은 2025년 말까지 계속될 예정이다.

① NATO 소유의 잠수함이 해적과의 싸움을 시작할 것이다.
② 잠수함이 무기한으로 아프리카에 배치될 예정이다.
③ 아덴 만은 현재 운송로로 이용되고 있다.
④ NATO의 해적 퇴치 작전은 2025년 이전에 단계적으로 축소될 것이다.

해설

NATO가 해적 퇴치를 위해 잠수함을 파견한다는 내용이다. 'The Gulf of Aden is a very busy shipping route'에서 아덴 만이 왕래가 매우 많은 해상로라고 했으므로 ③이 정답이다. 네덜란드 소유의 잠수함이 3개월 동안 정찰을 수행한다고 했고, 해적 퇴치 작전은 2025년 말까지 계속된다고 했으므로 나머지는 글의 내용과 일치하지 않는다.

어휘

deploy 배치하다
piracy 해적 행위
flotilla 소함대
vessel 선박
reconnaissance 정찰
hijack (공중·해상에서) 납치하다
ransom 몸값
wind down 단계적으로 축소되다

정답 ③

03~04

다음 글을 읽고 물음에 답하시오.

(A)

Join us at Dartmouth College's Third Annual Edible Book Festival! It'll be held on Monday, September 15, 2025. Submit your own entry and compete for prizes! Or just stop by, enjoy refreshments, and cast your ballot for the winner in the People's Choice category.

Schedule of Events:
• 8:00 am-12:00 pm: Entries accepted at the Star Room
• 12:00-2:00 pm: Set up on Berry Main Street
• 2:00-5:00 pm: Display, judging, and voting
• 5:00 pm: Announcement of winners

■ A panel of judges will determine the winning entries by following three categories: Most Likely to Be Eaten, Funniest, and Most Creative
■ Visitors will vote for the winner in the People's Choice category.

Submission Guidelines:
• Does not have to look like a physical book.
• Be creative!

Note: Refrigeration will not be available.

Groups as well as individuals may submit entries. Register at our website now to reserve your space!

03

(A)에 들어갈 윗글의 제목으로 가장 적절한 것은?

① Black or White: Culinary Class Battle
② Dartmouth College's Edible Book Festival
③ Excellent Book for Adults Festival
④ Dartmouth College Homecoming Day

04

윗글의 내용과 일치하는 것은?

① 3년에 한 번씩 행사가 열린다.
② 정오부터 작품을 관람하면서 심사할 수 있다.
③ 작품을 냉장 보관할 수 있는 시설이 제공된다.
④ 개인뿐만 아니라 단체로도 작품을 제출할 수 있다.

03~04

해석

다트머스 대학의 Edible Book(먹을 수 있는 책) 페스티벌

다트머스 대학의 제3회 연례 Edible Book 페스티벌에 함께하세요! 2025년 9월 15일 월요일에 개최됩니다. 여러분의 출품작을 제출하고 상을 위해 경쟁하세요! 혹은 그냥 들러서 다과를 즐기고 '피플스 초이스' 부문에서의 우승작을 위해 투표해 주세요.

행사 일정:
- 오전 8시~정오: Star Room에서 출품작 접수
- 정오~오후 2시: Berry Main Street에 (출품작) 설치
- 오후 2시~5시: 전시 및 심사/투표
- 오후 5시: 우승자 발표

■ 심사위원단은 다음 3가지 범주에 따라 우승 출품작을 결정할 것입니다: '먹기에 가장 좋을 것 같음', '가장 재미있음', '가장 창의적임'
■ 방문객들은 '피플스 초이스' 부문에서의 우승작을 위해 투표할 것입니다.

출품 지침:
- 실제 책처럼 보일 필요는 없음.
- 창의적일 것!

주의: 냉장 보존은 이용 가능하지 않음.

개인뿐만 아니라 단체도 출품작을 제출할 수 있습니다. 지금 저희 웹사이트에 등록하고 자리를 예약하세요!

해설

03 심사위원단의 우승 출품작 기준 중의 하나인 '먹기에 가장 좋을 것 같음(Most Likely to Be Eaten)'으로 보아 먹거리에 대한 축제임을 알 수 있고, 출품 지침에서 '실제 책처럼 보일 필요가 없음(Does not have to look like a physical book)'을 통해 먹을 수 있는 것처럼 보이는 책에 대한 경연임을 알 수 있다. 따라서 이를 잘 반영한 제목으로 ②가 가장 적절하다.
① 흑 또는 백: 요리 계급 전쟁
② 다트머스 대학교의 Edible Book 페스티벌
③ 성인 페스티벌을 위한 훌륭한 책
④ 다트머스 대학교의 홈커밍데이

04 마지막 부분의 'Groups as well as individuals may submit entries.'를 통해, ④가 내용과 일치함을 알 수 있다.

어휘

annual 매년의
edible 먹을 수 있는
entry 출품작
refreshments 다과
cast a ballot 투표하다, 표를 던지다
announcement 발표
submission 출품
refrigeration 냉장, 냉동 (보관)

정답 03 ② 04 ④

05

다음 글의 흐름상 어색한 문장은?

Under the United States Constitution, a person is presumed innocent until proven guilty in court. If a reporter convicts a suspect of the crime before he or she has gone to trial, the reporter is depriving that person of an important right — and opening the door for a lawsuit for damaging the person's reputation. ① This happens when a reporter flatly states in a story that a person is guilty of a crime, so the wording of such stories is tricky. ② The burden of proof is entirely on the state and there is no duty on the defendant to assist the state in discharging its burden. ③ The word "alleged" helps lighten the problem but may not be enough to avoid difficulty later; thus the phrase "arrested on charge of" and "is charged with committing" are often used. ④ Police reporters should read and reread the wording of their stories, particularly the lead — where the crime is outlined.

06

밑줄 친 부분에 들어갈 말로 가장 적절한 것은?

The ancient Greek philosopher Socrates is considered the founder of Western philosophy. As a great thinker, he espoused the idea that knowledge is fallible, and he enjoyed exposing the inner contradictions of popular ideas, particularly in relation to morals and politics. Invariably, this annoyed the narrow-minded Athenians who disliked seeing someone upset the status quo. Socrates also perceived all humans as citizens of the world. Eventually, these citizens condemned Socrates to death. It just shows that in ancient Athens _____ _____.

* parochialism 편협

① Socrates and his philosophy were proven to be correct
② parochialism existed alongside intellectual greatness
③ ordinary citizens were loath to admit his shortcomings
④ politics became incorporated into philosophical theories

05

해석
미국 헌법상, 사람은 법정에서 유죄로 입증되기 전까지는 무죄로 추정된다. 만일 기자가 범죄 용의자가 재판을 받기 전에 유죄라고 단정하면, 그 기자는 그 사람으로부터 중요한 권리를 빼앗는 것이며 그 사람의 평판을 손상했다는 이유로 소송을 당할 가능성을 열어 두는 것이다. 이것은 기자가 기사에서 어떤 범죄에 대해 그 사람이 유죄라고 단호히 진술할 때 일어나는 것이므로 그런 기사에서는 단어 선택이 까다롭다. (증거의 책임은 전적으로 국가에 있으며 그 책임을 면제하기 위해 피고가 국가를 도와야 할 의무는 없다.) "혐의가 있는"이라는 말이 문제를 경감시키는 것을 도와주기는 하지만 나중에 어려움을 피하기에는 충분치 않을 수도 있고, 따라서 "혐의로 체포된"과 "저지른 혐의로 기소된"이라는 문구가 자주 이용된다. 경찰 관련 기자들은 기사의, 특히 범죄의 개요가 적히는 도입부의, 단어 선택을 거듭해서 읽어야 한다.

해설
무죄 추정의 원칙에 따라 기자가 유죄라고 단정하는 것에 신중을 기해야 한다는 것이 글의 전체적인 내용이다. 따라서 증거의 책임과 국가의 관계를 서술한 ②는 흐름상 적절하지 않다.

어휘
constitution 헌법
convict 유죄 판결을 내리다
suspect 용의자
lawsuit 소송
flatly 단호히, 딱 잘라서
defendant 피고
alleged 주장된

정답 ②

06

해석
고대 그리스의 철학자 소크라테스는 서양 철학의 창시자로 여겨진다. 위대한 사상가로서, 그는 지식이 틀릴 수 있다는 생각을 지지했고, 특히 도덕이나 정치와 관련된 보편적인 생각에 내재된 모순을 밝히는 것을 좋아했다. 늘 이것은 누군가 현 상태를 뒤엎는 것을 보아 넘기지 못하는 편협한 아테네인들을 화나게 했다. 소크라테스는 또한 모든 인간을 세계 시민으로 바라보았다. 결국 이런 시민들이 소크라테스에게 사형을 선고했다. 이는 고대 아테네에서 위대한 지식인들 옆에는 편협함이 존재했다는 것을 보여준다.

① 소크라테스와 그의 철학이 옳았다는 것이 증명되었다
② 위대한 지식인들 옆에는 편협함이 존재했다
③ 일반 시민들은 그의 단점을 인정하기를 싫어했다
④ 정치가 철학 사상으로 통합되었다

해설
고대 아테네에서 모든 것에 열린 시각으로 비판하는 소크라테스가 결국 이를 용납하지 못하는 편협한 사람들에 의해 처형되었다는 일화를 설명하고 있으므로 빈칸에 들어갈 말로 ②가 가장 적절하다.

어휘
founder 창시자
espouse 옹호하다
fallible 실수를 할 수 있는
contradiction 모순
invariably 변함없이, 언제나
status quo 현재의 상황, 현상
parochialism 편협
loath 싫어하는
shortcoming 단점
incorporate 통합하다

정답 ②

DAY 02 독해

01
다음 글의 제목으로 가장 적절한 것은?

I'm not an economist, but I believe that there has been no single economic development that has had as much impact on the advance of civilization as the idea of paying money to borrow money. When you think about it, it's a natural idea: money buys goods and services; it performs work. Something that performs work should be paid for this service. Most of our major purchases are paid for with borrowed money. Many of us could not pay tuition, were it not for borrowed money, most of us could not buy a car if we had to pay cash, and almost none of us could own a house if we had to pay the full amount in order to live in the house. It is inconceivable that we would have developed the technology that so improves our lives without the financial infrastructure that enables people to own things by purchasing on credit. Much of the mathematics of finance concerns future payments for things bought on credit. It centers on a very important idea: the present value of a payment.

① Strong Financial Infrastructure: A Key to Economic Growth
② Borrowing Money: An Engine of Our Commercial Lives
③ How Did Credit Transaction Come into Existence?
④ What Are Consumer Responsibilities in a Credit Society?

02
다음 글의 내용과 일치하지 <u>않는</u> 것은?

How to Use the Spark Remote Control

This guide will help you control your Spark drone. Doing so requires pressing or holding a specific combination of buttons on the remote control. To identify the buttons on your Spark remote control, please refer to the following:

1 Return to Home(RTH) Button:
  Press and hold the button to initiate RTH. Press again to cancel RTH.
2 Flight Pause Button:
  Press once for emergency stopping.
3 Function Button:
  Bring up the Spark Intelligent Flight Modes.
4 Control Sticks:
  Control the orientation and movement of the aircraft.
5 Power Button:
  Press the Power button once to check the current battery level. Press once, then again and hold to turn on/off the remote control.
6 Battery Level LEDs:
  Display the battery level of the remote control.

① **1**을 길게 누르면 RTH 기능이 시작된다.
② **2**를 한 번 누르면 긴급 제동을 한다.
③ **4**로 비행체의 방향과 움직임을 제어한다.
④ **5**를 한 번 누르면 리모컨의 전원이 켜지고 다시 누르면 꺼진다.

01

해석

나는 경제학자는 아니지만, 돈을 빌리기 위해 돈(이자)을 지불한다는 생각만큼 문명의 발달에 영향을 미친 경제 발전은 단 한 번도 없었다고 믿는다. 여러분이 그것에 대해 생각해 보면 당연한 생각인데, 돈은 재화와 용역을 사고, 그것은 일을 수행한다. 일을 수행하는 것은 이 용역에 대한 대가를 받아야 한다. 우리의 많은 주요 구매품은 빌린 돈으로 지불된다. 빌린 돈이 없다면 우리들 중 많은 사람은 등록금을 낼 수 없고, 우리가 현금을 지불해야 한다면 우리 대부분은 차를 살 수 없고, 그 집에서 살기 위해 전액을 지불해야 한다면 거의 아무도 집을 소유할 수 없을 것이다. 사람들이 신용으로 물건을 구매함으로써 그것을 소유할 수 있게 하는 금융 기반이 없었다면 우리의 삶을 크게 향상시킨 기술을 우리가 개발했다는 것은 상상할 수 없는 일이다. 금융 수학의 많은 것이 신용으로 산 물건에 대한 미래의 지불과 관련이 있다. 그것은 지불의 현재 가치라는 매우 중요한 생각에 초점을 맞추고 있다.

① 강력한 금융 기반: 경제 성장 비결
② 돈을 빌리는 것: 우리 상업 생활의 원동력
③ 신용 거래가 어떻게 존재하게 되었는가?
④ 신용 사회에서 소비자의 의무는 무엇인가?

해설

우리가 돈을 빌리지 않고서는 다수가 등록금을 낼 수 없고, 차와 집을 살 수도 없기 때문에 돈을 빌릴 수 있게 하는 금융 기반이 우리의 삶을 향상시켰다는 내용이므로, 글의 제목으로 ②가 가장 적절하다.

어휘

full amount 전액
inconceivable 상상도 못할
financial 금융의, 재정의
infrastructure 기반, 토대
concern 관련이 있다

정답 ②

02

해석

Spark 리모컨 사용법
본 안내문은 여러분이 여러분의 Spark 드론을 제어하는 데 도움을 드릴 것입니다. 그렇게 하기 위해서는 리모컨에 있는 특정한 조합의 버튼을 누르거나 길게 눌러야 합니다. Spark 리모컨 버튼을 확인하려면, 다음을 참조하세요:

1 홈으로 돌아가기(RTH) 버튼:
RTH를 시작하려면 길게 누르세요. RTH를 취소하려면 다시 누르세요.
2 비행 중지 버튼:
긴급 제동을 하려면 한 번 누르세요.
3 기능 버튼:
Spark 지능 비행 모드 메뉴를 불러오세요.
4 조종간:
비행체의 방향과 움직임을 제어하세요.
5 전원 버튼:
전원 버튼을 한 번 눌러서 현재 배터리 잔량을 확인하세요. 한 번 누르고 나서 다시 한 번 길게 눌러 리모컨의 전원을 켜거나 끄세요.
6 배터리 잔량 표시 LED:
리모컨의 배터리 잔량을 표시하세요.

해설

전원 버튼을 한 번 누르면 현재 배터리 잔량을 확인할 수 있다고 했으므로, 글의 내용과 일치하지 않는 것은 ④이다.

어휘

specific 특정한
combination 조합
identify 확인하다, 식별하다
initiate 시작하다
orientation 방향
aircraft 비행체

정답 ④

03~04

다음 글을 읽고 물음에 답하시오.

AUTUMN HIKING PROGRAMS

These hikes are offered to any adult over the age of 18 who would like to go outside for some fresh air, fun, and exercise. There may be mud but hopefully no bugs.

Dates and Trails

September 3: Winnipesaukee River Trail - 6.2 miles
September 10: West Rattlesnake - 2 miles
September 17: Locke's Hill - 4.5 miles
September 24: Waukewan Highlands Park - 2 miles

If a hike is canceled due to weather, all participants will be notified as soon as possible. You must make a reservation with the Parks and Recreation office at least one day prior to each hike.

There is a $1.00 registration fee per hike or $3.00 fee for the season. We will meet in the Town Hall Lobby at 9:00 a.m. before departing for each hike.

For more information, please contact us at 020-251-1122 or visit our website.

03

밑줄 친 canceled의 의미와 가장 가까운 것은?

① revoked
② extended
③ criticized
④ expired

04

윗글에서 AUTUMN HIKING PROGRAMS에 관한 내용과 일치하는 것은?

① 18세 미만이면 누구나 참가할 수 있다.
② Locke's Hill을 걷는 코스가 가장 짧다.
③ 참가 하루 전까지는 예약을 해야 한다.
④ 날짜별로 각각 3달러의 등록비를 내야 한다.

03~04

해석

가을 도보 여행 프로그램
이 도보 여행은 약간의 신선한 공기, 재미, 그리고 운동을 위해 야외로 나가고 싶은 18세가 넘는 성인이라면 누구나 참가할 수 있습니다. 진흙은 있겠지만 아마 벌레는 없을 것입니다.

날짜 및 코스
9월 3일: Winnipesaukee River Trail – 6.2마일
9월 10일: West Rattlesnake – 2마일
9월 17일: Locke's Hill – 4.5마일
9월 24일: Waukewan Highlands Park – 2마일

날씨로 인해 도보 여행이 <u>취소되면</u>, 가능한 한 빨리 모든 참가자들에게 통보할 예정입니다. 적어도 각각의 도보 여행 하루 전까지는 공원 및 위락 시설 사무소로 예약을 하셔야 합니다.

각각의 도보 여행당 1달러의 등록비 혹은 한 시즌에 3달러의 등록비가 있습니다. 각각의 도보 여행 출발 전 오전 9시에 Town Hall Lobby에서 만날 예정입니다.

더 많은 정보를 원하시면, 020-251-1122로 전화주시거나 저희 웹사이트를 방문해 주세요.

해설

03 cancel은 '취소하다'의 의미로 날씨로 인해 하이킹이 '취소'될 수 있음을 유추할 수 있다. 따라서 유의어로 가장 적절한 것은 ①이다.
① 취소된
② 연장된
③ 비난받는
④ 기한이 만료된

04 'You must make a reservation~at least one day prior to each hike.'로 보아, ③이 글의 내용과 일치한다.

어휘

mud 진흙
cancel 취소하다
due to ~로 인해
notify 통보하다, 알리다
reservation 예약
prior to ~전에
registration 등록

정답 03 ① 04 ③

05

주어진 글 다음에 이어질 글의 순서로 가장 적절한 것은?

Many of the world's finest Oriental carpets come from little villages in the Middle East, China, or India. These carpets are hand-produced by men and boys under the direction of a master weaver.

(A) When this occurs, the master weaver, instead of having the thread pulled out in order to correct the color sequence, will find some way to blend the mistake harmoniously into the overall pattern.

(B) The same goes for us. In weaving our lives, we can learn to take unexpected difficulties and mistakes and weave them advantageously into the greater overall pattern of our lives. There is an inherent good in most difficulties.

(C) They work from the underside of the carpet-to-be. It frequently happens that a weaver absent-mindedly makes a mistake and introduces a color that is not according to the overall pattern.

① (A) — (C) — (B)
② (B) — (A) — (C)
③ (B) — (C) — (A)
④ (C) — (A) — (B)

06

밑줄 친 부분에 들어갈 말로 가장 적절한 것은?

Given that society is made up of individuals, who vary in their perceptions of wildlife and how they want the wildlife resource managed, society must decide what goals should be adopted in wildlife management. In the U.S., this is accomplished through our elected officials who assemble yearly and decide what is in the best interest of society. The process of determining what is the greatest good for the greatest number of people is more complicated than just taking a vote. The problem occurs when _____. For instance, consider the question of whether a deer population inside a hypothetical national forest should be reduced by encouraging the harvest of does*. This question would be extremely important to the 117 farmers surrounding the forest who are facing financial ruin because the deer are eating their crops; it also would be important to the 1500 people who hunt deer in the forest. At the same time, there may be 250 million people in the U.S. who have never heard of the place and will never visit it, but if you ask them, most will say they do not want deer to be hunted there.

* doe: (사슴·토끼의) 암컷

① people respond indifferently on a given issue
② goal setting is mixed with awareness-raising processes
③ there is not enough preparation to put a plan into practice
④ an issue is of varying importance to different members of society

05

해석

세계에서 가장 질 좋은 동양 융단의 많은 것들이 중동, 중국 또는 인도의 작은 마을에서 나온다. 이 융단들은 직조 대가(大家)의 감독 하에 남자들과 소년들에 의해 손으로 만들어진다. (C) 그들은 앞으로 융단이 될 것의 아래쪽부터 작업한다. 직조공이 멍하니 있다가 실수를 해서 전체 패턴에 따르지 않는 색깔을 끼워 넣는 일이 종종 생긴다. (A) 이런 일이 일어날 때, 직조 대가는 색깔의 연속을 수정하기 위해 그 실을 끄집어내는 대신에, 그 실수를 전체 패턴에 조화롭게 합칠 어떤 방법을 찾는다. (B) 우리도 마찬가지이다. 우리의 삶을 엮어 만들 때 우리는 예상치 못한 어려움과 실수를 가져다 우리 삶의 더 큰 전반적인 패턴으로 유리하게 엮는 법을 배울 수 있다. 대부분의 어려움에는 본래부터 있는 좋은 점이 있다.

해설

직조공들이 손으로 융단을 만든다는 주어진 글 다음에 그들이 실수를 저지를 수 있다는 내용의 (C)가 오고, 그런 일이 일어날 때 대가 직조공이 그 실수를 조화롭게 해결한다는 (A)가 그 다음에 오며, 제시된 일화에서 우리 삶에 적용할 교훈을 이끌어내는 (B)가 마지막에 오는 것이 가장 적절하다.

어휘

weaver (천을) 짜는 사람, 직조공
sequence 연속, 순서
overall 전체의, 전반적인
advantageously 유리하게
inherent 내재하는, 본래부터 있는
absent-mindedly 멍하니, 방심하여
introduce 끼워 넣다

정답 ④

06

해석

사회가 야생동물에 대한 인식과 야생동물 자원이 어떻게 관리되기를 바라는지에 대한 의견이 다른 개인들로 구성되어 있다는 것을 고려할 때, 사회는 야생동물 관리에 어떤 목표를 채택해야 할지를 결정해야만 한다. 미국에서, 이것은 매년 모여서 무엇이 사회에 가장 이익이 되는지를 결정하는 선출직 공무원들을 통해 이루어진다. 가장 많은 사람들에게 가장 좋은 것이 무엇인지를 결정하는 과정은 단순히 투표를 하는 것보다 더 복잡하다. 문제는 <u>어떠한 사안이 사회의 다른 구성원들에게 각기 다른 중요성을 가질</u> 때 발생한다. 예를 들어, 가상의 국유림 안에 있는 사슴의 개체 수가 암컷의 포획을 장려함으로써 감소되어야 하는가라는 질문을 고려해보자. 이 질문은 사슴이 그들의 농작물을 먹고 있기 때문에 재정적인 파멸에 직면하고 있는, 숲을 둘러싼 117명의 농부들에게는 매우 중요할 것이고, 그것은 또한 숲에서 사슴을 사냥하는 1,500명의 사람들에게도 중요할 것이다. 동시에, 미국에는 그 장소에 대해 들어본 적도 없고 결코 방문하지 않을 2억 5천만 명의 사람들이 있을 수도 있지만, 그들에게 질문을 한다면, 대부분은 사슴이 그곳에서 사냥되는 것을 원하지 않는다고 말할 것이다.

① 사람들이 주어진 문제에 대해 냉담하게 반응할
② 목표 설정이 인식 제고 절차와 혼합될
③ 계획을 실행에 옮기기에 준비가 충분하지 않은
④ 어떠한 사안이 사회의 다른 구성원들에게 각기 다른 중요성을 가질

해설

가장 많은 사람들에게 가장 좋은 것이 무엇인지를 결정하는 과정이 복잡하다는 내용의 문장 다음에 빈칸이 있는데, 빈칸 다음에 언급되고 있는 예시에서 암컷을 잡아서 사슴의 개체 수를 줄이는 문제에 대해 각 구성원의 이해관계에 따라 다양한 의견이 있을 수 있다는 내용이 제시되고 있으므로, 빈칸에는 ④가 가장 적절하다.

어휘

wildlife 야생동물
assemble 모이다
hypothetical 가상의
harvest 포획, 수확

정답 ④

DAY 03 독해

01
다음 글의 목적으로 가장 적절한 것은?

Dear Doyle Dykes,

In regard to your recent request for employment verification for Mr. Steve Holmes, I can confirm that he has been employed here at Camera Tech since April 2005, and is currently head account manager. This position entails seeking out buyers and selling bulk orders of our cameras in line with predefined targets. Mr. Holmes is in this role full-time and earns a yearly salary of $75,000, plus bonuses. He has no disciplinary record. I hope this is sufficient information to aid your bank in the loan approval process. If you require anything else, please contact me at (706) 866-4564.

Sincerely

Sheila Thompson

① 새롭게 고용할 직원의 신용 상태를 확인하려고
② 직원을 갑작스럽게 해고하게 된 사유를 설명하려고
③ 은행 대출금을 갚지 못한 직원의 월급을 차압하려고
④ 은행 대출을 신청한 직원의 정보를 은행에 제공하려고

02
TJ Starr에 관한 다음 글의 내용과 일치하는 것은?

Tributes have been pouring in from fans of American rapper TJ Starr, who has died aged 43 after battling cancer. TJ Starr rose to fame in the 1990s with several top hip hop albums. The artist suffered a cardiac arrest on March 2 and was in a coma for some time. He passed away on Tuesday. TJ always tried to keep his 2009 cancer diagnosis private, but eventually he had to admit himself to a hospital due to the serious effects caused by the disease. The Boston-born artist left a legacy of legions of fans and imitators as well as critical praise worldwide.

① He was diagnosed with cancer in the early 90s.
② After a coma, he suffered from a cardiac arrest.
③ He was never reticent about the condition he had.
④ Side effects from his cancer forced him into a hospital.

01

해석

Doyle Dykes 귀하

Steve Holmes 씨에 대한 귀하의 최근 고용 확인 요청에 관련하여, 그가 2005년 4월부터 여기 Camera Tech에 고용되어 있었고, 현재 선임 경리부장이라는 것을 확인해 드릴 수 있습니다. 이 자리는 미리 정해진 목표에 따라 저희의 사진기 구매자들을 찾아 대량의 주문품을 판매하는 일을 수반합니다. Holmes 씨는 전임으로 이 역할을 맡고 있으며 75,000달러의 연봉에 보너스를 추가로 받고 있습니다. 그는 징계 기록이 없습니다. 이것이 귀 은행의 대출 승인 과정에 도움이 되는 충분한 정보가 되기를 희망합니다. 다른 것이 필요하시면 저에게 (706) 866-4564로 연락을 주십시오.

Sheila Thompson 드림

해설

은행의 대출 승인 과정에 필요한 직원의 정보 요청에 대한 답장의 글이므로, 글의 목적으로는 ④가 가장 적절하다.

어휘

in regard to ~에 관련하여
employment verification 고용 확인
confirm 확인하다
currently 현재
account manager 경리부장
entail 수반하다
bulk 대량의
in line with ~에 따라
predefined 미리 정해진
disciplinary 징계의

정답 ④

02

해석

암과 투병하다 43세의 나이로 사망한 미국 출신 래퍼 TJ Starr의 팬들로부터 헌사가 쏟아지고 있다. TJ Starr는 정상을 차지한 몇 개의 힙합 앨범으로 1990년대에 명성을 날렸다. 이 음악가는 3월 2일에 심장마비가 와서 얼마간 혼수상태에 있다가 화요일에 작고했다. TJ는 항상 2009년에 암 진단받은 것을 알리지 않으려고 했지만, 결국 병으로 인한 심각한 부작용 때문에 입원할 수밖에 없었다. 보스턴에서 태어난 이 음악가는 전 세계적으로 비평가들의 찬사뿐만 아니라 수많은 팬과 모방자라는 유산을 남겼다.

① 90년대 초에 암 진단을 받았다.
② 혼수상태 후에 심장마비를 겪었다.
③ 자신의 상태를 전혀 숨기려 하지 않았다.
④ 암으로 인한 부작용 때문에 입원해야 했다.

해설

작고한 음악가에 대한 글로, 'he had to admit himself to a hospital due to the serious effects caused by the disease'에서 암 때문에 병원에 입원했다고 했으므로 정답은 ④이다. 암 진단을 받은 것은 2009년이며, 자신의 상태를 숨기려 했으므로 ①과 ③은 틀린 진술이다.

어휘

tribute (죽은 사람에게 바치는) 헌사
rise to fame 명성을 날리다
cardiac arrest 심장마비
pass away 죽다
diagnosis 진단
legacy 유산
legions of 수많은
reticent 과묵한

정답 ④

03~04

다음 글을 읽고 물음에 답하시오.

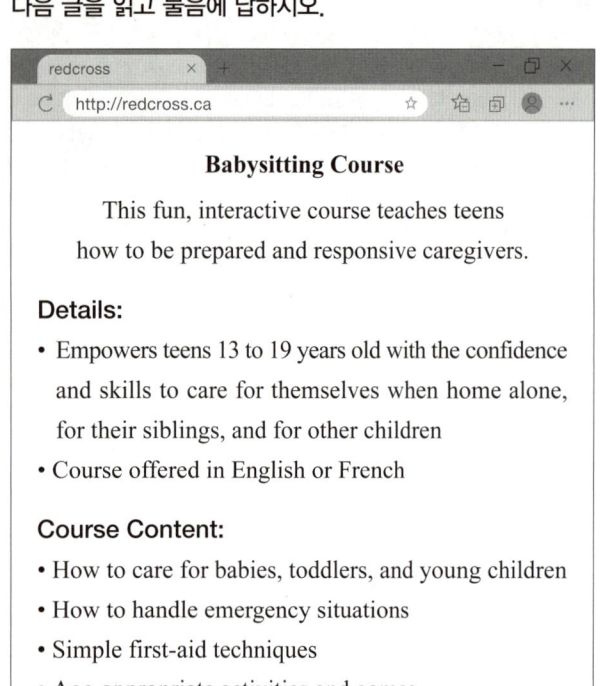

03

밑줄 친 appropriate의 의미와 가장 가까운 것은?

① biased
② adequate
③ positive
④ irrelevant

04

윗글에서 Babysitting Course에 관한 내용과 일치하지 않는 것은?

① It targets teenagers from 13 to 19 years old.
② It is offered in English or French.
③ It teaches brief emergency care techniques.
④ There is no limit to the number of registration.

03~04

해석

아이 돌봐주기 강좌

이 재미있는 양방향 강좌는 십 대에게 준비된, 즉각 대응하는 (아이들을) 돌보는 사람이 되는 방법을 가르쳐 줍니다.

세부 사항:
- 13세에서 19세까지의 십 대에게 집에 혼자 있을 때 자기 자신, 형제자매, 그리고 다른 아이들을 보살필 수 있는 자신감과 기술을 부여합니다.
- 강좌는 영어 혹은 프랑스어로 진행됩니다.

강좌 내용:
- 갓난아이, 걸음마를 배우는 아기, 어린 아이를 돌보는 방법
- 응급 상황에 대처하는 방법
- 간단한 응급 처치 기술
- 연령에 맞는 활동과 게임

강좌 시간: 8시간

강좌 요금: 한 명당 20달러
10월 동안에 등록하여 15%를 할인받으세요. (등록 인원은 제한됨)

☎ 416-480-2500 🖱 max.trinz@redcross.ca
단체 강좌 예약에 대해 문의하세요!

해설

03 appropriate는 '적절한, 적합한'의 의미로 맥락상 '나이에 적합한' 활동과 게임에 대한 내용을 다루고 있음을 유추할 수 있다. 따라서 유의어로 가장 적절한 것은 ②이다.
① 편견을 가진
② 적절한
③ 긍정적인
④ 관련 없는

04 강좌 요금을 안내하면서 'enrollment limited'라고 했으므로 등록 인원에 제한이 있음을 알 수 있다. 따라서 글의 내용과 일치하지 않는 것은 ④이다.
① 13세에서 19세까지 십 대를 대상으로 한다.
② 강좌는 영어 혹은 프랑스어로 진행된다.
③ 간단한 응급 처치 기술을 가르쳐 준다.
④ 등록 인원에는 제한이 없다.

어휘

interactive 쌍방향의
responsive 반응하는, 대응하는
empower 능력을 주다
confidence 자신감
sibling 형제자매
appropriate 적절한, 적합한
enrollment 등록

정답 03 ② 04 ④

05
주어진 문장이 들어가기에 가장 적절한 것은?

> If we get to know how and why they developed as a part of the culture, however, they will make sense.

While people of different cultures are often different in what they do, they are very similar in why they do the things. All humans share the same basic needs and abilities, and it's important to understand the reasons why people of different cultures do things the way they do them. (①) If we just look at the surface, they may seem strange. (②) We all have a need for respect and a need to belong. (③) We all want to find someone to share our life with, and we all are worried about our social image to others, and about feeling good about ourselves. (④) People all around the world in different cultures are trying to accomplish many of the same things; they are just going about doing them in very different ways.

06
밑줄 친 부분에 들어갈 말로 가장 적절한 것은?

One of the most valuable artistic faculties of the microphone is that sounds recorded at the point of origin are perpetuated* by it and retain their original tonal coloring. A sound recorded in a cellar** remains a sound of the cellar even if it is played back in a motion-picture theater, just as a film shot preserves the viewpoint of the camera, whatever the spectator's viewpoint in the theater may be. If the picture was taken from above, the spectators will see the object from above. Just as our eye is identified with the camera lens, so our ear is identified with the microphone and we hear the sounds as the microphone originally heard them, regardless of where the sound film is being shown and the sound heard. In this way, in the sound film, the fixed, unchangeable, permanent distance between spectator and actor is _____ not only visually but acoustically as well.

* perpetuate: 영속시키다 ** cellar: 지하실

① maximized
② eliminated
③ created
④ replaced

05

해석
흔히 다른 문화의 사람들이 행하는 것이 다르지만, 그 이유는 아주 비슷하다. 모든 인간은 같은 기본적 욕구와 능력을 공유하고 왜 다른 문화의 사람들이 그들이 행하는 방식으로 일을 하는지 이해하는 것은 중요하다. 우리가 겉모습을 보면, 그것들은 이상하게 보일 수 있다. 그러나 만약 우리가 문화의 일부로서 그것들이 어떻게 그리고 왜 발전했는가를 알게 된다면, 그것들은 이해가 될 것이다. 우리 모두는 존경받고 싶은 욕구와 소속의 욕구를 가지고 있다. 우리 모두는 우리의 삶을 공유할 사람을 발견하기를 원하고, 우리는 다른 사람에게 보이는 우리의 사회적 이미지에 대해, 우리 자신에 대해 좋게 느끼는 것에 대해 걱정한다. 전 세계 여러 문화 속의 사람들이 많은 공통된 목표를 이루기 위해 노력하고 있는데, 그들은 단지 그것들을 매우 다른 방식으로 하려 한다.

해설
주어진 문장의 they는 다른 문화의 사람들이 행동하는 방식을 가리키고, however가 있는 것으로 보아 주어진 문장은 표면적으로 보면 다른 문화를 이해할 수 없다는 내용 바로 다음인 ②에 들어가는 것이 가장 적절하다.

어휘
make sense 이해되다
surface 겉보기, 표면
belong 속하다
accomplish 성취하다

정답 ②

06

해석
마이크의 가장 가치 있는 예술적인 기능들 중 하나는 시작 시점에서 녹음된 소리가 그것에 의해 영속적이게 되며 그것의 원래의 음색을 보유한다는 것이다. 촬영된 영화가 상영되는 극장에 있는 관객의 관점이 어디든지 간에 카메라의 관점을 보존하는 것처럼, 지하실에서 녹음된 소리는 그것이 영화관에서 다시 상영된다 하더라도 지하실의 소리로 남아있다. 사진이 위에서 찍혔다면 관객들은 위로부터 물체를 보게 될 것이다. 우리 눈이 카메라 렌즈와 동일시되는 것처럼 우리 귀는 마이크와 동일시되며, 마이크가 그것들을 원래 들었던 것처럼 유성 영화가 어디에서 보여지고 있는지 그리고 그 소리가 어디에서 들리고 있는지에 상관없이, 우리는 그 소리를 듣는다. 이런 식으로 유성 영화에서, 관객과 배우 사이의 변할 수 없으며 고정되어 있는 영원한 거리가 시각적으로 뿐만 아니라 청각적으로도 제거된다.

① 최대의
② 제거되는
③ 만들어진
④ 대체되는

해설
유성 영화에서 관객들의 눈과 귀는 각각 카메라 렌즈, 마이크와 동일시된다. 이 말은 관객이 영화 촬영 당시 배우 바로 앞에 있었던 마이크와 카메라가 된다는 것과 같으므로 관객과 배우의 거리는 없어진다고 할 수 있다. 그러므로 빈칸에는 ②가 가장 적절하다.

어휘
faculty 기능, 재능
retain 보유하다
tonal coloring 음색
acoustically 청각적으로

정답 ②

DAY 04 독해

01

다음 글의 주제로 가장 적절한 것은?

Fans of baseball and soccer know that expert pitchers and kickers can make a ball curve in flight by spinning it. The physics behind this is known as the Magnus effect. When an object moves through a fluid, a layer of the fluid clings to its surface, the "boundary layer." When the surface is a spinning ball, the boundary layer creates a swirling vortex* around the ball as it moves forward through the air. On one side of the ball, the air in the vortex is moving in the same direction as the air flowing past, speeding that airflow up slightly. Conversely on the opposite side of the ball, the vortex* acts to slow the passing airflow down. This difference in flow speed sets up a pressure differential, which creates a force that makes the ball curve toward the side where the flow is fastest.

* vortex: 소용돌이

① the principle behind how a ball is curved in flight
② the necessity of spinning a ball in sport
③ factors that affect the actual speed of a ball
④ criteria for evaluating a good pitcher or kicker

02

Taillevent에 관한 다음 글의 내용과 일치하지 않는 것은?

The most famous cook of the Middle Ages was Taillevent, a name that has gone down in history when even the architects and builders of great cathedrals were anonymous. Born around 1310, his real name was Guillaume Tirel, but he has always been known by his nickname, Taillevent, probably derived from his long nose. In 1326, he began his career as a humble apprentice, a kitchen boy, with the task of turning the big roasting spits* in the service of Jeanne d'Evereux, who was to become queen of France. He advanced steadily employed in the households of the great, reaching his highest position under Charles VI, who granted him nobility. His immensely influential cookbook, *Le Viandier*, was a collection of recipes and descriptions that remained important for two hundred years and still provides a look at eating habits in the 14th century.

*spit: (고기 굽는) 쇠꼬챙이

① He is a medieval chef whose name remains in history.
② He was further known by the nickname Guillaume Tirel.
③ In 1326, he began an apprenticeship helping with kitchen work.
④ He wrote a very influential cookbook called Le Viandier.

01

해석
야구와 축구 애호가들은 전문 투수와 전문 키커가 공에 회전을 주어 날아가는 동안 공을 휘게 만들 수 있다는 것을 알고 있다. 이 배후에 있는 물리학은 마그누스 효과(Magnus effect)로 알려져 있다. 어떤 물체가 유체를 통과할 때, 그 유체의 층은 그것의 표면인 '경계층'에 매달린다. 그 표면이 회전하는 공일 때, 공이 공기를 통과해 앞으로 움직이면서 공 주위에 휘몰아치는 소용돌이를 만들어 낸다. 공의 한쪽 면에서는 소용돌이의 공기가 뒤로 흘러가는 공기와 똑같은 방향으로 움직여서, 그 기류를 약간 빠르게 한다. 그와 반대로 공의 반대편 쪽에서는 소용돌이가 작용하여 지나가는 기류를 느리게 한다. 이런 기류 속도의 차이가 압력 차이를 유발시키는데, 이것이 기류가 가장 빠른 쪽으로 공이 휘게 만드는 힘을 만들어 낸다.

① 공이 날아가면서 휘는 방법의 배후에 있는 원리
② 스포츠에서 공을 회전시키는 것의 필요성
③ 공의 실제 속도에 영향을 미치는 요인들
④ 좋은 투수 혹은 키커를 평가하기 위한 기준

해설
이 글은 두 번째 문장에 나온 대로 야구공이나 축구공이 날아가면서 휘는 이유를 마그누스 효과를 통해 설명하는 내용이므로, 글의 주제로 ①이 가장 적절하다.

어휘
spin 회전시키다
fluid 유체
cling to ~에 매달리다
boundary layer 경계층
swirling 휘몰아치는
conversely 반대로
airflow 기류
differential 차이

정답 ①

02

해석
중세 시대의 가장 유명한 요리사는 Taillevent로, 위대한 대성당의 건축가와 건설자들조차 세상에 알려지지 않았는데도 그 이름이 역사 속에 전해져 내려왔다. 1310년경에 태어난 그의 본명은 Guillaume Tirel이었지만, 그는 아마도 긴 코에서 유래되었을 별명인 Taillevent로 항상 알려져 왔다. 1326년, 그는 장차 프랑스의 여왕이 될 Jeanne d'Evereux에게 고용되어, 큰 구이용 쇠꼬챙이들을 돌리는 일을 맡은 보잘것없는 견습생인 주방 보조로 자신의 경력을 시작했다. 그는 지체 높은 집안에 고용된 채 꾸준히 승진하여, Charles 6세 휘하에서 가장 높은 지위에 도달하였는데, Charles 6세는 그에게 귀족 지위를 부여했다. 그의 매우 영향력 있는 요리책인 'Le Viandier'는 200년간 중요하게 남아 있던 요리법과 설명들을 집대성한 것이었는데, 지금도 여전히 14세기의 식습관을 엿볼 수 있게 해 준다.

① 중세 시대 요리사로 역사에 이름이 남아 있다.
② Guillaume Tirel이라는 별명으로 더 알려졌다.
③ 1326년에 주방 일을 돕는 견습생 일을 시작했다.
④ 'Le Viandier'라는 매우 영향력 있는 요리책을 썼다.

해설
Taillevent가 별명이고 본명은 Guillaume Tirel이라고 했으므로(his real name was Guillaume Tirel), 글의 내용과 일치하지 않는 것은 ②이다.

어휘
anonymous 익명의
derive from ~에서 유래하다
humble 초라한, 변변찮은
apprentice 견습생
grant 부여하다
nobility 귀족(계급)

정답 ②

03~04

다음 글을 읽고 물음에 답하시오.

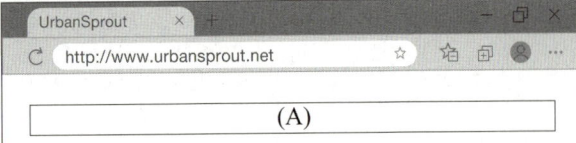

(A)

Campers get hands-on experience as they brush, feed, and clean rabbits. They also help to feed the sheep and tend to their own garden. Campers will also do fun activities, such as making ice cream and playing eco games.

Camp Dates: June 27-30* / July 4-8 / July 11-15 / July 18-22 / July 25-29 / August 2-5* / August 8-12 / August 15-19 / August 22-26
(*4-day camp)
Time: 9 a.m. - 4 p.m.
Fee: $250 per week per child

Feel free to take advantage of our Before Care and After Care hours.
- Time: 8 a.m. to 9 a.m. & 4 p.m. to 5 p.m.
- Fee: $20 per week per child

Additional Information
- Children must be 9 to 11 years old by the start date of their registered camp.
- Juice and snacks are provided daily.
- Each child receives a camp T-shirt.(No additional fee)

For more information about the camp, please call 613-991-3044.

03

(A)에 들어갈 윗글의 제목으로 가장 적절한 것은?

① Camp in the Wild
② Eco-friendly Camp Activities
③ Caring Service Activities for Children
④ City Farm Camp

04

윗글의 내용과 일치하지 <u>않는</u> 것은?

① 캠프 중 2회는 4일 동안 진행된다.
② 캠프 비용은 1회에 아이 1인당 250달러이다.
③ 아이를 한 시간 일찍 맡기고 한 시간 늦게 데려가면 하루에 20달러가 추가된다.
④ 추가 비용 없이 캠프 티셔츠가 아이들에게 제공된다.

03~04

> 해석

도시 농장 캠프

캠프 참가자들은 토끼에게 빗질을 해 주고 먹이를 주고 깨끗이 해 주면서 실제 체험을 하게 됩니다. 그들은 또한 양에게 먹이를 주는 것을 돕고 자신들의 정원을 가꿉니다. 캠프 참가자들은 또한 아이스크림 만들기와 환경 생태 게임하기와 같은 재미있는 활동도 하게 될 것입니다.

캠프 일자: 6월 27~30일* / 7월 4~8일 / 7월 11~15일 / 7월 18~22일 / 7월 25~29일 / 8월 2~5일* / 8월 8~12일 / 8월 15~19일 / 8월 22~26일
(*4일 캠프)
시간: 오전 9시 ~ 오후 4시
비용: 아이 1인당 1주일에 250달러

우리들의 '사전 및 사후 돌봄' 시간을 자유롭게 이용하세요.
– 시간: 오전 8~9시와 오후 4~5시
– 비용: 아이 1인당 1주일에 20달러

추가 정보
– 아이들은 등록된 캠프의 시작일에 9~11세이어야 합니다.
– 주스와 간식은 매일 제공됩니다.
– 각각의 아이들은 캠프 티셔츠를 제공받습니다.(추가 비용 없음)

캠프에 관한 정보가 더 필요하시면 613-991-3044로 전화하세요.

> 해설

03 캠프 참가자들의 활동 내용으로 토끼에게 빗질을 해 주고, 먹이를 주면서 실제 체험을 한다는 점, 양에게 먹이를 주는 것을 돕고 자신들의 정원을 가꾼다고 한 것으로 보아 야생에서의 캠프가 아닌 도시에서 체험하는 캠프임을 유추할 수 있다. 따라서 정답은 ④이다. ②의 경우 친환경 게임을 한다는 내용이 나왔지만 전체 안내문을 대표하기에는 불충분하므로 정답이 아니다.
① 야생에서의 캠프 체험
② 친환경 캠프 활동
③ 아동 돌봄 활동
④ 도시 농장 캠프

04 한 시간 일찍 맡기고 한 시간 늦게 데려가는 돌봄 서비스를 이용하려면 일주일에 20달러를 내야 한다고 했으므로, ③은 글의 내용과 일치하지 않는다.

> 어휘

hands-on 직접 해 보는
tend 돌보다
register 등록하다

> 정답 03 ④   04 ③

05
다음 글의 흐름상 어색한 문장은?

Growing crops in raised beds* rather than in the open ground allows you greater control over the growing conditions. When creating a new bed or renovating an old one, you can fill it with fresh, rich soil, but even in following years it will be easy to improve the soil to suit your crops. ① The raised height of the bed also makes it easier to dig it over and remove rocks, which is ideal for root crops such as carrots that will suffer in rocky soil. ② Organic matter can be applied on the raised beds as necessary, not the paths, so there will be little waste. ③ Since preserving the delicate soil structure is your number one goal, you should not dig over the garden soil. ④ The elevated soil level will provide good drainage, so this is a great way to provide a space for herbs and other warm-season plants that flourish in dry soil.

* raised bed: 흙을 평지보다 높이 쌓아 만든 부분

06
밑줄 친 부분에 들어갈 말로 가장 적절한 것은?

The workman, juggler, or gymnast who "thinks" with his hands manipulates objects that have weight and resistance: bricks, balls, or his own body. The man who thinks with words manipulates only sounds or symbols. This makes _____. You are at a hotel in the morning; you lift the telephone and pronounce the word "tea." In a few moments you are miraculously brought a cup, a saucer, a spoon, bread, milk, marmalade, a pot of tea, and hot water. Imagine the complexity of real actions that required the production of these things for you. Imagine the Chinese farmers growing and harvesting the tea; the English steamer transporting them; the Perigord cowboy driving his beasts to pasture, milking them; the engineer of the train carrying the milk; the baker kneading* the bread; the Spanish or Provencal girls picking the oranges for the marmalade... One spoken syllable has put all these people at your service.

* knead: 반죽하다

① any action amazingly easy
② symbols lose their meaning
③ symbols tricky to manipulate
④ the complexity of actions increase

05

해석

노지에서보다 흙을 (평지보다) 높이 쌓아 만든 부분에서 작물을 키우는 것은 여러분이 생육 조건에 대해 통제를 더 잘하도록 해 준다. 높이 쌓은 부분을 새로 만들 때나 오래된 것을 고쳐 만들 때, 여러분은 그것을 신선하고 비옥한 흙으로 채울 수 있고, 뒤이은 몇 해 동안에도 그 흙이 작물에 적절하도록 개선하는 것이 쉬울 것이다. 높이 쌓은 부분의 상승된 높이는 또한 그것을 파서 고르고 돌을 제거하기 쉽게 하는데, 그것은 돌이 많은 흙에서 어려움을 겪을 당근과 같은 뿌리 작물들을 위해 이상적이다. 유기 물질은 통로가 아닌, 흙을 평지보다 높이 쌓아 만든 부분에 필요한 만큼 넣어질 수 있어서 낭비가 거의 없을 것이다. (섬세한 흙의 구조를 보존하는 것이 여러분의 제일의 목표이므로 정원의 흙을 파서 뒤집지 말아야 한다.) 높여진 흙의 높이는 좋은 배수를 제공할 것이므로, 이것은 마른 땅에서 잘 자라는 허브와 다른 따뜻한 계절에 키우는 식물들에게 공간을 제공하는 좋은 방법이다.

해설

작물을 키우기 위해 흙을 평지보다 높이 쌓아 올린 부분을 만드는 것의 장점에 관한 글이다. 따라서 흙의 구조를 보존하기 위해 흙을 파서 뒤집지 말라는 ③의 내용은 글의 전체 흐름과 관계가 없다.

어휘

open ground 노지, 공지
renovate 고쳐 만들다
suffer 어려움을 겪다
organic matter 유기 물질
delicate 섬세한
elevated 높여진
drainage 배수
flourish 잘 자라다

정답 ③

06

해석

손으로 '사고하는' 노동자, 저글링 곡예사, 혹은 체조 선수는 벽돌, 공, 혹은 자기 자신의 몸과 같은 무게와 저항을 가지는 물체를 조종한다. 말을 가지고 사고하는 사람은 소리나 상징만을 조종한다. 이것은 <u>어떤 행동이라도 놀랍도록 쉽게</u> 만든다. 여러분이 아침에 호텔에 있는데 전화기를 들고 '차'라는 단어를 발음한다. 몇 분 안에 여러분에게 신기하게도 컵, 컵 받침, 숟가락, 빵, 우유, 마멀레이드, 찻주전자, 그리고 뜨거운 물을 가져온다. 여러분을 위한 이런 것들의 생산을 요구하는 현실 행동의 복잡성을 상상해보라. 중국 농부들이 차를 재배해서 수확하고, 영국 기선이 그것을 수송하고, Perigord의 카우보이가 자신의 가축을 초원으로 몰아가서 우유를 짜고, 기차 기관사들이 그 우유를 나르고, 제빵사가 빵 반죽을 만들고, 스페인 혹은 프로방스 소녀가 마멀레이드를 만들 오렌지를 따고… 발화된 하나의 음절이 이 모든 사람들을 여러분 마음대로 부린 것이다.

① 어떤 행동이라도 놀랍도록 쉽게
② 상징들이 의미를 상실하도록
③ 상징들을 조작하기에 까다롭게
④ 행동의 복잡성이 늘어나게

해설

말이라는 것이 소리나 상징을 조종하지만, 이것을 통해 행동을 쉽게 조종할 수 있다는 내용의 글이므로, 빈칸에는 ①이 가장 적절하다.

어휘

juggler 저글링 곡예사
manipulate 조종[조작]하다
miraculously 신기하게
steamer 기선
at one's service ~의 마음대로 부리는

정답 ①

01

다음 글의 주제로 가장 적절한 것은?

Most of us hate being bored, and want some form of amusement or entertainment. We might see this as a need for stimulation, and we demand that the space around us should provide it. On the whole we also seek to avoid high levels of uncertainty and change, and we require a degree of stability and structure in our lives. We might see this as a need for security, and so we require spaces to keep us secure. Most of us seem to have a strong desire to belong somewhere. Many people I have known who have traveled widely in their lives describe an increasingly strong need to return to their roots later in life. We might see this as a need for identity and to belong somewhere, or in other words a need to be located in a certain space. All these are examples of needs that the space we inhabit can help to satisfy.

① physical characteristics of spaces
② the importance of space in communication
③ the space as satisfying our various needs
④ the effect of space on our intelligence

02

Medal of Honor에 관한 다음 글의 내용과 일치하는 것은?

Medal of Honor is the title of a series of video games created by the decorated filmmaker Steven Spielberg. Set during World War II and evocative of the experiences of paratroopers, *Medal of Honor: Airborne*, the eleventh release in the series, is historically authentic to some extent. A World War II advisor was consulted during development to ensure that the game would contain an element of factualness. In fact, sound recordings were made of hundreds of antiques from World War II, including tanks, aircraft — even military boots — to heighten the authenticity of the audio.

① It integrates the history of World War II paratroopers.
② It is based on the experiences of fighter pilots.
③ It was not overseen by a real historical advisor.
④ It uses audio recordings from Spielberg's movies.

01

해석

우리들 대부분은 지루해지는 것을 싫어하고 어떤 형태의 놀이나 즐거움을 원한다. 우리는 이것을 자극에 대한 욕구로 볼 수 있으며, 우리는 우리 주위의 공간이 그것을 공급해 주기를 요구한다. 전반적으로 우리는 또한 높은 수준의 불확실성과 변화를 피하려고 노력하기도 하며, 우리 삶에서 어느 정도의 안정성과 구조를 필요로 한다. 우리는 이것을 안전에 대한 욕구로 볼 수 있어서, 우리를 안전하게 해 줄 공간들을 필요로 한다. 우리들 대부분은 어딘가에 소속하려는 강한 욕망을 갖고 있는 것 같다. 살아가는 동안 두루 여행을 해 온 내가 알고 있는 많은 사람들은 인생 후반에 그들의 뿌리로 돌아가고자 하는 점점 더 강한 욕구를 표현한다. 우리는 이것을 정체성에 대한 욕구와 어딘가에 소속하려는 욕구로, 다시 말해서, 어떤 공간에 위치하려는 욕구로 볼 수 있다. 이 모든 것들이 우리가 살고 있는 공간이 만족감을 주는 데 도움을 줄 수 있는 욕구들의 예시이다.

① 공간의 물리적 특성들
② 의사소통에 있어서 공간의 중요성
③ 우리의 다양한 욕구를 충족시키는 것으로서의 공간
④ 공간이 우리의 지식에 대해 미치는 영향

해설

사람들은 자극에 대한 욕구, 안전에 대한 욕구, 정체성에 대한 욕구, 소속에 대한 욕구를 주변의 공간을 통해 충족시키려 한다는 내용이다. 그러므로 글의 주제로 ③이 가장 적절하다.

어휘

stimulation 자극
stability 안정
security 안전, 보안
identity 정체성
inhabit 거주하다, 서식하다

정답 ③

02

해석

'메달 오브 아너'는 수상 경력이 많은 영화 제작자 스티븐 스필버그가 만든 비디오 게임 시리즈의 제목이다. 제2차 세계 대전 배경의 낙하산 부대를 연상시키는 11번째 출시 시리즈 '메달 오브 아너: 에어본'은 어느 정도까지는 역사적 정확성을 가지고 있다. 게임이 사실적인 요소를 갖게 하기 위해서 개발 과정에서 제2차 세계 대전 자문가와의 상담이 있었다. 사실 음향 녹음은 음향의 사실감을 높이기 위해 탱크와 항공기, 심지어 군화까지 제2차 세계 대전 당시 실제로 사용된 몇 백 개의 골동품에 대해 이루어졌다.

① 제2차 세계 대전의 낙하산 부대의 역사를 접목했다.
② 전투기 조종사들의 경험을 바탕으로 한 것이다.
③ 실제 역사 자문가의 감독을 받지 않았다.
④ 스필버그 영화에서 음향 녹음을 가져다 썼다.

해설

'메달 오브 아너'는 제2차 세계 대전의 낙하산 부대를 바탕으로 한 게임이며, 제2차 세계 대전 역사 자문가의 도움을 받고 실제 그 당시에 쓰였던 물건들을 사용하여 음향 녹음을 했으므로 ①이 정답이다.

어휘

decorated 상을 많이 받은
evocative of ~를 연상시키는
paratrooper 낙하산 부대
release 출시
factualness 사실
antique 골동품
integrate 접목하다, 통합하다

정답 ①

03~04

다음 글을 읽고 물음에 답하시오.

The Culture Shock Writing Contest

Have you studied or lived in Italy or France? Do you have a story, message, or opinion to share? We want to publish your writing on the student-run publication, *Culture Shock*.
Take this opportunity to have your work published!

- Entries must be submitted in French, Italian, or English.
- Content must center on experiences involving French or Italian culture.
- You are welcome to use nicknames if preferred.
- We encourage you to submit pictures along with pieces.

Submit your piece of writing with a maximum of 1,000 words to finite@umn.edu by November 20. Please visit www.cultureshock.com for more information about the contest.

03

밑줄 친 submit의 의미와 가장 가까운 것은?

① present
② surrender
③ yield
④ accept

04

윗글의 The Culture Shock Writing Contest에 관한 내용과 일치하지 <u>않는</u> 것은?

① 출품작은 프랑스어, 이탈리아어, 혹은 영어로 제출되어야 한다.
② 출품작은 프랑스나 이탈리아 문화에 관한 경험을 다루어야 한다.
③ 실명을 사용하지 않아도 된다.
④ 출품작은 최소 1,000단어 이상을 사용해야 한다.

03~04

해석

Culture Shock 글쓰기 대회

프랑스나 이탈리아에서 공부하거나 살았던 적이 있습니까? 공유할 이야기나, 메시지, 의견이 있습니까? 저희는 여러분의 글을 학생이 운영하는 출판물인 'Culture Shock'에 싣고 싶습니다. 이 기회를 살려서 여러분의 작품을 출판하세요!

- 출품작은 프랑스어, 이탈리아어, 혹은 영어로 제출되어야 합니다.
- 내용은 프랑스 혹은 이탈리아 문화를 포함하는 경험에 초점을 맞추어야 합니다.
- 원할 경우 닉네임을 사용해도 좋습니다.
- 작품과 함께 사진을 제출할 것을 권장합니다.

최대 1,000단어의 글쓰기 작품을 11월 20일까지 finite@umn.edu로 제출하십시오. 대회에 관한 더 많은 정보를 원하시면, www.cultureshock.com을 방문해 주십시오.

해설

03 맥락상 '제출하다'의 의미가 되어야 하므로 정답은 ①이다. 단, submit가 '굴복하다'의 의미도 있는데, 이 경우 surrender, yield도 유의어로 볼 수 있다. 또한 yield는 '굴복하다'의 의미 외에도 '산출하다', '양보하다' 등의 의미로도 쓸 수 있으므로 문맥에서의 의미를 파악하는 것이 중요하다.
① 제출하다
② 굴복하다
③ 굴복하다; 산출하다; 양보하다
④ 받다; 승낙[수락]하다

04 최대 1,000단어(a maximum of 1,000 words)의 작품을 제출하라고 했으므로, ④가 글의 내용과 일치하지 않는다.

어휘

opinion 의견
opportunity 기회
entry 출품작
center on ~에 집중되다

정답 03 ① 04 ④

05

주어진 글 다음에 이어질 글의 순서로 가장 적절한 것은?

College and university professors often see lack of effort as laziness. Not going to tutoring or taking advantage of a professor's office hours is seen as irresponsible or immature.

(A) A person with this mindset sees tutoring and extra work as wasted effort. Other students with similar mindsets may work hard but tell themselves, "This is hard... I can't get it... Maybe I should drop the class."

(B) In contrast, those with growth mindsets work hard, even on work for classes they don't like, and because they know the effort will likely produce improved results, they see greater success. Those students are not smarter; they just see themselves differently.

(C) In fact, it may be that a student's fixed mindset is causing many of his or her problems. If you have always struggled with reading, you may believe it is because you are simply "bad at reading" or "not smart in that way."

① (A) − (C) − (B)
② (B) − (A) − (C)
③ (C) − (A) − (B)
④ (C) − (B) − (A)

06

밑줄 친 부분에 들어갈 말로 가장 적절한 것은?

When you disagree with someone, the way out of that disagreement is not to strengthen it by holding firmly to your own side. Instead, you can resolve the situation by finding common ground. That does not mean giving in. It also does not mean forcing the other person to give in to you. It means being as open, honest and direct as possible. It also means acting with a genuine desire to arrive at the best solution for everyone involved. To every extent possible, forget about the disagreement itself and look for what the situation is trying to tell you. Imagine yourself in the place of the other person, and look at things from that perspective. Nothing of value is produced by arguing. Look instead for ways to cooperate, to understand and to make yourself more clearly understood. In short, _____ is a key skill for handling disagreement.

① empathic interaction
② critical listening
③ intense discussion
④ personal sacrifice

05

해석

대학과 대학교의 교수들은 흔히 노력의 부족을 게으름으로 본다. 개인교습을 하지 않거나 교수가 사무실에 있는 시간을 이용하지 않는 것은 무책임하거나 미성숙한 것으로 보여진다. (C) 사실, 그것은 학생의 고정된 마음가짐이 자신의 문제 중 많은 것을 일으키고 있는 것일 수도 있다. 여러분이 항상 독서에 고전을 해 왔다면, 그것은 여러분이 그저 '독서를 못하거나' 혹은 '그런 방식에 똑똑하지' 못하다고 믿을 수도 있다. (A) 이런 마음가짐을 가진 사람은 개인교습과 추가 공부를 낭비된 노력으로 본다. 비슷한 마음가짐을 가진 다른 학생들은 열심히 공부하지만 자기 스스로에게 "이건 힘들어… 나는 그것을 얻을 수 없어… 아마도 나는 수업을 중단해야 할까 봐."라고 말할지도 모른다. (B) 이와 대조적으로, 성장 마음가짐을 가진 사람은 그들이 좋아하지 않는 수업에 대해서도 열심히 공부하며, 노력이 개선된 결과를 가져올 것이라고 알고 있기 때문에 더 큰 성공을 본다. 이 학생들은 더 똑똑한 것이 아니다. 그들은 스스로를 다르게 본 것뿐이다.

해설

대학교 교수들이 노력 부족을 게으름으로 본다는 주어진 글 다음에는 그것이 학생의 고정된 마음가짐 때문일 수도 있다는 내용의 (C)가 와야 한다. 그 다음에는 그런 마음가짐을 가진 사람들의 생각을 서술하는 (A)가 온 다음, 마지막으로 그와 대조적으로 성장 마음가짐을 가진 사람의 경우를 서술하는 (B)가 이어지는 것이 적절하다.

어휘

laziness 나태함, 게으름
tutor (가정 교사로서) 가르치다, 개인 교습을 하다
irresponsible 무책임한
immature 미성숙한
mindset 마음가짐
in contrast 대조적으로
struggle 분투하다, 애쓰다

정답 ③

06

해석

여러분이 어떤 사람과 의견이 일치하지 않을 때, 그 상황을 해결하는 방법은 자신의 편에서 그것을 확고하게 유지해서 그것을 강화시키는 것이 아니다. 그 대신에 공통점을 찾아서 그 상황을 해결할 수 있다. 그것은 포기하는 것을 뜻하지 않는다. 그것은 상대방에게 여러분에게 굴복하라고 강요하는 것을 뜻하는 것도 아니다. 그것은 가능한 한 개방되고, 정직하고, 직접적이 되는 것을 뜻한다. 그것은 또한 관련된 모든 사람들이 최선의 해결에 도달하려는 순수한 욕망을 가지고 행동하는 것을 뜻한다. 가능한 모든 정도에서 불일치 그 자체를 잊고, 상황이 여러분에게 말하려고 하는 바를 찾아라. 다른 사람의 입장에 서 있는 자신을 상상하고 그러한 관점에서 사물을 보아라. 가치 있는 어떤 것도 논쟁해서 만들어지지 않는다. 대신에 협력하고, 이해하고, 자신이 남에게 더 분명히 이해되도록 하는 방법을 찾아라. 요컨대, <u>공감적 상호작용</u>은 불일치를 다루기 위한 중요 기술이다.

① 공감적 상호작용
② 비판적 듣기
③ 열띤 토론
④ 개인의 희생

해설

불일치가 있을 때, 공통점을 찾아보고, 상대방의 입장에 서 보고, 협력하는 것은 모두 공감적 상호작용을 나타내는 것이므로, 빈칸에 들어갈 말로 ①이 가장 적절하다.

어휘

common ground 공통점
genuine 진심에서 우러난
perspective 시각

정답 ①

01

다음 글의 요지로 가장 적절한 것은?

The key mechanism at work is not charismatic leadership. In the moon mission, we cannot deny that John F. Kennedy had a charismatic leadership style, nor can we deny that he deserves much of the credit for seriously proposing the imaginative and bold goal of going to the moon and back before the end of the decade. Nonetheless, Kennedy's leadership style was not the primary mechanism at work for stimulating progress. Kennedy died in 1963; he was no longer present to urge, prod, inspire — to "lead" to the moon. After Kennedy's death, did the moon mission become any less inspiring? Did it grind to a halt? Did going to the moon cease to provide a sense of national momentum? Of course not! The beauty of the moon mission, once launched, was its ability to stimulate progress regardless of whoever happened to be president. Was it any less exciting to land on the moon with Nixon in office than Kennedy? The goal itself became the motivating mechanism.

① 사회적 배경은 개인의 목표 설정에 간접적 영향을 미친다.
② 지도자의 핵심적인 자질은 시대를 초월하여 변하지 않는다.
③ 목표 달성에서 지도자보다 중요한 것은 헌신적인 추종자이다.
④ 리더십보다 고무적인 목표가 과업 수행에 더 중요하다.

02

다음 글의 내용과 일치하는 것은?

Woburn Safari Park

The Road Safari
- The Road Safari circuit will take around an hour to complete.
- Customers will be able to repeat the circuit as many times as they wish.
- The entrance to the Road Safari closes at 5 p.m. and all vehicles must exit the park by 5:30 p.m.

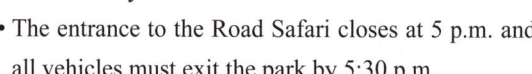

Road Safari Rules
- Keep windows and doors closed at all times.
- Stay in your car at all times. If you get into difficulty or need help, sound your horn and wait for assistance.
- Anyone caught feeding the animals will be asked to leave the park immediately, and no refund will be given.

Food & Refreshments
- The Safari Restaurant is open for takeaway only.
- Some kiosks in the leisure area will be selling hot dogs and ice cream.

① Road Safari 순회 여행을 마치는 데 약 두 시간이 걸린다.
② Road Safari 중에 자동차 창문을 열어 둘 수 있다.
③ 동물에게 먹이를 주다가 적발되면 환불 없이 퇴장 조치된다.
④ Safari 식당에서는 음식을 포장해서 가져갈 수 없다.

01

해석

직장에서 영향을 미치는 핵심적인 기제는 카리스마적인 지도력이 아니다. 달 탐사 과업에서, 우리는 John F. Kennedy가 카리스마적인 리더십 유형을 가지고 있었다는 점을 부인할 수 없고, 그가 그 10년이 가기 전에 달로 갔다가 돌아오는, 상상력이 풍부하고 대담한 목적을 진지하게 제안하는 데 있어서 많은 공을 인정받아 마땅하다는 것을 부인할 수 없다. 그럼에도 불구하고 Kennedy의 리더십 유형이 진보를 자극하는 데 있어서 가장 중요하게 영향을 미친 기제는 아니었다. Kennedy는 1963년에 사망했고, 그는 더 이상 달로 '이끌기' 위해 재촉하고, 자극하고, 고무하기 위해 존재하지 않았다. Kennedy의 사후에 달 탐사 계획이 조금이라도 덜 고무적으로 되기라도 했는가? 그것이 서서히 멈추었는가? 달로 가는 것이 국가적인 추진력이라는 감각을 제공하는 것을 멈추었는가? 물론 아니다! 일단 시작된 다음, 달 탐사 과업의 멋진 점은 누가 대통령이 되었든 그와 무관하게 진보를 자극할 수 있는 능력이었다. Kennedy보다 Nixon이 재임할 때 달에 착륙하는 것이 조금이라도 덜 흥분되기라도 했는가? 목표 그 자체가 동기를 불러일으키는 기제가 되었다.

해설

Kennedy 대통령이 달 탐사를 제안하였지만 그의 사망 후에도 달 탐사는 그 자체로 고무적인 목표가 되었다는 사례를 통해 결국 과업 수행에서 리더십보다 고무적인 목표가 더 중요하다는 점을 제시하고 있으므로, 글의 요지로 ④가 가장 적절하다.

어휘

charismatic 카리스마적인
imaginative 상상력이 풍부한
bold 대담한
urge 재촉하다
prod 자극하다
grind to a halt 서서히 (가다가) 멈추다
momentum 추진력
in office 재직 중에

정답 ④

02

해석

Woburn Safari 공원

The Road Safari
- Road Safari 순회 여행을 마치는 데 약 1시간이 걸릴 것입니다.
- 손님이 원하는 만큼 여러 번 순회 여행을 반복할 수 있습니다.
- Road Safari로 들어가는 입구는 오후 5시에 문을 닫으며 모든 차량은 오후 5시 30분까지 공원을 나가야 합니다.

Road Safari 규정
- 창문과 문은 항상 닫힌 상태로 유지해 주세요.
- 항상 차 안에 머물러 주세요. 만약 어려움에 처하거나 도움이 필요하다면, 경적을 울리고 도움을 기다리세요.
- 동물에게 먹이를 주다 적발되는 사람은 누구든지 즉시 공원을 떠날 것을 요청받게 되며 환불은 해드리지 않을 것입니다.

음식 및 간식
- Safari 식당은 포장해서 테이크아웃만 가능합니다.
- 레저 구역 내의 몇몇 매점에서 핫도그와 아이스크림을 판매할 것입니다.

해설

동물에게 먹이를 주다 적발된 사람은 즉시 공원을 떠나도록 요청받고 환불은 해 주지 않는다고 했으므로, 글의 내용과 일치하는 것은 ③이다.

어휘

circuit 순회 (여행)
complete 완성하다
entrance 입구
assistance 도움, 지원
takeaway 포장음식, 테이크아웃
kiosk 매점

정답 ③

03~04

다음 글을 읽고 물음에 답하시오.

> **Staying Safe during a Heatwave**
>
> Extreme heat can be dangerous, especially for the elderly, young children, and people with health conditions. To stay safe during a heatwave, avoid going outdoors during the hottest hours of the day — usually between 11 a.m. and 4 p.m.
>
> Drink plenty of water, even if you don't feel thirsty. Wear light, loose-fitting clothes, and use sunscreen when outside. If you start feeling dizzy or weak, rest in a cool place and <u>seek</u> medical help if necessary.
>
> Keep your home cool by closing curtains and using fans or air conditioning. Never leave children or pets inside parked cars, even for a short time.
>
> Check on family members or neighbors who may be vulnerable to heat. Small actions can prevent serious problems.
>
> Stay informed through weather alerts and follow public health guidelines during extreme heat.

03

밑줄 친 seek의 의미와 가장 가까운 것은?

① follow
② avoid
③ request
④ look for

04

윗글의 목적으로 가장 적절한 것은?

① 여름철 여행지 정보를 제공하기 위해
② 폭염 시 건강을 지키는 방법을 안내하기 위해
③ 에너지 절약 방법을 소개하기 위해
④ 냉방기기 사용법을 설명하기 위해

03~04

해석

폭염 속에서 안전 유지하기

극심한 더위는 특히 노인, 어린 아이, 건강 문제가 있는 사람들에게 위험할 수 있습니다. 폭염 도중에 안전을 유지하려면, 하루 중 가장 더운 시간대인 보통 오전 11시에서 오후 4시 사이에는 외출을 피하세요. 목이 마르지 않더라도 물을 충분히 드세요. 가볍고 헐렁한 옷을 입고, 외출할 때는 자외선 차단제를 사용하세요. 어지럽거나 몸이 약해지기 시작하면 서늘한 곳에서 휴식을 취하고 필요하다면 의료진의 도움을 <u>구하세요</u>.

커튼을 닫고 선풍기나 에어컨을 사용하여 집을 시원하게 유지하세요. 잠시 동안이라도 어린이나 반려동물을 주차된 차 안에 두지 마세요.

더위에 취약할 수 있는 가족이나 이웃을 확인하세요. 작은 행동만으로도 심각한 문제를 예방할 수 있습니다.

기상 경보를 통해 계속해서 정보를 얻고, 극심한 더위 속에서는 공중 보건 지침을 따르세요.

해설

03 seek은 '찾다, 모색하다'라는 의미로서, seek medical help는 '의료진의 도움을 구하다'라는 의미가 된다. 선택지 중에서는 '~을 찾다'라는 뜻의 look for가 의미상 가장 가깝다.
① 따르다
② 피하다
③ 요청하다
④ ~을 찾다

04 제목인 Staying Safe during a Heatwave에서 '폭염 도중 건강을 유지하는 방법'에 관한 내용이라는 것을 알 수 있다.

어휘

heatwave 폭염, 장기간의 무더위
go outdoors 밖에 나가다
loose-fitting 헐렁한, 느슨한
dizzy 어지러운
vulnerable 취약한
stay informed 계속해서 정보를 얻다

정답 03 ④ 04 ②

05

다음 글의 흐름상 어색한 문장은?

The plow might be a sacred symbol of agricultural productivity, but it wrecks the soil and, as we've known for a long time, compromises basic agricultural health. In her 1943 book, *The Living Soil*, Lady Eve Balfour declared that "The criteria for a sustainable agriculture can be summed up in one word — permanence, which means adopting techniques that maintain soil fertility indefinitely." ① Tilling soil to manage weeds, however, does precisely the opposite; it dries soil out, causes chronic erosion, and in so doing renders soil impermanent. ② Likewise, a sustainable agriculture is a system composed of many sub-systems designed for different crops and modified for such variables as climate, soil, and market. ③ It is for this reason that, also writing in 1943, Edward Faulkner noted in *Plowman's Folly* that "There is nothing wrong with our soil except interference." ④ For Faulkner, as his book's title suggests, interference meant the plow.

06

밑줄 친 부분에 들어갈 말로 가장 적절한 것은?

Being a woman is both an asset and a liability* in politics. The higher a woman aims, the riskier it gets. Women have been elected as governors, and a majority of Americans have told pollsters they would vote for a woman president if the right candidate came along. Yet women running for any public office know their gender _____. And polls show a minority still don't think a woman should be president. Journalists sometimes seem to play to the sentiments of that small minority in the way they frame stories, in the facts they select, and in the language they use to describe women politicians. As long as the media continue to emphasize gender at the expense of other qualifications, they are sending the wrong signals to voters. It's worth thinking over the answer that Christine Todd Whitman gives reporters who ask her what it's like to be a woman governor: "I am a governor who happens to be a woman."

*liability: 부담

① becomes the least confusing thing about them
② becomes apparent from their physical features
③ is as likely to turn off voters as it is to attract them
④ is widely considered legitimate, both socially and legally

05

해석

쟁기는 농업 생산성의 신성한 상징일 수 있지만, 그것은 토양을 망가뜨리며, 우리가 오랫동안 알고 있었듯이 기본적인 농업적 안녕을 손상시킨다. 1943년에 출간한 도서 'The Living Soil'에서 Eve Balfour 부인은 "지속 가능한 농업의 척도는 영구성이라는 한 단어로 요약될 수 있는데, 이는 토양의 비옥도를 무기한으로 유지하는 기술을 택하는 것을 의미한다."라고 분명히 말했다. 그러나 잡초를 관리하기 위해 토양을 경작하는 것은 정확히 정반대의 일을 한다. 그것은 토양을 메마르게 하고, 만성적인 침식을 야기하며, 그렇게 하여 토양을 비영구적으로 만든다. (마찬가지로, 지속 가능한 농업은 서로 다른 작물을 위해 설계된 많은 하부 시스템으로 구성되어, 기후, 토양, 그리고 시장과 같은 변수에 맞게 변형된 시스템이다.) 바로 이러한 이유에서, 똑같이 1943년 집필에서, Edward Faulkner는 'Plowman's Folly'에서 "방해를 제외하면 우리의 토양에는 아무 문제가 없다."라고 언급했다. 그의 책 제목이 암시하는 것처럼, Faulkner에게 방해는 쟁기를 의미했다.

해설

땅을 갈아 주는 행위인 쟁기질은 토양의 영구성을 해치게 되어 지속 가능한 농업을 방해한다는 내용이므로, 지속 가능한 농업의 정의에 관한 내용인 ②는 글의 흐름과 무관하다.

어휘

plow 쟁기
wreck 망가뜨리다, 파괴하다
compromise 손상시키다
fertility 비옥한 정도, 비옥함
erosion 침식
till (땅을) 경작하다

정답 ②

06

해석

여성이라는 점은 정치에서 자산인 동시에 부담이 된다. 여성이 큰 뜻을 품을수록 위험이 더욱 더 커진다. 여성이 주지사로 선출된 적이 있어 왔고, 대다수의 미국인들은 올바른 후보자가 나타나면 자기들은 여성 대통령에게 투표할 것이라고 여론 조사원들에게 말해 왔다. 하지만 어떤 공직에라도 출마하는 여성들은 자신들의 성이 유권자들을 끌어들이는 것만큼 그들에게 흥미를 잃게 할 것이라는 점을 알고 있다. 그리고 여론 조사에서는 소수파가 여전히 여성이 대통령이 되어서는 안 된다고 생각한다는 점을 보여 준다. 언론인들은 때때로 자신들이 기사의 뼈대를 짜는 방식에서, 자신들이 선정하는 사실에서, 그리고 자신들이 여성 정치인을 묘사하기 위해 사용하는 언어에서 그 작은 소수파의 감정에 작용하는 것처럼 보인다. 매체에서 다른 능력들을 희생하면서 계속해서 성을 강조하는 한, 매체는 유권자들에게 잘못된 신호를 보내고 있는 것이다. Christine Todd Whitman이 여성 주지사라는 것이 어떤지 자신에게 묻는 기자들에게 하는 다음과 같은 답변을 심사숙고할 가치가 있다. "저는 우연찮게 여성인 주지사입니다."

① 그들에 대해 가장 덜 혼란스러운 것이 되다
② 그들의 신체적인 특징으로부터 뚜렷해지다
③ 유권자들을 끌어들이는 것만큼 그들에게 흥미를 잃게 할 것이다
④ 사회적으로 법적으로, 합법적인 것으로 널리 여겨지다

해설

여성 정치인이라는 점이 유리한 점도 있지만 반면에 불리한 점도 있다는 내용의 글이므로 빈칸에 들어갈 말로 가장 적절한 것은 ③이다.

어휘

asset 자산
aim high 큰 뜻을 품다
pollster 여론 조사원
come along 나타나다, 생기다
run for ~에 출마하다
sentiment 감정
frame 뼈대를 만들다
at the expense of ~을 희생하면서
think over ~을 심사숙고하다
turn off ~에게 흥미를 잃게 하다

정답 ③

DAY 07 독해

01

다음 글의 목적으로 가장 적절한 것은?

To: Parents
From: Roy Ann Jolley
Date: April 27
Subject: Break-In Incident at Delma Elementary School

Dear Parents.

At Delma Elementary School, our top priority is to provide your child with a quality education in a safe environment. I believe that it is important for us to keep the lines of communication open with parents and to make you aware when a situation arises at our school.

It was discovered this morning that sometime last evening, someone broke into our school. There was minimal damage and no major items are missing. Our school is working closely with the Delma Police Department which is thoroughly investigating the situation. We are very concerned that this happened in our school, and we hope that anyone who has any information about the break-in will inform our local law enforcement officers.

We are looking forward to your cooperation.

Sincerely,

Roy Ann Jolley
Principal of Delma Elementary School

---

① 학교 전담 경찰관의 배치 계획을 홍보하려고
② 학교 보안 시스템 강화 계획에 대해 공지하려고
③ 학교 무단 침입 사건의 조사에 협조를 요청하려고
④ 교육 활동 중에 일어난 안전사고에 대해 해명하려고

02

Gregorio Dati에 관한 다음 글의 내용과 일치하는 것은?

Gregorio Dati was a successful merchant of Florence, who entered into many profitable partnerships dealing in wool, silk, and other merchandise. His career, however, especially early on, knew the vicissitudes* characteristic of Renaissance business. For example, while he was en route to Spain as his enterprise's traveling partner, a role typical for young men, pirates robbed him of all his goods, including a consignment** of pearls, and of his own clothes. His recovery from such losses followed in part from four successive marriages. Later in life, he was honored to serve a number of posts in the city government. Over the years he wrote a "diary," actually an occasional record in which he kept accounts of his commercial and family life. Men of his kind pioneered this form of writing about the public and private self.

* vicissitudes: 파란만장 ** consignment: 위탁 판매품

① He was not successful as a Florence merchant.
② On the way to Spain, everything but his clothes was looted.
③ Four successive marriages have cost his economy.
④ Later in his life, he held a plenty of positions in the city government.

01

해석
수신: 학부모
발신: Roy Ann Jolley
날짜: 4월 27일
제목: Delma 초등학교의 침입 사건

학부모님께,
Delma 초등학교에서 저희가 최고로 우선시하는 것은 귀하의 자녀에게 안전한 환경 속에서 질 높은 교육을 제공하는 것입니다. 저는 저희가 학부모님들과의 의사소통 연결 통로를 개방해 두고, 우리 학교에 어떤 상황이 생길 때 귀하가 알게 하는 것이 중요하다고 믿습니다.
오늘 아침, 어젯밤 언젠가 어떤 사람이 저희 학교에 침입했음이 밝혀졌습니다. 피해는 거의 없었고, 중요한 물건이 도둑맞은 것은 없습니다. 우리 학교는 Delma 경찰서와 긴밀히 협조하고 있는데 경찰서에서 그 상황을 철저히 조사하고 있습니다. 저희는 이것이 우리 학교에서 발생했다는 것에 매우 우려하고 있으며, 그 침입 사건에 대해 정보를 조금이라도 가지고 계신 분이 있으면 우리 지역의 법 집행관들에게 연락해 주시기를 희망하고 있습니다.
귀하의 협조를 고대합니다.

Delma 초등학교 교장 Roy Ann Jolley 드림

해설
초등학교 교장이, 어젯밤에 일어난 학교 무단 침입 사건에 관한 정보를 가지고 있는 학부모가 있다면 경찰관들에게 연락을 해 달라고 부탁을 하는 글이므로, 글의 목적으로 ③이 가장 적절하다.

어휘
priority 우선 사항
break into ~에 무단 침입하다
minimal 최소한의
thoroughly 철저히
law enforcement officer 법 집행관(경찰관, 보안관)
cooperation 협조, 협력

정답 ③

02

해석
Gregorio Dati는 피렌체의 성공한 상인으로, 이윤이 남는 많은 협력 관계를 맺고 양털, 비단, 그리고 다른 상품 장사를 했다. 그러나 그의 경력은, 특히 초기부터, 문예부흥 시대 사업의 특징인 파란만장함을 겪었다. 예를 들어, 그가 젊은 사람들이 전형적으로 하던 역할인, 그의 사업의 여행 파트너로서 스페인으로 가는 길에, 해적들이 진주 위탁 판매품을 포함한 그의 모든 물건과 그의 옷을 약탈했다. 부분적으로는 네 번의 잇따른 결혼을 통해 그는 그런 손실을 회복했다. 인생 후반에 그는 시 정부에서 다수의 직책을 맡는 영예를 얻었다. 그는 여러 해에 걸쳐 '일기'를 썼는데, 사실 그것은 가끔씩 쓴 기록으로, 상인으로서의 생활과 가족 생활에 관한 이야기를 썼다. 그와 같은 사람들이 공적인 자아와 사적인 자아에 관한 이런 형태의 글쓰기를 개척했다.

① 피렌체 상인으로서 성공하지 못했다.
② 스페인으로 가는 길에 자신의 옷을 제외한 모든 것을 약탈당했다.
③ 네 번의 잇따른 결혼으로 경제적 손실을 입었다.
④ 인생 후반에 시 정부에서 다수의 직책을 맡았다.

해설
'Later in life, he was honored to serve a number of posts in the city government.'에서 ④가 글의 내용과 일치함을 알 수 있다.

어휘
enter into partnership 협력[제휴]하다
profitable 이윤이 남는, 유리한
characteristic 특징적인
en route 도중에
pirate 해적
rob A of B A에게서 B를 약탈하다[빼앗다]
successive 잇따른, 연속하는
post 직책, 지위
occasional 가끔의
keep an account of ~에 관한 이야기를 쓰다

정답 ④

03~04

다음 글을 읽고 물음에 답하시오.

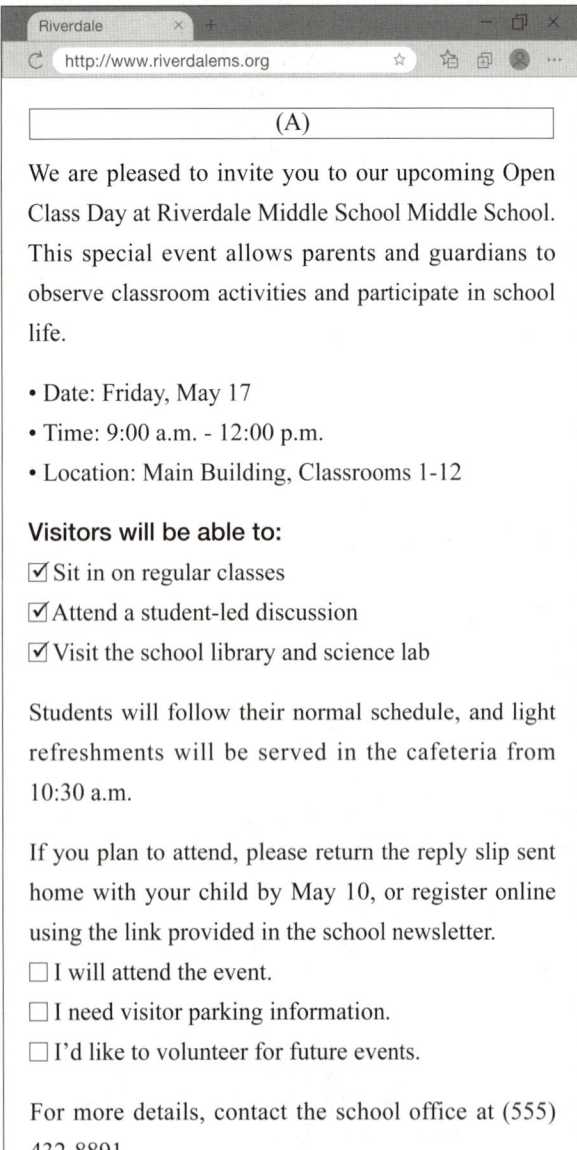

03

(A)에 들어갈 윗글의 제목으로 가장 적절한 것은?

① Invitation to Riverdale's Science Fair
② Field Trip Guidelines for Parents
③ Join Us for Open Class Day
④ Summer Camp Registration Notice

04

윗글의 내용과 일치하지 않는 것은?

① 참관 수업은 일반 수업 시간에 진행된다.
② 행사 당일 점심이 무료로 제공된다.
③ 학부모는 과학실과 도서관을 둘러볼 수 있다.
④ 사전 참가 신청은 온라인 또는 회신서로 가능하다.

03~04

해석

공개 수업일에 저희와 함께하세요

곧 있을 리버데일 중학교 공개 수업일에 여러분을 초대하게 되어 기쁩니다. 이 특별한 행사는 학부모와 보호자들이 교실 활동을 참관하고 학교 생활에 참여할 수 있도록 해줍니다.

- 날짜: 5월 17일 금요일
- 시간: 오전 9시 – 오후 12시
- 위치: 본관, 1번-12번 교실

방문객들은 다음을 할 수 있습니다:
☑ 정규 수업에 참여하기
☑ 학생이 주도하는 토론에 참석하기
☑ 학교 도서관 및 과학 실험실 방문하기

학생들은 그들의 정상적인 일정을 따를 것이며, 오전 10시 30분부터 구내식당에서 가벼운 다과가 제공될 것입니다.

참석할 계획이 있으시면, 5월 10일까지 여러분의 자녀를 통해 집으로 보낸 회신서를 반송하시거나, 학교 소식지에 제공된 링크를 이용하여 온라인으로 등록해 주시기 바랍니다.
☐ 저는 행사에 참석할 것입니다.
☐ 방문자 주차 정보가 필요합니다.
☐ 앞으로 있을 행사에서 자원봉사를 하고 싶습니다.

자세한 내용은 (555) 432-8891로 학교 사무실에 문의하세요.

해설

03 바로 밑에 나오는 Open Class Day at Riverdale Middle School이 핵심 내용이다. 학교에서 열리는 공개 수업일을 안내하고 있으므로 ③이 정답이다.
① 리버데일 과학박람회 초청장
② 학부모를 위한 현장학습 지침
③ 공개 수업일에 저희와 함께하세요
④ 여름 캠프 등록 안내

04 가벼운 다과(light refreshments)만 제공된다고 했을 뿐 점심을 제공한다는 내용은 없으므로 ②가 정답이다. ①은 Date: Friday, May 17, Time: 9:00 a.m. – 12:00 p.m., Students will follow their normal schedule 등에서 단서를 얻을 수 있고, ③은 Visit the school library and science lab, 그리고 ④는 please return the reply slip ~ or register online으로 해당 내용을 확인할 수 있다.

어휘

upcoming 다가오는, 곧 있을
allow A to+R A가 ~하는 것을 허용하다
guardian 보호자
sit in on ~에 참석하다
refreshment 다과, 간식
slip 쪽지
register 등록하다
provide 제공하다
detail 세부 사항
contact 연락하다

정답 03 ③ 04 ②

05

주어진 글 다음에 이어질 글의 순서로 가장 적절한 것은?

It is only possible to fully understand a social welfare system by comparing it with other systems and by assessing a system's place in the worldwide network. Such study may expose widely accepted truisms as mere opinions.

(A) The argument sounds less convincing when compared to the policy and business practices of America's competitors in Western Europe, where almost all countries offer leave with pay not only to new parents but also to employees with ill family members.

(B) Politicians and corporate leaders in the United States, for example, have resisted the idea of paid maternity and paternity leaves*, claiming that to grant such leave would destroy American business competitiveness in the world economy.

(C) Thus, the comparative view shows that to claim that such a policy is impossible is clearly invalid; more accurately, it can be asserted that parental leave is not a policy priority in the United States.

* paid maternity and paternity leave: 유급 육아 휴가

① (A) − (C) − (B)
② (B) − (A) − (C)
③ (B) − (C) − (A)
④ (C) − (A) − (B)

06

밑줄 친 부분에 들어갈 말로 가장 적절한 것은?

Some researchers from the University of Groningen conducted an experiment to see if _____ would encourage people to break a certain social rule. Their study was done in an alley that is frequently used to park bicycles. The researchers created two conditions: In one area, the walls of the alley were freshly painted; in the other one, they were covered with graffiti. In both areas, a large sign prohibiting graffiti was put up, and all the bikes then had an advertising flyer attached to their handlebars. When bike owners returned, their behavior was secretly observed. There were no wastebaskets in the alley, so a rider had three choices. He could take the flyer with him, hang it on another bicycle, or throw it to the floor. When the alley contained graffiti, 69% of the riders threw it compared with 33% when the walls were clean.

① crime rates
② social customs
③ signs of disorder
④ unique talents

05

해석

사회 복지 제도는 오직 그것을 다른 제도들과 비교하고, 세계적인 네트워크 속에서 그것의 위치를 평가함으로써 완전히 이해하는 것이 가능하다. 그러한 연구는 널리 받아들여지는 뻔한 사실이 단지 의견에 불과하다는 것을 드러낼 수 있다. (B) 예를 들어, 미국의 정치인들과 기업 대표들은 유급 육아 휴가라는 아이디어에 반대해 왔는데, 그들은 그러한 휴가를 허용하는 것이 세계 경제 속에서 미국의 사업 경쟁력을 파괴할 것이라고 주장했다. (A) 그 주장은 서유럽에 있는 미국의 경쟁국들의 정책 및 사업 관행과 비교하면 덜 설득력 있게 들리는데, 그곳의 거의 모든 나라들은 새롭게 부모가 된 사람들뿐 아니라 아픈 가족이 있는 직원들에게도 유급 휴가를 제공한다. (C) 따라서, 비교하는 관점은 그런 정책이 불가능하다고 주장하는 것이 분명 설득력이 없다는 것을 보여 주며, 즉 더 정확히 말해서, 육아 휴가는 미국에서 정책 우선 사항이 아니라고 주장할 수는 있다.

해설

사회 복지 제도를 다른 제도들과 비교하고 평가해야 완전히 이해할 수 있다는 내용의 주어진 글 다음에, 미국 내에 존재하는 유급 육아 휴가에 대한 부정적인 견해를 언급한 (B)가 오고, 서유럽의 상황과 비교하면 그러한 주장은 설득력이 떨어진다는 내용의 (A)가 온 다음, 비교를 통해 정책에 관한 주장의 타당성을 파악할 수 있다는 내용의 (C)가 맨 마지막에 오는 것이 가장 적절하다.

어휘

assess 평가하다
truism 뻔한 사실
expose 노출하다, 폭로하다
resist 저항하다, 반대하다
grant 허락하다, 부여하다
convincing 설득력 있는
comparative 비교의
invalid 타당하지 않은

정답 ②

06

해석

Groningen 대학교의 연구자들은 무질서의 징후가 사람들에게 특정한 사회적 규칙을 어기도록 부추기는지를 알기 위한 실험을 했다. 그들의 연구는 자전거를 세우는 데 자주 사용되는 골목에서 행해졌다. 그 연구자들은 두 가지 상황을 만들었다. 한 지역에서는 골목의 벽이 새롭게 페인트가 칠해져 있었고, 다른 지역에서 벽은 낙서로 덮여 있었다. 두 지역 모두에서 낙서를 금지하는 큰 표지판이 세워졌고, 그러고 나서 모든 자전거는 자전거 손잡이에 광고 전단이 붙어 있었다. 자전거 소유자들이 돌아왔을 때, 그들의 행동은 몰래 관찰되었다. 그 골목에는 쓰레기통이 없어서 자전거 타는 사람은 세 가지 선택을 할 수 있었다. 그는 그 전단을 갖고 가거나, 그것을 다른 자전거에 붙이거나, 그것을 바닥에 던져 버릴 수가 있었다. 벽이 깨끗했을 때의 33%와 비교하여, 그 골목에 낙서가 있을 때는 자전거 타는 사람의 69%가 그것을 (바닥에) 던져버렸다.

① 범죄율
② 사회적 관습
③ 무질서의 징후
④ 독특한 재능

해설

낙서를 금지하는 표지판이 있었지만, 벽에 낙서가 가득한 골목은 그렇지 않은 골목보다 더 많은 광고 전단이 버려졌다는 실험 결과는 무질서한 지역에서 사람들이 사회의 규칙을 지키지 않는 경우가 더 많았다는 결론을 내릴 수 있으므로 빈칸에 들어갈 말로 ③이 가장 적절하다.

어휘

conduct 행하다
alley 골목
prohibit 금지하다
flyer 전단
attach 붙이다
graffiti 낙서

정답 ③

DAY 08 독해

01

다음 글의 제목으로 가장 적절한 것은?

The world has become a nation of laws and governance that has introduced a system of public administration and management to keep order. With this administrative management system, urban institutions of government have evolved to offer increasing levels of services to their citizenry, provided through a taxation process and/or fee for services (e.g., police and fire, street maintenance, utilities, waste management, etc.). Frequently this has displaced citizen involvement. Money for services is not a replacement for citizen responsibility and public participation. Responsibility of the citizen is slowly being supplanted* by government being the substitute provider. Consequentially, there is a philosophical and social change in attitude and sense of responsibility of our urban-based society to become involved. The sense of community and associated responsibility of all citizens to be active participants is therefore diminishing. Governmental substitution for citizen duty and involvement can have serious implications. This impedes** the nations of the world to be responsive to natural and man-made disasters as part of global preparedness.

* supplant: 대신하다 ** impede: 방해하다

① A Sound Citizen Responsibility in a Sound Government
② Always Better than Nothing: The Roles of Modern Government
③ Decreased Citizen Involvement: A Cost of Governmental Services
④ Why Does Global Citizenship Matter in Contemporary Society?

02

Michel Eyquem de Montaigne에 관한 다음 글의 내용과 일치하지 않는 것은?

Michel Eyquem de Montaigne was born and brought up in his wealthy family's chateau* near Bordeaux. However, he was sent to live with a poor peasant family until the age of three so that he would be familiar with the life led by the ordinary workers. He received all his education at home, and was allowed to speak only Latin until the age of six. French was effectively his second language. From 1557, Montaigne spent 13 years as a member of his local parliament, but resigned in 1571, on inheriting the family estates. Montaigne published his first volume of *Essays* in 1580, going on to write two more volumes before his death in 1592. In 1580, he also set out on an extensive tour of Europe, partly to seek a cure for kidney stones**. He returned to politics in 1581, when he was elected Mayor of Bordeaux, an office he held until 1585.

* chateau: (프랑스 시골의) 저택 ** kidney stone: 신장 결석

① 가난한 소작 농가에 보내져 세 살까지 살았다.
② 여섯 살이 되고 나서야 라틴어를 배울 수 있었다.
③ 가산을 상속하고는 지방 의회의 의원직을 사임했다.
④ 정계에 복귀하여 Bordeaux 시장으로 선출되었다.

01

해석
세상은 질서를 유지하기 위해 공공 행정과 관리의 시스템을 도입한 법과 통치의 나라가 되었다. 이런 행정적인 관리 시스템으로, 도시의 정부 기관들은 자신의 시민에게, 과세 과정 그리고/또는 (예를 들면, 치안과 소방, 도로 유지·보수, 공익사업, 쓰레기 관리 등) 서비스 수수료를 통해 제공되는, 증대되는 수준의 서비스를 제공하도록 진화했다. 빈번하게 이것은 시민 참여를 대체했다. 서비스를 위해 내는 돈은 시민의 책임과 공적인 참여를 대체하는 것이 아니다. 대체 제공자가 되는 정부가 서서히 시민의 책임을 대신하고 있다. 결과적으로, 도시를 기반으로 하는 우리 사회가 참여해야 하는 책임의 태도와 의식에서 철학적이고 사회적인 변화가 있다. 공동체 의식과 적극적인 참가자가 되어야 한다는 모든 시민의 관련된 책임감은 그래서 줄어들고 있다. 시민의 의무와 참여를 정부가 대신하는 것은 심각한 영향을 미칠 수 있다. 이것은 전반적인 준비 태세의 일부로 자연재해와 인재에 반응하는 전 세계의 국가들을 방해한다.

① 건전한 정부에 건전한 시민의 책임감(이 깃든다)
② 없는 것보다 항상 더 낫다: 현대 정부의 역할
③ 줄어든 시민 참여: 정부 서비스의 대가
④ 현대 사회에서 세계 시민권은 왜 중요한가?

해설
정부가 세금과 서비스 수수료를 받아 여러 가지 서비스를 시민에게 제공함으로써 시민이 공동체 의식을 갖고 공적으로 참여해야 한다는 의식과 책임감이 줄어들고 있다는 내용의 글이다. 따라서 글의 제목으로 가장 적절한 것은 ③이다.

어휘
governance 통치
administration 행정
institution 기관
citizenry (일반) 시민
taxation 과세
maintenance 보수, 유지
utility (가스, 수도, 전화, 전기 등의) 공익사업
displace 대체하다
involvement 참여
replacement 대체
substitute 대체자[물]
diminish 줄어들다, 감소하다
substitution 대신함, 대체
implication 영향
responsive to ~에 반응하는
preparedness 준비 태세

정답 ③

02

해석
Michel Eyquem de Montaigne는 보르도 근처 부유한 집안의 저택에서 태어나 자랐다. 그러나 그는 평범한 노동자들의 생활에 익숙해지도록, 세 살까지 가난한 소작 농가와 함께 살도록 보내졌다. 그는 집에서 모든 교육을 받았고, 여섯 살까지 라틴어로만 말하는 것이 허용되었다. 프랑스어는 사실상 그의 제2외국어였다. 1557년부터 Montaigne는 지방 의회 의원으로 13년을 보냈으나, 1571년 가산을 상속하자 사임했다. Montaigne는 1580년에 그의 'Essays'의 첫 번째 권을 출간했고, 이어서 1592년 그가 죽기 전에 두 권을 더 썼다. 1580년, 그는 또한 유럽을 널리 여행하기 시작했는데, 부분적으로는 신장 결석 치료법을 찾기 위함이었다. 그는 1581년 정계에 복귀하였는데, 그때 그는 1585년까지 재임한 직위인 보르도 시장으로 선출되었다.

해설
여섯 살까지 라틴어로만 말하는 것이 허용되었다(~, and was allowed to speak only Latin until the age of six.)고 했으므로, 글의 내용과 일치하지 않는 것은 ②이다.

어휘
bring up 기르다, 양육하다
peasant 소작농
parliament 의회
resign 사임하다
inherit 상속하다
estate 재산, 사유지

정답 ②

03~04

다음 글을 읽고 물음에 답하시오.

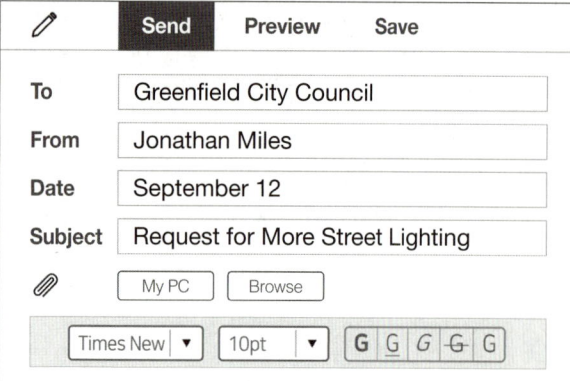

Dear Sir or Madam,

I hope this message reaches you in good spirits. I am writing to express my concern about the lack of adequate street lighting on Maple Avenue. As a long-time resident of Greenfield, I have noticed that several streetlights along this road have either been malfunctioning or are completely out of service. This situation has made it increasingly difficult and unsafe for pedestrians and drivers, especially after sunset.

Proper lighting plays a <u>crucial</u> role in ensuring the safety and security of our community. I kindly urge the city council to consider repairing the broken lights and installing additional ones where necessary. Your attention to this issue would greatly improve the safety of everyone using Maple Avenue during the evening hours.

Thank you for your consideration, and I look forward to seeing positive changes soon.

Sincerely,

Jonathan Miles

03

밑줄 친 crucial의 의미와 가장 가까운 것은?

① dangerous
② necessary
③ temporary
④ surprising

04

윗글의 목적으로 가장 적절한 것은?

① 주차 공간 부족 문제에 대한 해결책을 제안하려고
② 거리 조명의 부족 문제에 대한 수리를 요청하려고
③ 도로 정비 공사 일정에 대해 안내하려고
④ 새로 설치된 보안 카메라에 대해 칭찬하려고

03~04

해석

수신: 그린필드 시의회
발신: Jonathan Miles
날짜: 9월 12일
제목: 보다 많은 거리 조명 요청

안녕하세요,

이 메시지가 잘 전달되기를 바랍니다. 저는 메이플 애비뉴에 가로등이 부족한 문제에 대해 우려를 표하고자 글을 씁니다. 그린필드의 오랜 거주자로서, 저는 이 도로를 따라 설치된 여러 가로등이 제대로 작동하지 않거나 완전히 꺼져 있는 것을 목격해 왔습니다. 이로 인해 특히 해가 진 이후 보행자와 운전자 모두에게 점점 더 어렵고 위험한 상황이 되고 있습니다.

적절한 조명은 우리 지역사회의 안전과 보안을 보장하는 데 매우 중요한 역할을 합니다. 시의회가 고장 난 가로등을 수리하고 필요한 곳에 추가로 설치하는 것을 고려해 주시길 정중히 요청드립니다. 이 문제에 관심을 가져 주시면, 저녁 시간대에 메이플 애비뉴를 이용하는 모든 사람들의 안전이 크게 향상될 것입니다.

관심을 가져주셔서 감사드리며, 곧 긍정적인 변화가 있기를 기대합니다.

Jonathan Miles

해설

03 밑줄이 속한 plays a crucial role은 '중요한 역할을 하다'라는 의미이며, 선택지 중에서 ② necessary의 의미가 가장 비슷하다.
① 위험한
② 필요한
③ 일시적인
④ 놀라운

04 한 지역 주민이 자신이 살고 있는 지역의 가로등이 고장 난 것을 알리며 수리 또는 추가 설치를 요청하는 내용이므로 글의 목적으로 ②가 가장 적절하다.

어휘

Dear Sir or Madam (이메일/편지의 수신인을 알 수 없을 때) 관계자 귀하
concern 걱정, 우려
adequate 적절한
notice 알아차리다
malfunction 제대로 작동하지 않다
be out of service 고장 나다
pedestrian 보행자
ensure 보장하다, 확실히 하다
urge 촉구하다, 독촉하다
consideration 고려

정답 03 ② 04 ②

05
주어진 문장이 들어갈 위치로 가장 적절한 것은?

> In order to function in the world, all creatures need to be able to group different things together as instances of the same kind.

All living creatures possess the ability to categorize. In order to survive, a creature has to be able to distinguish what is edible from what is inedible, what is harmless from what is harmful. And in order to reproduce, a creature must be able to recognize its own kind. (①) Strictly speaking, everything and every situation that we encounter is uniquely different from every other. (②) Our cognition does this for us automatically, most of the time. (③) We automatically classify things around us as 'books,' 'pencils,' 'trees,' and so on. (④) And having classified something as a 'book,' 'pencil,' or whatever, we have access to further knowledge about the object — we know how to handle it, what we are supposed to do with it, and so on.

06
밑줄 친 부분에 들어갈 말로 가장 적절한 것은?

> All the large social primates are fruit-eaters in one form or another. Fruits, seeds and tubers (the underground storage organs of certain plants) are the most energy-rich of all vegetable foods, and their energy is in the form most accessible to primates. As fruit-eating apes, the ancestral hominids* could not have significantly improved their diet as a way to reduce their gut size. Only one source of food available to them was more nutrient-rich, and that was meat. Flesh is energy-rich, and the energy is in a form particularly easy to absorb during digestion. As a result, carnivores _____. By switching to a meat diet, the ancestral hominids were able to make significant savings in gut volume without sacrificing any of their energy intake.
>
> * hominid: 원인(原人), 사람과 비슷한 동물

① generally consume balanced diets
② have rather small guts for their body size
③ regulate prey populations to some extent
④ prey on smaller animals than large animals

05

해석

모든 살아 있는 생물은 분류하는 능력을 갖고 있다. 살아남기 위해서 생물은 먹을 수 있는 것을 먹을 수 없는 것과 해가 없는 것을 해로운 것과 구별할 수 있어야 한다. 그리고 번식하기 위해서 생물은 자기 자신의 종을 알아볼 수 있어야 한다. 엄격히 말해, 우리가 만나는 모든 것과 모든 상황은 모든 다른 것과 독특하게 다르다. 세상에서 기능하기 위해서 모든 생물은 서로 다른 것들을 같은 종류의 예로 분류할 수 있어야 한다. 우리의 인지 능력은 대부분의 경우, 우리를 위해서 자동적으로 이것을 한다. 우리는 우리 주변의 사물을 '책', '연필', '나무' 등으로 자동적으로 분류한다. 그리고 어떤 것을 '책', '연필' 또는 무엇이든지 그것으로 분류한 다음에 그 물체에 관한 추가적인 지식에 접근할 수 있는데, 즉, 우리는 그것을 다루는 법, 우리가 그것을 갖고 해야 하는 것 등을 안다.

해설

② 뒤에 나오는 문장의 does this는 주어진 문장의 내용인 '서로 다른 것들을 같은 종류의 예로 분류하는' 것을 의미하므로, 주어진 문장은 ②에 들어가는 것이 적절하다.

어휘

categorize 분류하다
edible 먹을 수 있는
classify 분류하다
cognition 인지력

정답 ②

06

해석

사회생활을 하는 덩치가 큰 모든 영장류는 어떤 형태로든 열매를 먹는다. 열매, 씨앗 그리고 덩이줄기(어떤 식물의 땅속 저장 기관)는 모든 식물성 음식 중에서 에너지가 가장 풍부하며, 그것들의 에너지는 영장류가 가장 잘 이용할 수 있는 형태로 되어 있다. 열매를 먹는 유인원으로서 조상 원인(原人)은 내장 크기를 줄이는 한 방법으로 자기들의 식습관을 현저히 개선할 수 없었을 것이다. 그들이 이용할 수 있는 단 한 가지 음식원은 더 영양이 풍부한 것이었고, 그것은 육류였다. 고기는 에너지가 풍부하고, 그 에너지는 소화하는 동안 특히 흡수하기 쉬운 형태로 되어 있다. 결과적으로, 육식 동물은 몸집에 비해 다소 작은 내장을 가지고 있다. 육류 식단으로 전환함으로써, 조상 원인은 에너지를 섭취한 것을 전혀 희생하지 않고서 내장 부피에서 상당한 절약을 할 수 있었다.

① 전반적으로 균형 잡힌 식단을 섭취한다
② 몸집에 비해 다소 작은 내장을 가지고 있다
③ 먹이 개체군을 어느 정도 규제한다
④ 큰 동물보다 작은 동물을 잡아먹는다

해설

식물성 음식을 먹던 유인원이 음식원을 육류로 전환함으로써 섭취한 에너지를 전혀 희생하지 않고 내장 크기를 상당히 줄였다는 내용이므로 빈칸에 들어갈 말로 ②가 가장 적절하다.

어휘

primate 영장류
tuber 덩이줄기
storage 저장
accessible 이용[접근]할 수 있는
nutrient-rich 영양이 풍부한
absorb 흡수하다
digestion 소화
carnivore 육식 동물
sacrifice 희생하다

정답 ②

DAY 09 독해

01
다음 글의 제목으로 가장 적절한 것은?

One year, Wansink and his colleague gave out bowls filled with 30 candies to the secretarial staff at the University of Illinois at Urbana-Champaign. A tag explained that the candy was a personal gift and requested that the employee keep it on their desk and not share it. Wansink wanted to find out whether the recipients would eat more from the bowls in which they could see the candy. Every night for 2 weeks, after the staff went home, he went from office to office, counting candies and refilling bowls. Those who got a clear bowl ate eight candies every day, but those who got an opaque bowl had about four. What was going on? "We eat with our eyes," explains Wansink. "Having food in plain sight tempts people to eat every time they look at it."

① Beware of Free Gifts
② The More, the Merrier
③ Exercise Before You Eat
④ Out of Sight, Out of Mouth

02
다음 글의 내용과 일치하는 것은?

Without the aid of Tisquantum, a member of a now-extinct tribe of the Wampanoag confederation, the English settlers of Plymouth Colony in Massachusetts might not have survived. Having set sail from Europe in autumn, they arrived in America at the onset of winter, and nearly half of them perished during the winter months. They reached the shores of Massachusetts in November of 1620, the region's planting season long over. Ill-equipped and succumbing to diseases, the settlers were at the brink of starvation by December. Fortunately, Tisquantum helped them recover by teaching them how to grow local crops and catch fish.

① Plymouth Colony was established in early autumn.
② Half the colonists survived their first months in America.
③ Colonists were suffering starvation during November, 1620.
④ Tisquantum taught the colonists how to build warm shelters.

01

해석

어느 해에 Wansink와 그의 동료는 30개의 사탕으로 가득 찬 통을 Urbana-Champaign에 있는 일리노이 대학교의 비서진들에게 나누어 주었다. 꼬리표는 그 사탕이 개인적인 선물이라고 설명되어 있었고, 직원이 그것을 자기 책상 위에 놓고 (다른 사람과) 나누어 먹지 않을 것을 요구했다. Wansink는 그것을 받은 사람이 그 사탕을 볼 수 있는 통에서 더 먹을지의 여부를 알아내고 싶어 했다. 매일 밤 2주 동안, 직원들이 집으로 간 다음에 그는 사무실마다 다니면서 사탕을 세고 통을 다시 채웠다. 투명한 통을 받은 사람들은 매일 8개의 사탕을 먹었지만, 불투명한 통을 받은 사람들은 약 4개를 먹었다. 무슨 일이 일어나고 있었는가? "우리는 눈으로 먹습니다. 음식을 잘 보이는 곳에 놓으면 사람들이 그것을 볼 때마다 먹고 싶어 합니다."라고 Wansink는 설명한다.

① 무료 선물을 조심하라
② 더 많을수록, 더 즐겁다
③ 먹기 전에 운동하라
④ 보이지 않으면, 먹지 않는다

해설

사탕이 눈에 띄지 않을 때보다 눈에 잘 띌 때 더 많이 먹는다는 실험 결과를 나타낸 글의 제목으로 ④가 가장 적절하다.

어휘

give out ~을 주다
secretarial 비서 일의
tag 꼬리표
recipient 받는 사람, 수령인
opaque 불투명한
in plain sight 잘 보이는
tempt 유혹하다

정답 ④

02

해석

지금은 절멸한 왐파노아그 연맹 부족 소속인 티스콴텀의 도움 없이는 매사추세츠 주 플리머스 식민지의 영국 정착민들은 살아남지 못했을 것이다. 그들은 가을에 유럽부터 항해를 시작해서 겨울이 시작될 무렵에 미국에 도착했고, 겨울철 몇 개월 동안 그들 중 절반에 가까운 사람들이 사망했다. 그들은 지역의 파종 시기가 한참 지난 1620년 11월에 매사추세츠 주의 해안에 도달했다. 장비도 제대로 갖추지 않았고 질병에 무너져가던 정착민들은 12월이 되었을 때는 아사 직전까지 가 있었다. 다행스럽게도 티스콴텀이 그들에게 지역 작물을 기르는 법과 물고기 잡는 방법을 가르쳐 줘서 그들이 곤경에서 벗어날 수 있도록 도왔다.

① 플리머스 식민지는 초가을에 세워졌다.
② 미국에 도착한 처음 몇 개월 동안 정착민의 절반이 살아남았다.
③ 정착민들은 1620년 11월에 기근으로 허덕였다.
④ 티스콴텀은 정착민들에게 따뜻한 피난처를 짓는 법을 가르쳐 주었다.

해설

영국에서 온 정착민들은 11월에 미국에 도착했다고 했으므로 ①과 ③은 정답이 아니며, 겨울 동안 절반에 가까운 사람들이 사망했다고 했으므로 ②가 정답이다. 티스콴텀은 그들에게 작물 재배법과 물고기 잡는 방법을 가르쳐 줬으므로 ④는 글의 내용과 일치하지 않는다.

어휘

extinct 멸종된
confederation 연맹
set sail 출항하다
perish 죽다
ill-equipped 장비를 제대로 갖추지 않은
succumb 쓰러지다
at the brink of ~하기 직전에
starvation 아사

정답 ②

03~04

다음 글을 읽고 물음에 답하시오.

> In an emergency, knowing basic first aid can save lives. The first step is to <u>assess</u> the situation. Make sure the area is safe before approaching the injured person.
>
> If the person is unconscious but breathing, place them on their side in the recovery position. If they are not breathing, begin CPR immediately and call 119 or your local emergency number.
>
> For bleeding, apply direct pressure using a clean cloth. If possible, wear disposable gloves to reduce the risk of infection. Do not move someone who may have a neck or back injury unless absolutely necessary.
>
> Stay calm, speak reassuringly, and wait with the person until professional help arrives. Remember, even small actions can make a big difference.
>
> Free first aid classes are available at local health centers. Learning these skills in advance is strongly recommended.

03

밑줄 친 assess의 의미와 가장 가까운 것은?

① examine
② ignore
③ replace
④ rescue

04

윗글의 목적으로 가장 적절한 것은?

① 병원 진료 절차를 설명하기 위해
② 응급 처치 기술의 역사적 배경을 설명하기 위해
③ 긴급 상황에서 기본 응급 처치 방법을 안내하기 위해
④ 응급 처치 자격증 시험 일정을 공지하기 위해

03~04

해석

응급 상황에서는 기본적인 응급 처치를 알면 생명을 구할 수 있습니다. 첫 번째 단계는 상황을 평가하는 것입니다. 부상자에게 접근하기 전에 해당 지역이 안전한지 확인하세요.

환자가 의식이 없지만 호흡이 있는 경우 회복 자세로 옆으로 눕힙니다. 환자가 호흡이 없는 경우 즉시 심폐소생술을 시작하고 119 또는 지역 응급실 번호로 전화하세요.

출혈의 경우 깨끗한 천을 사용하여 직접 압박하세요. 가능하면 감염 위험을 줄이기 위해 일회용 장갑을 착용하세요. 목이나 허리에 부상을 입을 수 있는 사람은 꼭 필요한 경우가 아니면 움직이지 마세요.

침착함을 유지하고, 안심을 주는 말을 하고, 전문가의 도움이 올 때까지 환자와 함께 기다리세요. 작은 행동도 큰 변화를 가져올 수 있다는 점을 기억하세요.

지역 보건소에서 무료 응급 처치 수업을 받을 수 있습니다. 이러한 기술을 미리 배우는 것을 강력 추천합니다.

해설

03 assess the situation은 응급 상황을 '평가하거나 판단하다'라는 의미이다. 선택지 중에서는 ① examine이 의미상 가장 가깝다.
① 검토하다, 조사하다
② 무시하다
③ 대체하다
④ 구조하다

04 응급 처치가 필요한 상황에서 행동 수칙을 알려주는 내용이므로 ③이 정답이다.

어휘

first aid 응급 처치
unconscious 의식이 없는
CPR 심폐소생술(cardiopulmonary resuscitation)
bleeding 출혈
apply 적용하다
disposable 일회용의
infection 감염
reassuringly 안심하도록

정답 03 ① 04 ③

05
주어진 문장이 들어갈 위치로 가장 적절한 것은?

> A cynic might argue that these findings only illustrate the docile submissiveness of the public.

Two thousand years ago, the Roman poet Virgil offered this simple counsel to those seeking to choose correctly: "Believe an expert." That may or may not be good advice, but as a description of what people actually do, it can't be beaten. (①) For instance, when the news media present an acknowledged expert's views on a topic, the effect on public opinion is dramatic. (②) A single expert-opinion news story in the *New York Times* is associated with a 2% shift in public opinion nationwide, according to a 1993 study described in the *Public Opinion Quarterly*. (③) And the researchers writing in the *American Political Science Review* in 1987 found that when the expert's view was aired on national television, public opinion shifted as much as 4%. (④) However, a fairer explanation is that, amid the complexity of contemporary life, a well-selected expert offers a valuable and efficient shortcut to good decisions.

06
밑줄 친 부분에 들어갈 말로 가장 적절한 것은?

> Animals, including people, fight harder to _____. In the world of territorial animals, this principle explains the success of defenders. A biologist observed that "when a territory holder is challenged by a rival, the owner almost always wins the contest usually within a matter of seconds." In human affairs, the same simple rule explains much of what happens when institutions attempt to reform themselves such as rationalizing a bureaucracy or reducing medical costs. Plans for reforms almost always produce many winners and some losers while achieving an overall improvement. If the affected parties have any political influence, however, potential losers will be more active and determined than potential winners; the outcome will be biased in their favor and inevitably more expensive and less effective than initially planned.

① prevent losses than to achieve gains
② prove they are happier than others
③ win recognition than equal treatment
④ survive in the face of economic change

05

해석

2천 년 전에 로마의 시인 베르길리우스는 올바르게 선택하려고 시도하는 사람들에게 다음의 간단한 조언을 주었다. "전문가를 믿어라." 그것은 좋은 조언일 수도 있고 아닐 수도 있지만, 사람들이 실제로 하는 것에 관한 묘사로서는 그것보다 더 나은 것은 없다. 예를 들어, 뉴스 매체가 어떤 주제에 관해 인정된 전문가의 견해를 제공할 때, 여론에 미치는 영향은 극적이다. 'Public Opinion Quarterly'에 서술된 1993년의 한 연구에 따르면, 'New York Times'의 단 하나의 전문가 의견 뉴스 기사는 전국적으로 여론의 2% 변화와 관련이 있다. 그리고 1987년의 'American Political Science Review'에 글을 쓴 연구원들은 전문가의 견해가 전국 텔레비전에 방영될 때, 여론이 4%나 변했다는 것을 발견했다. 냉소가는 이 연구 결과가 단지 대중의 고분고분한 복종을 분명히 보여줄 뿐이라고 주장할지도 모른다. 그러나, 더 공평한 설명은, 오늘날의 복잡한 삶의 와중에서 잘 선정된 전문가가 좋은 결정으로의 귀중하고 효율적인 지름길을 제공한다는 것이다.

해설

주어진 문장의 these findings는 ④ 바로 앞에서 언급된 내용이라는 점과 마지막 문장이 주어진 문장과 반대되는 내용이라는 점을 근거로 주어진 문장은 ④에 들어가는 것이 가장 적절하다.

어휘

cynic 냉소가
illustrate 분명히 보여주다
submissiveness 복종, 유순
counsel 조언, 충고
acknowledge 인정하다
shift 변화; 변화하다
contemporary 현대의, 당대의
shortcut 지름길

정답 ④

06

해석

사람을 포함해 동물들은 이익을 성취하기 위해서보다 손실을 막기 위해서 더 열심히 싸운다. 세력권을 주장하는 동물들의 세계에서는, 이 원리가 방어자들의 성공을 설명한다. 한 생물학자는 "세력권을 차지하고 있는 자가 경쟁자에 의해 도전을 받을 때, 소유자가 거의 항상 다툼에서 이기는데, 보통 몇 초 이내에 끝나는 문제이다"라고 말했다. 사람의 일에서도, 기관들이 관료 제도를 합리화하거나 의료비를 줄이는 것과 같이 스스로를 개혁하려고 시도할 때 일어나는 것의 많은 부분을 동일한 간단한 규칙이 설명해 준다. 개혁을 위한 계획은 전반적인 향상을 성취하면서 거의 항상 많은 승리자와 일부의 패배자들을 만들어 낸다. 하지만, 영향을 받는 집단이 어떤 정치적인 영향력을 가지고 있다면, 잠재적인 패배자들이 잠재적인 승리자들보다 더 적극적이고 더 결의가 굳을 것이다. 결과는 그들에게 유리한 쪽으로 기울어질 것이고 궁극적으로 원래 계획했던 것보다 더 비싸고 덜 효과적일 것이다.

① 이익을 성취하기 위해서보다 손실을 막다
② 그들이 다른 사람들보다 더 행복하다는 것을 증명하다
③ 동일한 대우보다 인정을 받다
④ 경제적 변화에 직면해서 생존하다

해설

세력권을 차지하고 있는 자가 경쟁자의 도전을 받을 때 대부분 소유자가 경쟁에서 이기는 것은 사람을 포함한 동물들이 '이익을 성취하기 위해서보다 손실을 막기 위해서' 더 열심히 싸우기 때문이라고 볼 수 있으므로, 빈칸에 들어갈 말로 ①이 가장 적절하다.

어휘

territorial 세력권을 주장하는
rationalize 합리화하다
bureaucracy 관료 제도
potential 잠재적인
bias 치우치게 하다

정답 ①

01

다음 글의 주제로 가장 적절한 것은?

In today's world, the use of celebrity advertising has become a trend. The inherent upside of attaching a celebrity to a brand is that the brand literally has a face, name and personality that immediately project an image of a living, breathing, credible person as opposed to a faceless corporate entity. Brand images built through celebrities can achieve a higher degree of attention and recall for consumers, which can eventually lead to higher sales. However, in addition to the exorbitant costs, there are dangers associated with the use of celebrities in advertising. A celebrity's consumer appeal may fade if the celebrity disappears from the media spotlight before the end of his or her contract. In addition, if the celebrity is involved in a scandal, the best laid plan can backfire. For example, an actress Cybill Shepherd's advertisement for the beef industry flopped when a newspaper reported that she rarely ate red meat.

① reasons behind the popularity of celebrity advertising
② the potential advantages of using celebrity advertising
③ building a brand image through celebrity advertising
④ the benefits and risks of celebrity advertising

02

다음 글의 내용과 일치하지 않는 것은?

Cooking with Spices from Around the World
featuring chef Cyndi and special guest Jaden DeGrasse

These classes are designed to teach some hands-on information about cooking with regional spices and educate 9–13 year-old children with the basics of using spices. The class will prepare one dish, and then there will be a time for everyone to taste the dish. Classes are $20 per child per class with limited seating, so sign up today!

Class schedule :
All classes 5:30 pm - 6:30 pm
• Sunday, August 7: Indian/Middle Eastern
• Sunday, August 21: Italy/France
• Sunday, September 4: Asian
• Sunday, September 18: Holiday Baking

To sign up your 9-13 year old :
• Send an e-mail to Chef Cyndi at cyndi@hmail.com.
• Indicate the classes you wish to sign up for and the number of children.

① 강좌는 9세에서 13세 아이들을 대상으로 한다.
② 참가비는 강좌당 아이 한 명에 20달러이다.
③ 9월 18일에는 아시안 요리에 대해 가르쳐 준다.
④ 강좌에 등록하려면 Chef Cyndi에게 이메일을 보내면 된다.

01

해석
오늘날의 세계에서 유명 인사를 광고에 쓰는 것은 유행이 되었다. 유명 인사를 브랜드와 연관시키는 것이 가진 내재적 장점은 얼굴 없는 법인체와는 반대로, 브랜드가 문자 그대로 살아 있고, 숨쉬고, 믿을 수 있는 한 사람을 즉시 투영하는 얼굴, 이름과 인격을 갖게 된다는 것이다. 유명 인사들을 통해 만들어진 브랜드 이미지가 소비자들에게 더 높은 정도의 관심과 회상을 얻어낼 수 있고, 이것은 궁극적으로 더 높은 판매로 이끌 수 있다. 하지만 엄청난 비용뿐만 아니라, 광고에 유명 인사를 사용하는 것과 관련된 위험이 있다. 유명 인사가 계약이 끝나기 전에 매체의 스포트라이트에서 사라지면, 그 유명 인사의 소비자에 대한 호소력은 사라질 것이다. 게다가, 유명 인사가 스캔들과 관련되면, 가장 잘 짜인 계획은 역효과가 날 수 있다. 예를 들면, 여배우 Cybill Shepherd의 소고기 업체에 대한 광고는 그녀가 고기를 거의 먹지 않는다는 것이 신문에 보도되었을 때 완전히 실패했다.

① 유명 인사 광고의 인기 이면에 있는 이유
② 유명 인사 광고 이용의 잠재적인 이점
③ 유명 인사 광고를 통한 브랜드 이미지 구축
④ 유명 인사 광고의 이점과 위험성

해설
유명 인사를 광고에 쓰는 것의 이점과 위험성에 대해 언급하고 있으므로, 글의 주제로 ④가 가장 적절하다.

어휘
upside 긍정적인 면
credible 신뢰할 수 있는
entity 실체
exorbitant 과대한
backfire 역효과를 일으키다
flop 완전히 실패하다, 쓰러지다

정답 ④

02

해석
셰프 Cyndi와 특별 손님인 Jaden DeGrasse가 진행하는
세계 각지의 양념으로 요리하기

이 강좌들은 지역별 양념으로 요리하는 것에 관한 실제적인 정보를 가르치고, 9세에서 13세까지의 아이들에게 양념 사용하기의 기본을 가르치기 위해 만들어졌습니다. 강좌는 하나의 요리를 마련하고, 그러고 나서 그 요리를 모든 사람이 맛보는 시간이 이어질 것입니다. 강좌당 아이 한 명에 20달러이고 참가 인원이 제한되어 있으니, 오늘 등록하세요!

강좌 일정:
모든 강좌 오후 5시 30분 ~ 6시 30분
• 8월 7일 일요일: 인도/중동
• 8월 21일 일요일: 이탈리아/프랑스
• 9월 4일 일요일: 아시아
• 9월 18일 일요일: 휴일 빵 굽기

여러분의 9세에서 13세 아이들을 등록시키려면:
• 셰프 Cyndi에게 cyndi@hmail.com으로 이메일을 보내세요.
• 등록하고 싶은 강좌와 아이들의 수를 표시하세요.

해설
9월 4일에는 아시안 요리(Sunday, September 4: Asian)에 대해 가르치고, 9월 18일에는 휴일 빵 굽기(Sunday, September 18: Holiday Baking)에 대해 가르치므로, ③은 글의 내용과 일치하지 않는다.

어휘
hands-on 직접 해 보는, 실제적인
regional 지역의
spice 양념
indicate 나타내다, 표시하다

정답 ③

03~04

다음 글을 읽고 물음에 답하시오.

03

(A)에 들어갈 윗글의 제목으로 가장 적절한 것은?

① Summer Workshop for Young Scientists
② Safety Guidelines for Camp Counselors
③ Lakewood Nature Center Restoration Project
④ Register Now for 2025 Youth Discovery Camp

04

윗글의 내용과 일치하지 않는 것은?

① 캠프 참가 대상은 중학생 연령대에 해당하는 청소년이다.
② 캠프 신청은 6월 15일까지 온라인으로 해야 한다.
③ 캠프 참가비는 없으며 모든 비용이 무료로 제공된다.
④ 캠프에서는 야외 활동과 교육 프로그램이 함께 진행된다.

03~04

해석

당신의 여름을 즐겁게 보낼 수 있는 방법을 찾고 계신가요? 13세에서 16세 사이의 청소년을 대상으로 설계된 3박 4일간의 특별한 캠프에 참여하세요. 캠프는 7월 23일부터 7월 26일까지 도시 근교에 위치한 레이크우드 네이처 센터에서 열립니다.

캠프의 주요 행사는 다음을 포함합니다:
- ☑ 야외 생존 훈련
- ☑ 팀 단합 게임
- ☑ 환경 교육
- ☑ 야간 하이킹 및 캠프파이어

참가자들은 통나무집에서 잠을 자며, 모든 식사가 제공될 것입니다. 캠프 직원 중에는 숙련된 상담사와 공인 자격증을 가진 강사가 있습니다.

참가비: 120달러
수급 자격이 있는 가족은 제한된 장학금을 받을 수 있습니다.

신청 방법:
6월 15일까지 www.discoverycamp.org에서 신청서를 작성하세요.

- ☐ 장학금을 신청하고 싶습니다.
- ☐ 음식 알레르기가 있습니다 (목록을 작성해 주세요).
- ☐ 짐을 챙겨야 하는 전체 목록을 보내주세요.

질문이 있으시면 camp@discoverycamp.org로 이메일을 보내시거나 (555) 876-4433으로 전화해 주세요.

해설

03 2025 Youth Discovery Camp에 대한 전반적인 사항을 소개하는 내용이므로 ④가 정답이다.
① 젊은 과학자들을 위한 여름 워크숍
② 캠프 상담사들을 위한 안전 지침
③ 레이크우드 네이처 센터 복원 프로젝트
④ 2025 청소년 디스커버리 캠프에 지금 등록하세요

04 ①은 a 4-day overnight program designed for teens aged 13 to 16, ②는 Fill out the application form at www.discoverycamp.org by June 15., ④는 Outdoor survival training, Environmental education 등에서 해당 내용을 찾을 수 있다. ③은 참가비가 120달러(Participation Fee: $120)라고 했으므로 내용과 일치하지 않는다.

어휘

overnight 야간의, 일박의
take place 열리다, 일어나다
highlight 가장 중요한 점, 볼거리
team-building 팀 단합을 위한
hike 하이킹
cabin 통나무집, 오두막집
provide 제공하다
certified 자격이 있는
instructor 강사
scholarship 장학금
available 이용 가능한
eligible 자격이 있는
fill out ~을 작성하다
application form 신청서 양식
packing 짐 꾸리기, 포장

정답 03 ④ 04 ③

05
주어진 문장이 들어갈 위치로 가장 적절한 것은?

> In addition to this, however, man has suffered another loss in his more recent development inasmuch as the traditions which provided a common set of guidelines for his behavior are now rapidly diminishing.

> The existential vacuum is a widespread phenomenon of the twentieth century. (①) This is understandable; it may be due to a twofold loss which man has had to undergo since he became a truly human being. (②) At the beginning of human history, man lost some of the basic animal instincts in which an animal's behavior is embedded and through which it defends itself. (③) Such security, like a paradise, is closed to man forever; man is laid wide open to various harmful environments. (④) No instinct tells him what he has to do, and no belief or behavior passed down within a society through time tells him what he ought to do; sometimes he does not even know what he wishes to do. Instead, he either wishes to do what other people do or he does what other people wish him to do.

06
밑줄 친 부분에 들어갈 말로 가장 적절한 것은?

> Love is an attitude, an orientation of character which _____, not toward one 'object' of love. If a person loves only one other person and is indifferent to the rest of his fellow men, his love is not love but a symbiotic attachment, or an enlarged egotism. Yet, most people believe that love is constituted by the object, not by the faculty. They believe that all that is necessary to find is the right object — and that everything goes by itself afterward. This attitude can be compared to that of a man who wants to paint but who, instead of learning the art, claims that he has just to wait for the right object, and that he will paint beautifully when he finds it. If I truly love one person, I love all persons, I love the world, and I love life. If I can say to somebody else, "I love you," I must be able to say, "I love in you everybody, I love through you the world, and I love in you also myself."

① determines the relatedness of a person to the world as a whole
② directs one's resentment and anger toward oneself
③ has as its ultimate goal to add variety to a person's life
④ primarily serves to guide an individual toward a specific goal

05

해석
실존적 공허는 20세기의 널리 퍼져 있는 현상이다. 이는 이해할 만한데, 그것은 인간이 진정한 인간이 된 이래 겪어와야 했던 이중의 손실 때문일 수 있다. 인류 역사의 초기에 인간은 동물의 행동이 깊이 새겨진, 그리고 동물이 그것을 통해 자신을 방어하는 기본적인 동물적 본능의 일부를 상실했다. 지상 낙원처럼 그러한 안전은 인간에게 영원히 차단되어 있고, 인간은 여러 가지의 해로운 환경에 무방비로 노출되어 있다. 하지만, 이것뿐만 아니라 인간은 자신의 행동에 일련의 일반적인 지침을 제공해 주었던 전통이 이제는 급속도로 줄어들고 있으므로, 더 최근의 발달에서 또 다른 손실을 겪어 왔다. 어떤 본능도 그가 무엇을 해야 할지를 말해 주지 않고, 세월을 거쳐 한 사회 내에서 전해져 내려온 어떤 신념이나 행동도 그에게 무엇을 해야 할지를 말해 주지 않아서, 가끔씩 그는 자신이 무엇을 하고 싶어 하는지조차 알지 못한다. 대신 그는 다른 사람들이 하는 것을 하고 싶어 하거나, 아니면 다른 사람들이 그가 했으면 하고 바라는 것을 한다.

해설
이 글의 두 번째 문장에 나온 a twofold loss에 대한 구체적인 내용이 뒤에 이어지고 있다. 이어지는 내용에서 언급된 동물적 본능(some of the basic animal instincts)은 인간이 잃어버린 두 가지 중 하나에 해당하며, 주어진 문장에 언급된 전통(the traditions)은 나머지 하나에 해당한다. ④ 뒤의 문장에 나오는 'no belief or behavior passed down within a society through time'은 의미상 주어진 문장의 the traditions를 가리키는 것이므로, 주어진 문장은 ④에 오는 것이 가장 적절하다.

어휘
inasmuch as ~이므로, ~인 까닭에
existential 실존적인
vacuum 공허, 진공
twofold 이중의
embed 깊이 새겨두다

정답 ④

06

해석
사랑은 하나의 사랑의 대상을 향한 것이 아니라, 전체로서의 세계와 한 사람의 관계성을 결정하는 성격의 방향성 즉, 태도이다. 만약 한 사람이 다른 한 사람만을 사랑하고 나머지 다른 사람들에게는 무관심하다면, 그의 사랑은 사랑이 아니라 공생적 애착이거나 확대된 자기중심주의이다. 그러나 대부분의 사람들은 사랑은 (사랑하는) 능력이 아니라 그 대상으로 구성된다고 믿는다. 그들이 꼭 찾아야 하는 것은 단지 딱 맞는 대상이고, 그러면 이후 모든 것이 저절로 잘 될 것이라고 믿는다. 이러한 태도는 그림을 그리기를 원하지만, 그 기술을 배우는 대신에, 단지 딱 맞는 대상을 기다려야 하며 그것을 발견하게 되면 아름다운 그림을 그리게 될 것이라고 주장하는 사람의 태도에 비유될 수 있다. 만약 내가 진정으로 한 사람을 사랑한다면 나는 모든 사람들을 사랑하는 것이고, 세상을 사랑하는 것이며, 삶을 사랑하는 것이다. 만약 내가 다른 누군가에게, "나는 당신을 사랑합니다"라고 말하면 내가 "나는 당신 안의 모든 이를 사랑하고, 당신을 통해 세상을 사랑하며, 당신 안에 있는 나 자신 또한 사랑합니다"라고 말할 수 있어야 한다.

① 전체로서의 세계와 한 사람의 관계성을 결정하다
② 자기 자신에게 분노와 격노를 쏟다
③ 사람의 삶에 다양성을 더하는 궁극적인 목표가 있다
④ 주로 특정한 목표를 향해 개인을 인도하는 역할을 하다

해설
사랑은 하나의 대상에 국한되는 것이 아니라 그 대상을 통한 전체와의 관계성을 결정하는 태도라는 내용이므로 빈칸에 들어갈 말로 ①이 적절하다.

어휘
orientation 방향성
symbiotic 공생의, 공생하는
egotism 자기 중심벽, 자만, 자부
faculty 능력

정답 ①

01

다음 글의 주제로 가장 적절한 것은?

The statement, "You can do anything you put your mind to," leads us to believe that all you must do is imagine what you'd like to accomplish, set your mind to the task, and wait for success. To a certain degree this is true. Focused intention combined with action is a powerful force. But the statement is misleading because it fails to mention the difficulty and necessity of focusing your mind on a specific goal. Most of us don't know what we want. We think we do, but we really don't. We only know what we don't want. We don't want a boring job. We don't want to be poor. We don't want to disappoint our loved ones. Knowing specifically what you want is much different from knowing what you don't want. Knowing what you want and focusing your efforts on it does not simply come from knowing what you don't want.

① the reason action is important
② the promotion of a can-do spirit
③ the importance of an iron will
④ the necessity of identifying one's goals

02

Ernest Temple Thurston에 관한 다음 글의 내용과 일치하지 않는 것은?

Ernest Temple Thurston was born in Halesworth, Suffolk, England. At age ten, his family moved to Cork. Thurston wrote a total of forty books, from which seventeen motion pictures were made. In addition, he authored several theatrical plays, three of which were performed on Broadway and four of which were made into motion pictures. His best-known work for the stage is *The Wandering Jew*, a play in four parts which was performed on Broadway in 1921. The play was made into a film of the same name in 1923, and reproduced in 1933. His most successful books include *The City of Beautiful Nonsense* and *The Flower of Gloster*, a story about a canal journey in England. Two film versions of *The City of Beautiful Nonsense* were made: a silent version in 1919, and a sound version in 1935. He died from pneumonia in London in 1933.

① When he was 10, his family moved to Cork.
② Of the 40 books written, 17 were made into movies.
③ *The Wandering Jew* was filmed under the same title.
④ *The City of Beautiful Nonsense* was not produced as a movie.

01

해석

"마음먹은 것은 무엇이든 할 수 있다"는 표현은 우리가 해야 할 일이라곤 무엇을 성취하고 싶은지 상상하고, 그 일을 하겠다고 결심하고, 성공을 기다리는 것뿐이라고 믿게 유도한다. 어느 정도는 이것이 사실이다. 행동과 결합한 집중된 의도는 강력한 힘이다. 하지만 그 표현은 특정한 목표에 집중하는 일의 어려움과 필요성을 언급하지 않기 때문에 잘못되었다. 우리 대부분은 무엇을 원하는지 모른다. 안다고 생각하지만, 실상은 모른다. 단지 무엇을 원하지 않는지를 알 뿐이다. 우리는 따분한 일을 원하지 않는다. 가난하기를 원하지 않는다. 사랑하는 사람을 실망하게 하기를 원하지 않는다. 무엇을 원하는지 구체적으로 아는 것과 무엇을 원하지 않는지 아는 것은 다르다. 무엇을 원하는지 알고 그것에 노력을 집중하는 것은 무엇을 원하지 않는지 아는 데서 나오는 것이 아니다.

① 행동이 중요한 이유
② 하면 된다 정신의 장려
③ 강철 같은 의지의 중요성
④ 목표를 식별하는 것의 필요성

해설

우리는 무엇을 원하는지(목표)를 아는 것이 아니라 무엇을 원하지 않는지를 알 뿐이라고 했으므로 글의 주제로 ④가 적절하다.

어휘

statement 진술
set(put) one's mind to 마음먹다
misleading 허위의, 오해하게 하는

정답 ④

02

해석

Ernest Temple Thurston은 영국 Suffolk의 Halesworth에서 태어났다. 10살 때, 그의 가족은 Cork로 이사했다. Thurston은 총 40권의 책을 썼는데, 그중 17권이 영화로 만들어졌다. 게다가 그는 여러 희곡을 집필했는데, 그중 세 편이 브로드웨이에서 상연되었고, 네 편이 영화로 만들어졌다. 연극에서 가장 잘 알려진 그의 작품은 'The Wandering Jew'로 1921년에 브로드웨이에서 상연된, 네 부분으로 이루어진 희곡이다. 그 희곡은 1923년에 같은 제목의 영화로 만들어졌고, 1933년에 재상연되었다. 가장 성공한 그의 책에는 'The City of Beautiful Nonsense', 그리고 영국의 운하 여행에 관한 이야기인 'The Flower of Gloster'가 있다. 'The City of Beautiful Nonsense'는 두 가지의 영화 버전이 만들어졌는데, 1919년에 무성 영화 버전이, 1935년에 유성 영화 버전이 만들어졌다. 그는 1933년에 런던에서 폐렴으로 사망했다.

① 10살 때 가족이 Cork로 이사했다.
② 집필한 총 40권의 책 중 17권이 영화로 만들어졌다.
③ 'The Wandering Jew'는 같은 제목으로 영화화되었다.
④ 'The City of Beautiful Nonsense'는 영화로 제작되지 못했다.

해설

'The City of Beautiful Nonsense'가 무성 영화와 유성 영화 두 가지 버전으로 만들어졌다고 했으므로, ④가 글의 내용과 일치하지 않는다.

어휘

motion picture 영화
theatrical play 희곡
reproduce (연극이나 출판물 등을) 재상연하다, 재간행하다
pneumonia 폐렴

정답 ④

03~04

다음 글을 읽고 물음에 답하시오.

Send | Preview | Save

To: All Staff
From: David Lin, Operations Manager
Date: February 3
Subject: Temporary Relocation of Office

Dear Team,

I hope you are all doing well. I am writing to inform you about the upcoming temporary relocation of our office due to scheduled maintenance work in our current building. Starting from February 15, we will be operating from the Riverside Business Center, located just five minutes away from our current location.

This move is necessary to ensure that our daily operations can continue smoothly while the maintenance takes place. I understand that relocating can be inconvenient, but we have made every effort to minimize disruption. More detailed instructions about parking, access cards, and workstations will be provided shortly.

Thank you for your understanding and cooperation during this <u>transition</u>. Please feel free to contact me if you have any questions or concerns.

Sincerely,

David Lin

03

밑줄 친 transition의 의미와 가장 가까운 것은?

① change
② delay
③ project
④ invitation

04

윗글의 목적으로 가장 적절한 것은?

① 사무실 이전 계획을 안내하려고
② 직원 휴가 정책 변경을 공지하려고
③ 회사 보안 규정 강화를 요청하려고
④ 사무실 리모델링 완료를 축하하려고

03~04

해석

수신: 전 직원
발신: David Lin, 운영 관리자
날짜: 2월 3일
제목: 사무실 임시 이전

팀원 여러분,

여러분 모두 안녕하시죠? 현재 우리가 사용 중인 건물에서 예정된 유지 보수 작업으로 인해, 조만간 우리 사무실이 임시 이전하게 되었음을 알려드리기 위해 글을 씁니다. 2월 15일부터 우리는 우리의 현재 위치에서 5분밖에 떨어져 있지 않은 리버사이드 비즈니스 센터에서 업무를 볼 예정입니다.

이번 이전은 보수 공사가 진행되는 동안 우리의 일상 업무가 원활히 지속될 수 있도록 하기 위해 필요합니다. 이전이 불편할 수 있다는 점은 이해하지만, 우리는 불편을 최소화하기 위해 최선을 다했습니다. 주차, 출입 카드, 업무 공간과 관련된 보다 구체적인 안내가 곧 제공될 예정입니다.

이 전환 기간 동안 여러분의 이해와 협조에 감사드립니다. 질문이나 우려 사항이 있으시면 언제든지 저에게 연락 주세요.

David Lin

해설

03 앞에서 사무실 임시 이전에 관한 내용을 기술했으므로, transition은 사무실 이전을 의미한다는 것을 유추할 수 있다. 즉 사무실이 바뀌는 변화를 의미하므로 선택지 중에서 ① change가 의미상 가장 가깝다.
① 변화
② 지연
③ 프로젝트
④ 초대

04 글의 초반에 'I am writing to inform you about the upcoming temporary relocation of our office'라는 내용이 있으므로 사무실 임시 이전에 관한 내용이다. 정답은 ①이다.

어휘

temporary 일시적인, 임시의
relocation 이전
inform 알리다
maintenance 유지, 보수
current 현재의
take place 일어나다, 발생하다
make every effort to ~하기 위해 최선을 다하다
minimize 최소화하다
disruption 두절, 붕괴
workstation (사무실의) 업무 공간
shortly 곧
concern 걱정, 우려

정답 03 ① 04 ①

05
다음 글의 흐름상 어색한 문장은?

A variety of theoretical perspectives provide insight into immigration. Economics, which assumes that actors engage in utility maximization, represents one framework. ① From this perspective, it is assumed that individuals are rational actors, i.e., that they make migration decisions based on their assessment of the costs as well as benefits of remaining in a given area versus the costs and benefits of leaving. ② Benefits may include but are not limited to short-term and long-term monetary gains, safety, and greater freedom of cultural expression. ③ People with greater financial benefits tend to use their money to show off their social status by purchasing luxurious items. ④ Individual costs include but are not limited to the expense of travel, uncertainty of living in a foreign land, difficulty of adapting to a different language, uncertainty about a different culture, and the great concern about living in a new land. Psychic* costs associated with separation from family, friends, and the fear of the unknown also should be taken into account in cost-benefit assessments.

* psychic: 심적인

06
밑줄 친 부분에 들어갈 말로 가장 적절한 것은?

Throughout history in all human societies, one of the most potent forces of influence has been based on the principle of reciprocity. The principle of reciprocity is based on the principle "_____." You may not admit that reciprocation plays a role in your interactions. You may even argue that I'm wrong in my assertion — but empirical evidence demonstrates that when you do someone a favor, you expect the other person to pay you back in some manner. Further research demonstrates that people feel compelled to pay back any favor they receive, no matter what the cost of the original gift or favor, and often in amounts that exceed it. So don't be surprised if you get back something even bigger than what you gave in order for the other person to redress the balance.

① Many hands make light work
② If you scratch my back, I will scratch yours
③ One man's meat is another man's poison
④ The proof of the pudding is in the eating

05

해석

다양한 이론적 관점은 이주에 대한 통찰을 제공한다. 행위자들이 효용 극대화에 참여한다고 상정하는 경제학은 하나의 틀을 제시한다. 이런 관점에서는 개인은 합리적인 행위자라고 가정된다. 즉 그들은 특정한 지역에 머무르는 것과 떠나는 것에 따른 비용 및 이익을 평가한 뒤 이주 결정을 내린다는 것이다. 편익은 단기적 및 장기적인 금전적 이득, 안전, 문화적 표현의 더 큰 자유를 포함할 수도 있지만 이에 국한되지는 않는다. (더 큰 금전적 혜택이 있는 사람들은 사치품을 구입함으로써 자신의 사회적 지위를 과시하기 위해 돈을 쓰는 경향이 있다.) 개인적 비용은 이동 비용, 타지에서 사는 것의 불확실성, 다른 언어에 적응하는 것의 어려움, 다른 문화에 대한 불확실성, 새로운 지역에서 사는 것에 대한 큰 염려를 포함하지만 이에 국한되지는 않는다. 가족, 친구와의 이별과 미지의 것에 대한 두려움과 관련된 심리적 비용 또한 비용-편익 평가에서 고려되어야 한다.

해설

경제학적 관점에서 이주 결정은 머무르는 것과 떠나는 것에 따른 비용-편익 평가를 통해 내려진다는 내용의 글이다. ③은 금전적 혜택을 더 많이 얻는 사람들은 사치품 구입을 통해 자신의 사회적 지위를 과시한다는 내용이므로 글의 전체 흐름과 관계가 없다.

어휘

theoretical 이론적인
perspective 관점
engage in ~에 참여하다
utility 효용
maximization 극대화
rational 합리적인
assessment 평가
versus ~과 대비하여
monetary 금전적인
show off ~을 과시하다
expense 비용, 경비
take into account ~을 고려하다

정답 ③

06

해석

모든 인류 사회의 전 역사에 걸쳐 영향의 가장 강력한 힘 중의 하나는 상호 관계의 원칙에 근거를 두어 왔다. 상호 관계의 원칙은 "네가 내 등을 긁어주면 나도 네 등을 긁어주겠다."의 원칙에 근거를 둔다. 당신은 상호 관계가 당신의 상호 작용에서 역할을 한다는 것을 인정하지 않을지 모르고 심지어 내가 내 주장에 있어 틀렸다고 주장할지 모르지만, 당신이 어떤 사람에게 호의를 베풀 때 다른 사람이 어떤 방식으로 당신에게 갚을 것을 기대한다는 것을 경험적 증거는 증명한다. 사람들은 원래의 선물이나 호의의 비용이 얼마이든지 간에 그들이 받는 호의는 어떤 호의이든지 그것을 종종 초과하는 양으로 갚아야 한다고 느낀다는 것을 추가의 연구는 증명한다. 따라서 다른 사람이 평등하게 하기 위해서 당신이 준 것보다 훨씬 더 큰 것을 되돌려 준다 해도 놀라지 마라.

① 백지장도 맞들면 낫다
② 네가 내 등을 긁어주면 나도 네 등을 긁어주겠다
③ 갑에게는 약이 되는 것이 을에게는 독이 된다
④ 푸딩의 맛은 먹어보아야 안다(백문이 불여일견)

해설

다른 사람에게 호의를 베풀면 다시 돌려받기를 원한다는 상호 관계의 원칙에 대한 내용이므로, 빈칸에는 ②가 가장 적절하다.

어휘

potent 강력한, 유력한
reciprocity 상호 관계, 상호 이익
assertion 단언, 주장
empirical 경험의, 경험적인
exceed 초과하다
redress the balance 평등하게 하다, 불균형을 시정하다

정답 ②

DAY 12 독해

01

다음 글의 주제로 가장 적절한 것은?

> Try this experiment: ask any teacher from kindergarten through high school to describe the very best unit they ever taught. You'll probably hear about the kindergarten kids who turned the classroom into a rain forest, the fourth graders who learned about our food supply by growing a vegetable garden outside the school, the eighth graders who visited Washington and returned to school to simulate the three branches of government, or the high school math class that learned about vectors by playing a game of human chess. Come to think of it, if you look back on your own most memorable school experiences as a student yourself, you may find that those kinds of authentic activities stood out for you, too.

① 교육의 성과는 교사의 능력에 비례한다.
② 교과목들을 통합하려는 노력이 필요하다.
③ 연령에 따라 가르치는 방법도 달라야 한다.
④ 실제 활동을 통한 학습이 가장 오래 기억된다.

02

다음 글의 내용과 일치하는 것은?

> Three years ago a group of women began a legal fight with the New York City Fire Department. They contended that a physical examination required to make them eligible to be firefighters was unfair. The test stressed strength, speed, and agility. The test has been revised. Prospective firewomen have to show they can drag an 80-pound hose, climb ladders and stairs, lift a 145-pound dummy, and excel in similar activities.

① The new test does not evaluate women's physical abilities at all.
② A group of women have lost their lawsuit against the Fire Department.
③ The new test is probably more difficult to pass than the old one.
④ Women should be physically strong to be qualified for firefighters.

01

해석
다음과 같은 실험을 해 보라. 유치원부터 고등학교까지의 어떤 교사에게나 그들이 지금껏 가르친 단연코 최고의 단원을 설명해 보라고 요청하라. 여러분은 아마 교실을 열대우림으로 바꾸어 놓은 유치원 아이들, 학교 밖에서 채소밭을 일굼으로써 우리의 식량 공급에 대해 배운 4학년생, 워싱턴을 방문하고 학교로 돌아와 정부의 삼권분립을 모의실험한 8학년생, 혹은 인간 체스 게임을 함으로써 벡터에 대해 배운 고등학교 수학 시간에 대해 듣게 될것이다. 생각해 보면, 만일 여러분 자신이 학생으로서 가장 기억에 남는 학교 경험을 되돌아본다면, 여러분은 그러한 종류의 진짜 활동이 여러분에게도 보다 더 중요했다는 것을 또한 발견할 것이다.

해설
교실을 열대우림으로 바꾸고, 직접 채소를 재배하면서 식량 공급에 대해 배우고, 워싱턴을 방문하고, 정부의 삼권분립을 모의실험하고, 인간 체스 게임을 함으로써 벡터에 대해 배운 것처럼, 실제 활동을 통해 배운 것이 기억에 가장 오래 남는다는 내용이므로, 글의 주제로 ④가 가장 적절하다.

어휘
vegetable garden 채소밭
simulate 모의실험하다
come to think of it 생각해 보면, 그러고 보니
authentic 진짜의
stand out ~보다 더 중요하다, 도드라지다

정답 ④

02

해석
3년 전 한 여성 단체는 뉴욕시의 소방 당국과 법적인 싸움을 시작했다. 그들은 그들이 소방관이 될 자격이 있다는 것을 확인하기 위해 요구되는 신체검사가 불공평하다고 주장했다. 기존의 신체검사는 힘, 속도, 민첩성을 강조했다. 신체검사는 개정되었다. 여성 소방관 후보자들은 자신들이 80파운드의 호스를 끌 수 있고, 사다리와 계단을 오를 수 있으며, 145파운드의 마네킹을 들어올릴 수 있고, 유사 활동에서 뛰어 날 수 있다는 것을 보여주어야만 한다.

① 새로운 시험은 여성의 신체 능력을 전혀 평가하지 않는다.
② 한 무리의 여성들이 소방서에 대한 소송에서 패소했다.
③ 새로운 시험은 아마도 예전 시험보다 통과하기 더 어려울 것이다.
④ 소방관 자격을 얻기 위해서는 여성이 신체적으로 강해야 한다.

해설
마지막 문장에서 소방관이 되기 위해 체력적으로 강인해야 함을 알 수 있으므로 글의 내용과 일치하는 것은 ④이다.

어휘
legal 법적인
contend 싸우다, 주장하다
eligible 적임의, 적격의
agility 기민, 민첩함
revise 개정하다, 수정하다
prospective 기대되는, 가망성 있는
drag 끌다
dummy 인체 모형, 마네킹
excel 탁월하다, 뛰어나다

정답 ④

03~04

다음 글을 읽고 물음에 답하시오.

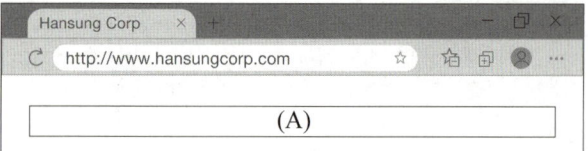

(A)

To support professional development across all departments, the HR team will offer a new in-house training program starting next month. The program will focus on improving communication skills, especially in virtual meetings and written reports.

All full-time employees are eligible to join. The training consists of four weekly sessions held every Thursday from 3:00 p.m. to 5:00 p.m., beginning May 9. Participation is voluntary but highly recommended for team leaders and new hires.

To register, please complete the online form sent via company email by April 30. Sessions will take place in Conference Room 2 on the third floor. For more details, contact Ms. Lee at hr@hansungcorp.com.

03

(A)에 들어갈 윗글의 제목으로 가장 적절한 것은?

① Upcoming Internal Training Program
② Company Policy on Remote Work
③ Improving Your Technical Skills
④ Managing Work-Life Balance

04

윗글의 내용과 일치하지 않는 것은?

① 모든 정규직 직원은 교육 신청이 가능하다.
② 총 네 번의 교육이 목요일마다 진행된다.
③ 교육은 특히 신규 직원과 팀 리더에게 추천된다.
④ 교육 장소는 2층 회의실이다.

05

주어진 문장이 들어갈 위치로 가장 적절한 것은?

However, when the tasks get too complex, automation tends to give up.

Automation keeps getting more and more capable. (①) Automatic systems can take over tasks that used to be done by people, whether it is maintaining the proper temperature, enabling airplanes to fly by themselves from takeoff to landing, or allowing ships to navigate by themselves. (②) When the automation works, the tasks are usually done as well as or better than by people. (③) Moreover, it saves people from the dull, dreary routine tasks, allowing more useful, productive use of time, reducing fatigue and error. (④) The paradox is that this, of course, is precisely when it is needed the most. Automation can take over the dull, dreary tasks, but fail with the complex ones.

03~04

해석

모든 부서의 전문성 개발을 지원하기 위해, 인사팀은 다음 달부터 새로운 사내 교육 프로그램을 제공할 예정입니다. 프로그램은 특히 인터넷 회의와 서면 보고서에서 의사소통 능력을 향상시키는 데 중점을 둘 예정입니다.
모든 정규직 직원은 참여할 자격이 있습니다. 교육은 5월 9일부터 매주 목요일 오후 3시부터 5시까지 주 4회 진행됩니다. 자발적 참여이지만, 팀장 및 신입 사원에게 적극 권장됩니다.
등록하려면 4월 30일까지 회사 이메일로 발송된 온라인 양식을 작성해 주세요. 교육은 3층 2번 회의실에서 진행됩니다. 자세한 내용은 hr@hansungcorp.com으로 Lee 씨에게 연락하세요.

해설

03 다음 달부터 시작하는 사내 교육 프로그램을 알리는 내용이므로 ①이 정답이다. 글의 in-house training program을 선택지에서 Internal Training Program으로 바꾸어 표현했다.
① 다가오는 내부 교육 프로그램
② 원격 근무에 관한 회사 정책
③ 당신의 기술력을 향상시키기
④ 일과 삶의 균형을 관리하기

04 ①은 All full-time employees are eligible to join, ②는 The training consists of four weekly sessions, ③은 Participation is voluntary but highly recommended for team leaders and new hires.에서 근거를 찾을 수 있다. Sessions will take place in Conference Room 2 on the third floor.에서 교육이 3층에서 열린다고 했으므로, ④는 내용과 일치하지 않는다.

어휘

HR 인사
in-house 사내의
virtual 가상의, 인터넷의
full-time 정규직의
eligible 자격이 있는
voluntary 자발적인
register 등록하다
via ~을 통해
session 교육 (시간)
detail 세부 사항

정답 03 ① 04 ④

05

해석

자동화는 점점 더 유능해지고 있다. 자동화 시스템은, 그것이 적절한 온도를 유지하는 것이든, 비행기가 이륙에서 착륙까지 스스로 날 수 있게 하는 것이든, 혹은 배가 스스로 항해하도록 하는 것이든 간에 이전에 사람들에 의해 이루어졌던 업무들을 떠맡을 수 있다. 자동화가 작동할 때, 그 업무들은 보통은 사람이 하는 것만큼이나 혹은 더 잘 실행된다. 더욱이, 그것은 사람들에게 따분하고 지루한 일상적인 업무를 면하게 해, 시간을 더 유용하고 생산적으로 사용하는 것을 가능하게 해 주며, 피로와 실수를 줄여준다. 그러나 업무가 너무 복잡해지면, 자동화는 포기하는 경향이 있다. 역설적인 것은 이것(업무가 너무 복잡해질 때)이 물론 바로 자동화가 가장 필요한 때라는 것이다. 자동화는 따분하고 지루한 업무를 떠맡을 수 있지만, 복잡한 것들은 그럴 수 없다.

해설

④ 앞에는 자동화의 이점이 기술되고 있고, ④ 뒤의 문장은 the paradox로 시작하며 내용이 전환된다. 또한 ④ 뒤의 this가 가리키는 것이 주어진 문장의 when the tasks get too complex이므로, 주어진 문장은 ④에 들어가는 것이 가장 적절하다.

어휘

takeoff 이륙
navigate 항해하다
dreary 따분한
fatigue 피로
paradox 역설

정답 ④

06

밑줄 친 부분에 들어갈 말로 가장 적절한 것은?

In some countries, making others wait is the essence of _____. In a survey in Brazil, my colleagues and I asked people how much they thought punctuality for appointments was tied to success. To my surprise, Brazilians rated people who are always late for appointments as most successful and punctual people as least successful. Our data also showed that Brazilians rated a person who was always late for appointments as more relaxed, happy, and likeable — all of which tend to be associated with being successful. These answers threw me at first. Even in a country of seemingly infinite temporal tolerance, this appeared to be going overboard. It is one thing to be flexible, but another to believe that not getting there on time actually pays off.

① status
② morality
③ leadership
④ negotiation

06

해석

일부 국가에서, 다른 사람들을 기다리게 하는 것은 신분의 핵심이다. 브라질의 한 조사에서 내 동료들과 나는 사람들에게 약속 시간 엄수가 성공과 얼마나 관련 있다고 생각하는지 물었다. 놀랍게도 브라질 사람들은 약속 시간에 항상 늦는 사람들을 가장 성공한 것으로, 그리고 시간을 엄수하는 사람들을 가장 성공하지 못한 것으로 평가했다. 우리의 자료는 또한 브라질 사람들이 약속 시간에 항상 늦는 사람들을 더 느긋하고, 행복하며, 호감이 가는 것으로 평가했는데, 그 모든 것이 성공한 것과 연관이 있는 경향이 있다. 처음에 이런 대답들은 나를 깜짝 놀라게 했다. 겉으로 보기에 무한한 시간적인 관용이 있는 나라에서도 이것은 도가 지나친 것 같았다. 유연한 것과 정시에 도착하지 않는 것이 실제로 효과가 있다고 믿는 것은 서로 다른 것이다.

① 신분
② 도덕성
③ 리더십
④ 협상

해설

브라질 사람들은 약속 시간에 항상 늦는 사람들을 가장 성공한 것으로, 시간을 엄수하는 사람들을 가장 성공하지 못한 것으로 평가했다는 내용으로 보아 사람을 기다리게 하는 것이 신분의 핵심이라고 볼 수 있다. 그러므로 빈칸에 들어갈 말로 가장 적절한 것은 ①이다.

어휘

essence 핵심, 필수
colleague 동료
punctuality 시간 엄수
to one's surprise 놀랍게도
rate 평가하다
likeable 호감이 가는
associated 연관[관련]이 있는
throw 깜짝 놀라게 하다
seemingly 외관상
infinite 무한한
temporal 시간의
tolerance 관용, 인내
go overboard 도가 지나치다
flexible 유연한
pay off 효과가 있다, 성공하다

정답 ①

DAY 13 독해

01

다음 글의 제목으로 가장 적절한 것은?

In making their measurements, psychologists must rely on statistics. While statistics may tell you a lot about a group, they tell you nothing about an individual, and here psychologists run into a wall. We are generally right to accept reliable statistics but also to insist that they do not describe us as individuals. Psychological data show that, on average, girls have stronger verbal skills than boys. But that doesn't mean much to the boy who scored A+ on the language arts test. Do boys need more reading classes? Can we effectively teach boys and girls together in the same groups? We can examine the statistics and try to decide what will work for large groups. But if you're a parent looking for the best situation for your child, you'd do just as well to follow your experience and intuition.

① How Different Are Statistics and Psychology?
② Why Do Statistics Justify the Gender Inequality?
③ Statistics: Not Useful in Analyzing an Individual Person
④ Psychology: A Social Science That Relies on Solid Data

01

해석

측정을 하는 데 있어서, 심리학자들은 통계에 의존해야 한다. 통계가 여러분에게 집단에 관해 많은 것을 말해 줄 수는 있지만, 그것들은 여러분에게 한 개인에 관해서는 아무것도 말해 주지 않으므로, 여기에서 심리학자들은 벽에 부딪친다. 신뢰할 만한 통계를 받아들이는 것이 일반적으로 맞지만, 또한 그것들이 개인으로서의 우리를 설명하지 않는다고 주장하는 것도 맞다. 심리학적인 데이터는 평균적으로 소녀들이 소년들보다 언어 능력이 더 뛰어나다는 것을 보여준다. 그렇지만 그것은 언어 과목 시험에서 A+의 점수를 받은 소년에 대해서는 그다지 큰 의미가 없다. 소년들에게 더 많은 읽기 수업이 필요한가? 같은 집단에 있는 소년들과 소녀들을 효과적으로 가르칠 수 있는가? 우리는 통계를 연구할 수 있고 큰 집단에 대해 무엇이 효과가 있을지 결정하려고 노력한다. 그렇지만 여러분이 자녀를 위한 가장 좋은 상황을 찾고 있는 부모라면 여러분은 경험과 직관을 따르는 것이 더 나을 것이다.

① 통계학과 심리학은 얼마나 다른가?
② 왜 통계학은 성 불평등을 정당화하는가?
③ 통계학: 개인을 분석하는 데 유용하지 않음
④ 심리학: 확실한 데이터에 의존하는 사회과학

해설

측정된 통계가 집단에 대한 정보를 줄 수는 있지만, 각 개인에 대한 정확한 정보를 주는 것은 아니라는 내용의 글이다. 따라서 글의 제목으로 가장 적절한 것은 ③이다.

어휘

measurement 측정
statistics 통계, 통계 자료
verbal 언어의
intuition 직감

정답 ③

02

Charity Food Truck Festival에 관한 다음 글의 내용과 일치하는 것은?

Charity Food Truck Festival

This festival is a wonderful event that Jaxon Home is hosting, along with the Haute Lunch Bag and Los Angeles' most popular food trucks.

- When: Thursday, April 2nd, 2025, 7 p.m. - 9 p.m.
- Where: Central Park in Jackson Street
- How: Open free to the public. No entry tickets required. Canned food and donations from guests will be greatly appreciated.
- Why: Funds raised through this festival will be spent helping local poor residents facing hunger in our community.

To get involved, or for more information, please visit www.cftfestival.com.
Bring your friends and your appetites!

① Jaxon Home이 단독 주관하는 행사이다.
② 2025년 4월 2일에 3시간 동안 진행된다.
③ 입장권을 구입한 사람들만 참여할 수 있다.
④ 수익금은 가난한 지역 주민들을 돕는 데 쓰인다.

03~04

다음 글을 읽고 물음에 답하시오.

Pine Hill Campground

Welcome to Pine Hill Campground! To enjoy a safe and relaxing stay, all visitors must follow our safety guidelines. Campfires are allowed only in designated fire rings and must never be left <u>unattended</u>.

Please keep noise levels down after 10:00 p.m. and respect other campers' space. Store all food in sealed containers to prevent attracting animals. Pets must be kept on a leash and cleaned up after.

Emergency phones are located near the entrance and restroom area. In case of fire or injury, notify staff immediately or call 119.

We thank you for helping us keep Pine Hill clean, peaceful, and safe for everyone.

03

밑줄 친 unattended의 의미와 가장 가까운 것은?

① dangerous
② burning
③ unsupervised
④ unwanted

04

윗글의 목적으로 가장 적절한 것은?

① 캠핑장 예약 방법을 설명하기 위해
② 캠핑장 이용자 대상 안전 수칙을 안내하기 위해
③ 근처 관광지를 소개하기 위해
④ 날씨 정보를 전달하기 위해

02

해석

자선 푸드 트럭 축제

이 축제는 Jaxon Home이 Haute Lunch Bag, 그리고 로스앤젤레스의 가장 유명한 푸드 트럭과 함께 주관하는 멋진 행사입니다.

- 언제: 2025년 4월 2일, 목요일, 오후 7시~오후 9시
- 어디서: Jackson Street에 있는 Central Park
- 어떻게: 대중에게 무료로 개방됩니다. 입장권을 요구하지 않습니다. 손님들이 통조림 식품과 기부금을 주신다면 대단히 고맙겠습니다.
- 왜: 이 축제를 통해 모인 기금은 우리 지역 사회에서 굶주림에 직면한 가난한 지역 주민들을 돕는 데 쓰일 것입니다.

참여나 더 많은 정보를 위해서는 www.cftfestival.com을 방문해 주십시오.

친구들과 함께 배고픈 상태로 오십시오!

해설

'Funds raised through this festival will be spent helping local poor residents facing hunger in our community.'에서 수익금이 가난한 지역 주민들을 돕는 데 쓰인다고 했으므로 ④가 글의 내용과 일치함을 알 수 있다.

어휘

host 주관하다
canned food 통조림 식품
donation 기부금
fund 기금, 자금
appetite 식욕

정답 ④

03~04

해석

파인힐 캠핑장

파인힐 캠핑장에 오신 것을 환영합니다! 안전하고 편안한 숙박을 즐기려면 모든 방문객이 저희의 안전 지침을 준수해야 합니다. 캠프파이어는 지정된 캠핑 화로대 안에서만 허용되며, 절대 사람 없이 방치되어서는 안 됩니다.

오후 10시 이후에는 소리 크기를 줄이고 다른 캠핑객의 공간을 존중해 주세요. 동물들을 유인하지 않도록 모든 음식을 밀폐된 용기에 보관하세요. 반려동물은 반드시 목줄을 매고, 배설물을 처리해야 합니다.

비상 전화는 입구와 화장실 근처에 있습니다. 화재나 부상이 발생하면 즉시 직원에게 알리거나 119에 전화하세요.

파인힐을 깨끗하고 평화로우며 모두에게 안전하게 유지할 수 있도록 도와주셔서 감사합니다.

해설

03 be left unattended는 '지켜보는 사람 없이 방치되다'라는 의미로서, unattended와 의미가 가장 비슷한 것은 ③ unsupervised이다.
① 위험한
② 불타는
③ 감시를 받지 않는
④ 원치 않는

04 Pine Hill Campground에서 안전과 관련한 이용 수칙을 설명하는 내용이므로 ②가 정답이다.

어휘

campground 캠핑장
fire ring 캠프파이어를 할 수 있는 화로대
unattended 지켜보는 사람이 없는
sealed 봉인을 한
container 용기
attract 유인하다, 끌어들이다
on a leash 줄에 매어
notify 알리다, 통보하다

정답 03 ③ 04 ②

05
주어진 글 다음에 이어질 글의 순서로 가장 적절한 것은?

> Enzymes are proteins that work as a catalyst. This term originated in chemistry: a catalyst is a chemical, or compound, that speeds up a reaction. In a chemical reaction, one or more compounds, called *substrate(s)**, react to produce one or more products.

(A) Any of these types of reactions can be speeded up by a catalyst, so that it takes place more rapidly than would be the case without the catalyst. Enzymes are proteins that speed up a chemical reaction in the cell.

(B) The simplest reaction can be given by the formula A → B, whereby substrate A changes into product B. In a little more complex reaction, A + B → C would represent two substrates combining into one product, whereas A → B + C describes a reaction of a single substrate forming two products. The complexity can increase as in A + B → C + D, and so on.

(C) They do this by binding to the substrate and facilitating the chemical reaction to produce one or more products. At the end of the reaction, the enzyme lets go of all components and is ready to repeat its job with a new substrate molecule, as it has not undergone any chemical change itself.

* substrate: 기질(基質, 효소의 작용을 받아 화학 반응을 일으키는 물질)

① (A) − (C) − (B)
② (B) − (A) − (C)
③ (B) − (C) − (A)
④ (C) − (A) − (B)

06
밑줄 친 부분에 들어갈 말로 가장 적절한 것은?

> There's a healthier way of thinking about creativity that the musician Brian Eno refers to as "scenius." Under this model, great ideas are often birthed by a group of creative individuals — artists, curators, thinkers, theorists, and other tastemakers — who make up an "ecology of talent." If you look back closely at history, many of the people who we think of as lone geniuses were actually part of a whole scene of people who were supporting each other, looking at each other's work, copying from each other, stealing ideas, and contributing to them. "Scenius" doesn't take away from the achievements of those great individuals; it just acknowledges that _____ and that creativity is always, in some sense, a collaboration, the result of a mind connected to other minds.

① good work is not created in a vacuum
② creativity is the product of effort
③ achievement is a very powerful motivator
④ collaborative learning is not easily achieved

05

해석
효소는 촉매로 작용하는 단백질이다. 이 용어는 화학에서 유래했는데, 촉매는 반응을 촉진시키는 화학 물질, 즉 화합물이다. 화학 반응에서, '기질'이라고 불리는 하나 또는 그 이상의 화합물은 하나 또는 그 이상의 산물을 만들기 위해 반응한다. (B) 가장 간단한 반응은 A → B라는 공식으로 나타낼 수 있으며, 여기서 기질 A는 산물 B로 바뀐다. 조금 더 복잡한 반응에서, A + B → C는 두 개의 기질이 하나의 산물로 결합되는 것을 나타낼 것이고, 반면에 A → B + C는 단 하나의 기질이 두 개의 산물을 형성하는 반응을 설명한다. 복잡성은 A + B → C + D 등과 같이 증가할 수 있다. (A) 이러한 유형의 어떤 반응도 촉매를 통해 속도를 높일 수 있어서, 촉매가 없는 경우보다 더 빠르게 발생할 수 있다. 효소는 세포에서 화학 반응을 빠르게 하는 단백질이다. (C) 그것들은(효소) 기질에 결합하여 화학 반응을 촉진하여 하나 또는 그 이상의 산물을 생산함으로써 이것을 한다. 반응이 끝날 때, 효소는 모든 구성 요소들을 방출하고 새로운 기질 분자로 그 일을 반복할 준비가 되어 있는데, 그것은 효소가 어떤 화학적인 변화 자체를 겪지 않았기 때문이다.

해설
화학 반응을 가속화하는 촉매로 작용하는 단백질로서의 효소와 화학 반응을 설명하는 내용의 주어진 글 다음에, 가장 단순한 반응과 복잡한 반응 형태를 설명하는 (B)가 이어지고, 그 다음에는 (B)에 언급된 여러 형태의 반응을 Any of these types of reactions로 받는 (A)가 이어진 다음, 마지막으로 Enzymes are proteins that speed up a chemical reaction in the cell을 They do this로 받아서 내용을 마무리하는 (C)가 오는 것이 글의 순서로 가장 적절하다.

어휘
enzyme 효소
catalyst 촉매(제)
formula 공식
facilitate 촉진하다, 용이하게 하다
molecule 분자

정답 ②

06

해석
음악가 Brian Eno가 '한 그룹의 사람들의 지성'이라고 일컬을 창의성에 대해 생각하는 더 건강한 방법이 있다. 이 모델에서, 위대한 생각은 '재능의 생태'를 형성하는 창의적인 개인들, 즉 예술가, 큐레이터, 사상가, 이론가, 그리고 유행을 만드는 여타의 사람들의 집단에 의해 흔히 탄생된다. 여러분이 역사를 자세히 되돌아본다면, 우리가 고독한 천재로 여기는 많은 사람이 사실은 서로 지지하고, 서로의 작업을 살펴보고, 서로에게서 베끼고, 생각을 훔치고, 생각에 기여하고 있는 모든 분야에 있는 사람들의 중요한 부분이었다. '한 그룹의 사람들의 지성'은 그 위대한 개인들의 업적을 없애지 않는다. 그것은 단지 <u>훌륭한 작업은 진공 상태(외부와 단절된 상태)에서 창조되지 않는다</u>는 것과 창의성은 항상, 어느 의미에서는 협동, 즉 다른 사고방식과 연결된 하나의 사고방식의 결과라는 것을 인정한다.

① 훌륭한 작업은 진공 상태에서 창조되지 않는다
② 창의성은 노력의 산물이다
③ 성공은 매구 강력한 동기부여이다
④ 협동 학습은 쉽게 이루어지지 않는다

해설
위대한 생각은 서로가 협동하여 만들어진 결과물이라는 것이 글의 주된 내용이므로, 빈칸에는 ①이 가장 적절하다.

어휘
tastemaker 유행을 만드는 사람
support 지원하다, 지지하다
contribute to ~에 공헌하다
collaboration 협동
vacuum 진공 상태

정답 ①

DAY 14 독해

01

다음 글의 주제로 가장 적절한 것은?

Studies have shown that emotional tears flowing in response to sadness, suffering or physical pain contain more manganese, substances that affect the temper, and more prolactin, a hormone which controls the production of milk. Specialists believe that tears from crying containing manganese and prolactin help to release tension, balancing stress levels in the body and eliminating accumulated chemicals, thereby allowing the person crying to feel better. Emotional tears are also a means of communication. Babies can't speak. The only way that babies can communicate frustration, pain, and fear is by crying. Adults may use crying to form links with others. Expressing sadness may encourage those around us to support us and reassure us. Crying is culturally accepted at funerals and weddings, and this can bring people closer together.

① misconceptions about the person crying
② the meaning of babies' different crying sounds
③ strong prohibitions against adults shedding tears
④ benefits and functions of emotional tears

02

Play It Forward Pittsburgh에 관한 다음 글의 내용과 일치하지 <u>않는</u> 것은?

Welcome to Play It Forward Pittsburgh

Play It Forward Pittsburgh is a gently used children's toy donation drive. We are collecting gently used or new toys, books, stuffed animals, sports equipment, and bikes, and offering them free to families in need. At this time we are not accepting clothes.

When: Saturday, September 10, 2025, from 9 a.m. to 3 p.m.

Where: Century III Mall next to the Mexican restaurant

Families in need of toys for their children can come and "shop for free" at our Century III Mall location. Each family is invited to take up to 3 items per child for free. Families do  not need to sign up or register in advance; just show up that day. The shopping event will be based on a first-come-first-served basis. We will distribute toys until 3 p.m. or until the toys are gone, whichever comes first. All you have to do is to show up. You are not required to bring anything with you to prove your need.

① 어린이용 장난감 기증 운동이다.
② 아이 수와 무관하게 한 가정에 세 개의 물품을 제공한다.
③ 사전 등록을 하지 않아도 참여 가능하다.
④ 쇼핑 행사는 선착순으로 진행된다.

01

해석

연구에 따르면, 슬픔, 고통, 또는 신체적 고통에 대한 반응으로 흘러내리는 감정적인 눈물은 기분에 영향을 끼치는 물질인 더 많은 망간과, 젖 생산을 조절하는 호르몬인 더 많은 프로락틴을 포함하고 있다. 망간과 프로락틴을 포함하는, 울음에서 나오는 눈물은 몸에 있는 스트레스 수치에 균형감을 부여하고 축적된 화학 물질을 제거하면서 긴장을 푸는 것을 돕고, 그렇게 해서 울고 있는 그 사람이 기분이 더 좋아지도록 한다고 전문가들은 믿는다. 감정적인 눈물은 또한 소통의 수단이기도 하다. 아기들은 말을 할 수 없다. 아기들이 좌절, 고통, 그리고 두려움을 전달할 수 있는 유일한 방식은 울음이다. 성인들은 울음을 이용하여 다른 사람들과의 유대 관계를 형성할 수도 있다. 슬픔을 표현하는 것은 우리 주변 사람들이 우리를 지지하고 우리를 안심시키도록 격려할 수 있다. 울음은 문화적으로 장례식과 결혼식장에서 받아들여지며, 이것은 사람들이 더 가까워질 수 있도록 할 수 있다.

① 우는 사람에 대한 오해
② 아기의 여러 울음소리의 의미
③ 어른이 눈물을 흘리는 것에 대한 강한 금기
④ 감정적인 눈물의 이점과 기능

해설

감정적인 울음은 기분에 영향을 끼치면서 긴장도 풀게 해주는 이점이 있고, 아기들에게는 소통의 수단이 된다고 했으므로, 글의 주제로는 ④가 가장 적절하다.

어휘

in response to ~에 대한 반응으로
manganese 망간
prolactin 프로락틴(포유동물의 젖 분비를 조절하는 호르몬)

정답 ④

02

해석

Play It Forward Pittsburgh에 오신 것을 환영합니다

Play It Forward Pittsburgh는 상태가 좋은 중고 어린이용 장난감 기증 운동입니다. 우리는 상태가 좋은 중고 또는 새로운 장난감, 책, 봉제 동물 인형, 운동용품, 자전거를 수집하고 있으며, 그것들이 필요한 가정에 무료로 제공하고 있습니다. 현재 옷은 받고 있지 않습니다.

언제: 2025년 9월 10일 토요일 오전 9시부터 오후 3시까지
어디서: Mexican 식당 옆에 위치한 Century Ⅲ Mall

아이들을 위한 장난감이 필요한 가정은 Century Ⅲ Mall이 있는 곳에 오셔서 '무료로 쇼핑할' 수 있습니다. 각 가정은 아이 한 명당 최대 3개의 물품을 무료로 가져가실 수 있습니다. 가정은 사전에 등록하거나 신청할 필요 없이 당일에 오시기만 하면 됩니다. 쇼핑 행사는 선착순으로 진행될 것입니다. 장난감은 오후 3시까지 또는 준비된 수량이 모두 소진될 때까지, 둘 중 더 빠른 시점까지 배부됩니다. 여러분은 오시기만 하면 됩니다. 도움이 필요하다는 것을 증명하기 위한 어떠한 것도 가지고 오실 필요가 없습니다.

해설

아이 한 명당 최대 3개의 물품을 무료로 받아 갈 수 있으므로, ②는 안내문의 내용과 일치하지 않는다.

어휘

donation drive 기증 운동

정답 ②

03~04

다음 글을 읽고 물음에 답하시오.

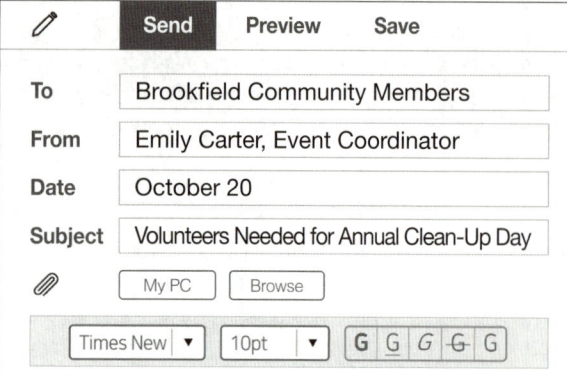

Dear Residents,

I hope this email finds you well. I am reaching out to invite you to participate in our Annual Brookfield Clean-Up Day, which will take place on Saturday, November 5. This community event aims to improve the appearance of our parks, streets, and public spaces, helping to make Brookfield a cleaner and more beautiful place to live.

We are looking for volunteers to assist with tasks such as picking up litter, planting flowers, and painting benches. All necessary materials will be provided, and lunch will be available for participants. Your involvement will make a meaningful difference in maintaining the charm of our neighborhood.

If you are interested, please register by October 31. Thank you for your support, and we look forward to seeing you at the event!

Sincerely,

Emily Carter

03

밑줄 친 assist의 의미와 가장 가까운 것은?

① help
② avoid
③ arrange
④ watch

04

윗글의 목적으로 가장 적절한 것은?

① 지역 미화 활동에 자원봉사를 요청하려고
② 새로 조성된 공원의 개장을 알리려고
③ 지역사회 환경 보호 규칙을 공지하려고
④ 공공시설 이용 시간 변경을 안내하려고

05

다음 글의 흐름상 어색한 문장은?

The formula for China's growth has been cheap labor and good infrastructure mixed with foreign capital. ① China's industries have become a victim of overcapacity, where more supply than demand causes lower prices. ② The problem now is that domestic consumption has not grown fast enough to keep up with industrial production. ③ The country continues to produce more than it can buy, which makes it more dependent on foreign markets. ④ It therefore needs to transform itself into a more independent economy, rather than continue to be the factory of the world.

03~04

해석

수신: 브룩필드 지역사회 회원들
발신: Emily Carter, 행사 코디네이터
날짜: 10월 20일
제목: 연례 대청소의 날에 자원봉사자가 필요합니다

주민 여러분,

이 이메일이 잘 전달되었으면 좋겠네요. 11월 5일 토요일에 열리는 연례 브룩필드 대청소의 날에 참가해 달라고 초대하기 위해 연락드립니다. 이 지역사회 행사는 우리의 공원, 길거리, 그리고 공공장소의 외관을 개선하여 브룩필드를 살기에 보다 깨끗하고 아름다운 곳으로 만드는 것을 목표로 합니다.

우리는 쓰레기 줍기, 꽃 심기, 벤치에 페인트 칠하기 등의 작업을 도와줄 자원봉사자를 찾고 있습니다. 필요한 모든 물품이 제공될 것이며 참가자에게는 점심 식사가 제공됩니다. 여러분의 참여는 우리 동네의 매력을 유지하는 데 의미 있는 변화를 가져올 것입니다.

관심이 있으면 10월 31일까지 등록해 주세요. 여러분의 많은 성원에 감사드리며, 행사장에서 뵙기를 기대합니다!

Emily Carter

해설

03 assist는 '돕다'라는 뜻이므로 ① help가 의미상 가장 가깝다.
① 돕다
② 피하다
③ 배열하다
④ 보다

04 Annual Brookfield Clean-Up Day라는 지역사회 행사에 참여할 자원봉사자를 구하는 이메일이다. 따라서 ①이 정답이다.

어휘

coordinator 진행자, 코디네이터
annual 연례의
reach out 연락을 취하다, 손을 뻗다
task 일, 과제
litter 쓰레기
involvement 참여, 관여
register 등록하다

정답 03 ① 04 ①

05

해석

중국의 성장 공식은 값싼 노동력과 탄탄한 사회 기반 시설에 외국 자본이 결합된 것이다. (중국의 산업은 과잉 생산의 희생자가 되었는데, 수요보다 많은 공급이 가격을 낮추는 요인이 되기 때문이다.) 지금의 문제는 국내 소비가 산업 생산을 따라잡을 만큼 빠른 속도로 증가하지 못한다는 것이다. 중국은 구매 능력보다 더 많은 생산을 계속하고 있는데, 이 때문에 외국 시장에 더 의존하게 된다. 그러므로 세계의 공장 노릇을 계속하기보다는 스스로 더 독립적인 경제로 변모할 필요가 있다.

해설

중국이 값싼 노동력과 외국 자본 등을 기반으로 성장했다는 첫 문장 도입부와 중국 산업이 과잉 생산의 희생자가 되었다는 ①에 이어진 문장은 자연스럽지 않다. ②에 이어진 내용처럼 소비가 생산을 따르지 못하는 문제점을 지적하는 것이 도입부와 자연스럽게 연결될 수 있으므로 흐름에서 벗어난 문장은 ①이다.

어휘

formula 공식
overcapacity 생산 과잉
domestic 국내의
consumption 소비
keep up with ~을 따라잡다, ~의 보조를 맞추다
transform 바꾸다

정답 ①

06

밑줄 친 부분에 들어갈 말로 가장 적절한 것은?

> One of the most obvious methods in which the capitalist would assist the petty merchant would be _____. Take the case of a wholesale merchant, a capitalist. Suppose such a merchant were to import $200,000 worth of goods into a large city. If he looks for the individuals who may need his wares, it may be a year or two before his sales are completed. There may, however, be fifty retail merchants, of small capital, in the surrounding towns, who are not able to pay in cash for his commodities. However, if they can obtain them on the condition that they clear off their debts several months later, they will be able to sell the goods, and also refund the money in three or six months. It will be of advantage to both parties. This is the manner in which very much of this business is commonly transacted.

① to give him a full-time job
② to sell him goods on credit
③ to introduce him to a bank
④ to attract customers for him

06

해석

자본가가 영세 상인을 도와줄 가장 명백한 방법 중 하나는 그에게 외상으로 물건을 파는 것이다. 자본가인 도매상인의 사례를 들어 보자. 그러한 상인이 대도시로 20만 달러어치의 물건을 들여올 예정이라고 가정하자. 그가 자신의 상품을 필요로 할지도 모르는 사람을 찾고 있다면, 그의 매매가 완료되기 전에 1년이나 2년이 걸릴지도 모른다. 하지만 주변 도시에 소규모의 자금을 가진 50명의 소매상인이 있을 수 있는데, 그들은 그의 상품에 대해 현금으로 지불할 수 없다. 하지만 몇 개월 후에 빚을 다 갚는다는 조건으로 그들이 그 물건들을 얻을 수 있다면, 그들은 그것들을 팔 수 있을 것이고, 3개월 또는 6개월 후에 그 돈을 상환할 수 있을 것이다. 그것은 양측 모두에게 이익이 될 것이다. 이것은 이런 매매의 아주 많은 부분에서 일반적으로 거래되는 방법이다.

① 그에게 전일제 근무를 주는 것
② 그에게 외상으로 물건을 파는 것
③ 은행에 그를 소개하는 것
④ 그를 위해 손님을 끌어들이는 것

해설

자본가가 영세 상인을 외상으로 도와줄 수 있다는 요지의 글인데, 그 구체적인 예로 도매상인(자본가)과 소매상인(영세 상인)의 관계를 언급하고 있다. 즉, 도매상인이 외상으로 소매상인들에게 물건을 팔면 결국 도매상인뿐만 아니라 소매상인들 역시 이익을 보게 된다는 내용이다. 따라서 빈칸에는 ②가 가장 적절하다.

어휘

assist 돕다
petty 보잘것없는
merchant 상인
wholesale 도매의
wares 상품
retail 소매의
capital 자금
commodity 상품
clear off (빚을) 다 갚다
transact 거래하다
on credit 외상으로

정답 ②

DAY 15 독해

01
다음 글의 요지로 가장 적절한 것은?

Paying attention when you are well rested and interested in the topic is still a challenge given the brain's natural tendency to daydream. Paying attention when you are tired (and sleep deprived) is more than a challenge; it is extremely difficult to do. When the brain is tired or exhausted, it actually shuts down several of the mental processes that are needed for learning. It does this even though you are still awake. In addition, when you do not get enough sleep, the part of your brain that is most important in paying attention and learning new material is unable to ready itself for a new day of learning. This process of clearing away the previous day's unwanted information and passing the important information to the neocortex* for memory processing requires a full night's rest (7.5-9 hours). To be ready to pay attention, you must find a way to get enough sleep; otherwise, you are making new learning difficult.

*neocortex: (뇌의) 신피질

① 인간의 뇌는 새로운 자극에 더 크게 활성화된다.
② 적절한 수면 시간은 개인의 성향과 체질에 따라 다르다.
③ 새로 학습하는 내용은 충분한 복습을 통해 뇌에 저장된다.
④ 충분히 수면을 취해야 새로운 학습에 주의를 기울일 수 있다.

01

해석
몽상을 하는 뇌의 자연적인 성향을 고려할 때, 여러분이 충분히 휴식을 취했고 그 주제에 관심이 있을 때도 주의를 기울이는 것은 여전히 어려운 일이다. 피곤할(그리고 수면이 부족할) 때 주의를 기울이는 것은 어려운 일 그 이상이다. 그것은 극히 하기 어렵다. 뇌가 지치거나 기진맥진할 때, 그것은 실제로 학습을 위해 필요한 정신 과정 중 여러 과정을 정지시킨다. 여러분이 깨어 있음에도 불구하고 뇌는 이런 일을 한다. 게다가, 여러분이 충분한 잠을 자지 못할 때, 주의를 기울이고 새로운 자료를 학습하는 데 가장 중요한 뇌의 일부분은 새로운 하루의 학습을 위해 스스로를 준비시킬 수 없다. 전날의 원치 않는 정보를 깨끗하게 치우고 기억 처리를 위해 신피질에게 중요한 정보를 전달하는 이 과정은 온전한 하룻밤의 휴식(7.5~9시간)을 필요로 한다. 주의를 기울일 준비가 되어 있으려면, 충분한 잠을 자는 방법을 찾아야 한다. 그렇지 않으면 새로운 것을 배우는 일을 어렵게 만들고 있는 것이다.

해설
충분한 수면을 취하지 않으면 뇌는 새로운 학습에 주의를 기울이지 못하고 정신 과정 중 여러 과정을 정지시키는 일을 계속 한다는 내용이므로, 글의 요지로 ④가 가장 적절하다.

어휘
tendency 경향
sleep deprived 수면이 부족한
exhausted 지친
previous 이전의

정답 ④

02

TM Circuit Training에 관한 다음 글의 내용과 일치하지 않는 것은?

TM Circuit Training
Tuesdays, May 14 - June 4 (4 weeks)
Age: 16 years and over
Time: 6:30 p.m. - 7:30 p.m.
Fee: Member $40 / Non-member $42
Class size: Min. 10 - Max. 28
Instructor: A. Green
Location: Cypress Community Center

This class is for anyone looking for an intense exercise session while having fun. You will see some weight loss and a decrease in your midsection! Be assured that your self-confidence will be at an all-time high. Please bring a mat, water bottle, towel and a great attitude!

Registration Date: March 18, 8:00 a.m. - 6:00 p.m. This course is not presently available for Internet Registration. For information and registration, call 2299-6780.

① 4주간 화요일마다 실시된다.
② 회원은 비회원보다 수업료를 2달러 덜 낸다.
③ 수업 인원은 최소 10명에서 최대 28명이다.
④ 매트, 물병, 수건이 제공된다.

03~04

다음 글을 읽고 물음에 답하시오.

Lost property services at Central Station

If you believe you have lost an item at Central Station, we encourage you to contact our Lost Property Office as soon as possible. Our team collects and catalogs found items every day and stores them securely for up to 30 days.

To retrieve a lost item, you must provide a detailed description of the object, along with the approximate time and place it was lost. A valid photo ID is also required to confirm ownership. If someone else is collecting the item on your behalf, they must present written permission signed by you.

Items of high value, such as electronics or jewelry, may require additional verification. Unclaimed items after 30 days will be donated or properly disposed of in accordance with station policy.

You can report a lost item by visiting the Lost Property Office in person (located next to Exit 3) or by filling out the online form at www.centralstationlost.com. For urgent cases, please call our direct line at (02) 345-6789 during office hours.

03

밑줄 친 retrieve의 의미와 가장 가까운 것은?

① explain
② recover
③ record
④ remove

04

윗글의 목적으로 가장 적절한 것은?

① 분실물의 보관 위치를 안내하기 위해
② 분실물 접수 및 반환 절차를 설명하기 위해
③ 유실물 처리 정책을 알리기 위해
④ 고객 불만 제기 방법을 설명하기 위해

02

해석

TM 순환식 훈련
매주 화요일, 5월 14일 ~ 6월 4일 (4주)
나이: 16세 이상
시간: 오후 6시 30분 ~ 오후 7시 30분
강습비: 회원 40달러 / 비회원 42달러
수업 인원: 최소 10명 ~ 최대 28명
강사: A. Green
위치: Cypress 지역 센터

이 강습은 즐기면서 강도 높은 훈련 기간을 찾는 사람을 위한 것입니다. 체중이 약간 줄고 복부 둘레도 감소하는 것을 보게 될 것입니다! 여러분의 자신감이 역대 최고 수준에 이를 것임을 확신하십시오. 매트, 물병, 수건, 훌륭한 마음가짐을 가져오십시오!
등록일: 3월 18일, 오전 8시 ~ 오후 6시

이 과정은 현재 인터넷 등록을 할 수 없습니다. 정보와 등록을 원하시면, 2299-6780으로 전화하십시오.

해설
매트, 물병, 수건을 가져오라는 내용이 있으므로, ④는 글의 내용과 일치하지 않는다.

어휘
intense 강도 높은
midsection 중앙부
self-confident 자신감 있는
an all-time high 사상 최고
attitude 마음가짐, 태도
registration 등록

정답 ④

03~04

해석

중앙역 분실물 서비스

여러분이 중앙역에서 물건을 분실한 것으로 생각하신다면 가능한 한 빨리 저희 분실물 보관소에 연락하실 것을 권장합니다. 저희 팀은 매일 발견된 물건을 수거하고 목록을 작성하여 최대 30일까지 안전하게 보관합니다.

분실된 물품을 회수하려면 분실된 대략적인 시간과 장소와 함께 물건에 대한 상세한 설명을 제공해야 합니다. 소유권을 확인하려면 사진이 있는 유효한 신분증도 필요합니다. 다른 사람이 여러분을 대신하여 물품을 수거하는 경우, 여러분이 서명한 서면 허가증을 제시해야 합니다.
전자제품이나 보석류와 같이 가치가 높은 품목은 추가 확인이 필요할 수 있습니다. 30일 후에도 미청구된 품목은 당역의 정책에 따라 기부되거나 적절하게 폐기 처리됩니다.
분실물 보관소(3번 출구 옆에 위치)를 직접 방문하거나 www.centralstationlost.com에서 온라인 양식을 작성하여 분실물 신고를 할 수 있습니다. 긴급한 경우 업무 시간 동안 저희 직통 전화인 (02) 345-6789로 전화하세요.

해설

03 retrieve는 '되찾다, 회수하다'라는 의미로서, 뜻을 모르더라도 역의 분실물 보관소에서 잃어버린 물품과 관련된 상황이기 때문에 의미를 유추할 수 있다. 선택지 중에서 recover는 보통은 '회복하다'라는 뜻으로 쓰이지만, '되찾다'라는 뜻으로 쓰인다는 것을 알아두자. 결국 건강을 회복하는 것은 건강을 되찾는 것과 같은 의미이다.
① 설명하다
② 되찾다
③ 기록하다
④ 제거하다

04 분실물과 관련한 역의 전반적인 정책을 설명하고 있으므로 ②가 정답이다. ③은 글의 일부에 해당하는 내용이다.

어휘
lost property 분실물, 유실물
catalog 목록을 만들다; 목록
store 보관하다
securely 안전하게
up to ~까지
detailed 상세한
description 묘사, 설명
approximate 대략적인
valid 유효한
confirm 확인하다
on your behalf 당신을 대신하여
present 제시하다
verification 확인, 입증
unclaimed 요구되지 않은, 소유자를 알 수 없는
be disposed of 처분되다, 폐기되다
in accordance with ~에 따라서

정답 03 ② 04 ②

05
주어진 문장이 들어갈 위치로 가장 적절한 것은?

> These two physical changes to our north-temperate sector of the planet produce the procession of spring.

The spring migration of birds is ultimately motivated by the physics of the earth's orbit around the sun. Spring happens because the earth's axis of rotation is tilted 23.5 degrees away from vertical with respect to its annual orbit of the sun. (①) As the earth circles the sun, its poles gradually tilt toward and then away from the sun. (②) As the earth moves from its northern winter solstice* to spring equinox**, more direct sunlight hits the earth's surface in the Northern Hemisphere and day length increases. (③) Longer days and increased daily solar radiation encourage the rapid growth of plant life and the invertebrates that live on plants. (④) Birds move north to follow this burst of plant and insect life as the sun moves northward with the season. The migrants time their travel to arrive at their breeding habitat at a point of maximum seasonal abundance.

* winter solstice: 동지점 ** spring equinox: 춘분점

06
밑줄 친 부분에 들어갈 말로 가장 적절한 것은?

The use of a 'what if' session can _____.
A scenario of problems is given to the event team and interested stakeholders. They work through the problems and present their responses. These responses are compared, discussed, and the solutions are included in the plan. These tabletop exercises are surprisingly effective. One tabletop exercise used the scenario of an expected fireworks display not happening at a major New Year's Eve event. All the agencies around the table then responded, describing the consequences as they saw it and their contingency* plans. The problems included disappointed crowds, a rush for the public transport and other crowd management issues. Would the event company be able to announce to a crowd of 500,000 what had happened? The fireworks went off as planned in the following year. Two years later, however, the fireworks did not occur — the emergency did happen. A number of the agencies, such as police, emergency service and railways, were able to use their contingency plans.

* contingency: 우발 사건

① uncover many risks while planning for an event
② help close a deal when bidding on a future event
③ mislead people to reduce the scope of problems
④ exclude stakeholders who represent the public

05

해석

새들의 봄철 이주는 근본적으로 태양을 도는 지구 궤도의 물리적 특성이 원인이다. 지구의 자전축이 태양을 도는 지구의 연간 궤도와 관련하여 수직으로부터 23.5도 떨어져 기울어져 있기 때문에 봄이 온다. 지구가 태양을 원을 그리며 돌 때, 지구의 극은 기울어진 채 점점 태양 쪽으로 향했다가 그러고 나서 태양으로부터 멀어진다. 지구가 지구 북반구의 동지점에서 춘분점으로 이동할 때, 더 많은 태양 직사광이 북반구의 지표면에 내리쬐고 낮의 길이가 증가한다. 지구에서 우리의 북부 온대 지역에 생긴 이 두 가지 물리적 변화로 인해 봄의 진행이 일어난다. 낮의 연장과 하루 태양 복사열의 증가는 식물 및 식물을 먹고 사는 무척추동물의 급성장을 촉진한다. 태양이 계절에 따라 북쪽으로 이동할 때, 식물과 곤충의 이런 폭발적 증가를 따라가려고 새들이 북쪽으로 이주한다. 철새들은 계절적으로 가장 풍요로운 시점에 자신의 번식 서식지에 도착하기 위해 자신의 이동 시기를 맞춘다.

해설

주어진 글의 these two physical changes는 앞에 등장한 태양 직사광의 증가와 늘어난 낮의 길이를 의미하고, 주어진 문장의 북부 온대 지역에 대한 언급은 바로 앞 문장에 등장하는 북반구에 대한 부연 설명이다. 따라서 정답은 ③이다.

어휘

migration 이주, 이동
ultimately 궁극적으로, 결국
axis 축
tilt 기울어지다
radiation 방사선
invertebrate 무척추동물
breeding 사육, 번식
abundance 풍부

정답 ③

06

해석

'만약 ~라면?'을 생각하는 시간을 활용하는 것은 행사를 계획하는 과정에서 많은 위험 요소를 밝힐 수 있다. 한 문제의 시나리오가 행사팀과 관심이 있는 이해관계자들에게 주어진다. 그들은 문제를 훑어보고 그들의 (가능한) 반응을 제시한다. 이런 반응들은 비교되고 토론되며, 해결책이 계획에 포함된다. 이런 탁상 연습은 놀랍도록 효과적이다. 한 탁상 연습은 예정된 불꽃놀이가 중요한 새해 전야 행사에서 일어나지 않는다는 시나리오를 사용했다. 모든 기관들은 탁자에 둘러앉은 다음 대답을 했고, 그들이 보는 예상되는 결과와 그들의 우발 사건에 대한 계획을 설명했다. 문제는 실망한 군중, 대중교통으로 갑자기 몰려드는 것과 다른 군중 통제 문제들이었다. 행사 기관이 50만 명의 군중들에게 무슨 일이 일어났는지 발표할 수 있을까? 다음 해에는 불꽃놀이가 계획대로 진행되었다. 그러나 2년 후, 불꽃놀이가 일어나지 않았다 — 즉, 비상사태가 정말로 발생했다. 경찰, 응급 서비스와 열차와 같은 수많은 행사 기관들은 우발 사건 계획을 활용할 수 있었다.

① 행사를 계획하는 과정에서 많은 위험 요소를 밝히다
② 미래의 행사에 대해 입찰할 때 거래를 마무리하도록 돕다
③ 사람들이 문제의 범위를 줄이도록 오도하다
④ 일반 대중을 대표하는 이해관계자들을 배제하다

해설

'만약 ~라면?'을 묻고 답하는 시간은 행사를 준비하는 과정에서 많은 위험 요소를 발견해 내고 이를 대비하도록 한다는 내용의 글이므로, 빈칸에는 ①이 가장 적절하다.

어휘

stakeholder 이해관계자
firework 불꽃놀이
agency 기관, 담당자
consequence 결과
emergency 응급, 비상사태
uncover 밝히다
bid 입찰하다

정답 ①

DAY 16 독해

01
다음 글의 제목으로 가장 적절한 것은?

From the Founding Fathers in politics to the Royal Society in science, small groups of people bound together by a sense of mission have changed the world for the better. The easiest explanation for this is negative: it's hard to develop new things in big organizations, and it's even harder to do it by yourself. Bureaucratic hierarchies* move slowly, and entrenched interests shy away from risk. In the most dysfunctional organizations, signaling that work is being done becomes a better strategy for career advancement than actually doing work (if this describes your company, you should quit now). At the other extreme, a lone genius might create a classic work of art or literature, but he could never create an entire industry. New ventures operate on the principle that you need to work with other people to get stuff done, but you also need to stay compact enough so that you actually can.

* bureaucratic hierarchy: 관료주의적인 계급

① Wake Up the Sleeping Genius Inside You
② Stay Small, Stay United to Make Progress
③ Don't Quit Your Job: Succeed at Your Company
④ Your Position Doesn't Matter: Your Work Matters

02
witch hazel에 관한 다음 글의 내용과 일치하지 <u>않는</u> 것은?

Witch hazel has long been used as an ingredient in astringent* and soothing lotions. The Anglo-Saxons of the eighth century and beyond used the leaves and bark from this tree to make alcohol for disinfecting cuts and burns. The witch hazel is unusual in that it flowers in late fall. The thin-petaled yellow blossoms have a spidery, gnarled look, and they often cling to the bare limbs into the winter. Another odd trait is that the fruit capsules**, after contracting in the autumn, eject their seeds as far as 30 feet away. The early dwellers of the British Isles ascribed magical properties to this tree. They believed a priest could use its twig to locate a criminal in a crowd. In North America, natives long knew of its healing properties and they taught the European immigrants a way to brew witch hazel bark for a lotion to soothe aches and bruises.

* astringent: 수렴제 ** capsule: (식물의) 포자낭

① The Anglo-Saxons used it as a wound disinfectant.
② Late autumn flowers often depend on the branches of the winter.
③ It was believed that it could locate the criminal.
④ It was spread to North America by European immigrants.

01

해석

정치에서의 미국 헌법 제정자들로부터 과학에서의 왕립 학회에 이르기까지, 사명감으로 뭉친 작은 집단의 사람들이 세상을 더 좋게 변화시켜 왔다. 이것의 가장 쉬운 설명은 그렇지 않은 경우를 보여주는 것인데 큰 조직에서는 새로운 것을 개발하기 어려우며 그것을 혼자 하는 것은 더욱 어렵다. 관료주의적인 계급은 천천히 움직이고 확립된 이해관계는 위험을 피한다. 제대로 작동되지 않는 대부분의 조직에서는 일이 되어 가고 있다고 신호를 보내는 것이 실제로 일을 하는 것보다 더 좋은 승진의 전략이 된다. (만일 이것이 여러분의 회사를 설명한다면, 지금 그만두어야 한다.) 반대의 극단에서는, 천재는 혼자서 최고 수준의 예술 작품이나 문학 작품을 창조할 수 있지만 전체 산업을 만들 수는 없다. 새로운 (사업상의) 모험은 일이 성사되도록 다른 사람들과 일할 필요가 있지만 또한 실제로 일이 되도록 하기 위해서는 충분히 작은 규모를 유지해야 한다는 원칙에 근거하여 작동한다.

① 당신 안에 잠자는 천재를 깨워라
② 진보하려면 작은 집단으로 뭉쳐 있어라
③ 직장을 그만두지 말라: 회사에서 성공하라
④ 당신의 지위는 중요하지 않다: 당신의 일이 중요하다

해설

작지만 뚜렷한 목적을 갖고 뭉친 사람들의 집단이나 회사가 사회와 산업 전반을 바꿀 수 있다는 내용이므로, 글의 제목으로 ②가 가장 적절하다.

어휘

mission 사명
entrenched 확립된
shy away from ~을 피하다
dysfunctional 제대로 기능하지 않는
career advancement 승진
compact 소형의

정답 ②

02

해석

풍년화는 수렴제나 진정 효과가 있는 로션의 재료로 오랫동안 사용되어 왔다. 8세기와 그 이후에 앵글로 색슨족은 이 나무의 잎들과 껍질을 상처와 화상 소독을 위한 알코올을 만들기 위해 사용하였다. 풍년화는 늦은 가을에 꽃을 피운다는 점이 특이하다. 얇은 잎의 노란색 꽃들은 길고 울퉁불퉁한 모양이며, 종종 겨울이 와도 앙상한 나뭇가지에 매달려 있다. 또 다른 특이한 특징은 가을에 수축되었던 열매 포자낭이 자신들의 씨앗들을 30피트 멀리까지 날려 보낸다는 것이다. 초기 영국제도 주민들은 이 나무에 마법 같은 특징이 있다고 여겼다. 그들은 성직자가 이 나무의 잔가지를 이용해서 군중 속에서 범죄자의 위치를 찾아낼 수 있다고 믿었다. 북아메리카의 원주민들은 오랫동안 이 나무의 치유 능력을 알고 있었으며, 유럽에서 온 이주민들에게 풍년화 나무껍질을 끓여서 상처와 멍을 가라앉히는 로션을 만드는 법을 가르쳐 주기도 하였다.

① 앵글로 색슨족들이 상처 소독제로 사용했다.
② 늦가을에 피는 꽃들은 종종 겨울까지 앙상한 가지에 달려 있다.
③ 범죄자의 위치를 찾아낼 수 있다고 여겨지지도 했다.
④ 유럽 이주민들에 의해 북아메리카로 전파되었다.

해설

북아메리카 원주민들이 유럽에 온 이주민들에게 전파했기 때문에 ④는 내용과 일치하지 않는다.

어휘

soothing 진정시키는
bark 나무껍질
disinfect 소독하다, 살균하다
spidery 가늘고 길며 구불구불한
gnarled 마디투성이의, 울퉁불퉁한
contract 수축하다
eject 내쫓다, 내뿜다
ascribe A to B A를 B의 탓으로 돌리다
property 특성
bruise 멍, 상처

정답 ④

03~04

다음 글을 읽고 물음에 답하시오.

> Dear City Library Patrons
>
> To maintain a quiet and pleasant environment, visitors to the City Library are asked to observe the following rules. Talking in loud voices, phone calls, or playing audio without headphones is not permitted in reading areas.
>
> Please handle all materials with care. If an item is damaged, return it to the front desk and report the issue. Eating is not allowed in the library, but drinks in sealed containers are acceptable.
>
> Computer use is limited to one hour when others are waiting. Users must log in with their library card. Children under 10 must be supervised by a guardian at all times.
>
> Failure to follow these rules may result in a temporary suspension of library privileges. Your cooperation helps keep the library a respectful space for learning and study.

03

밑줄 친 sealed의 의미와 가장 가까운 것은?

① marked
② closed
③ shaken
④ covered

04

윗글의 목적으로 가장 적절한 것은?

① 도서 대출 방법을 설명하기 위해
② 도서관 규칙과 이용 예절을 안내하기 위해
③ 어린이 독서 프로그램을 소개하기 위해
④ 도서관 운영 시간을 공지하기 위해

03~04

해석

시립 도서관 이용객들께

조용하고 쾌적한 환경을 유지하기 위해 시립 도서관을 찾는 방문객들은 다음 규칙들을 준수해야 합니다. 독서 공간에서는 큰 소리로 대화하거나, 전화 통화, 헤드폰 없이 오디오를 재생하는 것이 허용되지 않습니다. 모든 자료를 조심해서 다루어 주세요. 물품이 손상된 경우 프런트 데스크에 반납하고 문제를 신고하세요. 도서관에서는 취식이 허용되지 않지만, 밀폐된 용기에 담긴 음료는 허용됩니다.

컴퓨터 사용은 다른 사람이 대기 중일 때는 1시간으로 제한됩니다. 사용자는 자신의 도서관 카드로 로그인해야 합니다. 10세 미만의 어린이는 항상 보호자의 감독을 받아야 합니다.

이러한 규칙을 따르지 않으면 도서관 권한이 일시적으로 중단되는 결과를 낳을 수도 있습니다. 귀하의 협조는 도서관을 배움과 학습을 위한 존중받는 공간으로 유지하는 데 도움이 됩니다.

해설

03 sealed containers는 밀봉된 용기라는 의미로서, 선택지 중에서 sealed와 의미가 가장 가까운 것은 ② closed이다. covered는 '덮개를 씌운'이라는 의미로서 '밀봉된'이라는 의미와는 차이가 있다.

04 도서관 내에서 지켜야 할 에티켓을 말하고 있으므로 ②가 정답이다.

어휘

patron 고객, 후원자
handle 다루다
material 자료, 재료
seal 밀봉하다
supervise 감독하다
guardian 보호자
at all times 항상
result in ~한 결과를 낳다
suspension 정지, 정학
privilege 혜택, 특권
marked 두드러진, 현저한

정답 03 ② 04 ②

05

주어진 문장이 들어갈 위치로 가장 적절한 것은?

> Symbols were designed that night and were posted on a blog the next day by Matt Jones, complete with instructions and a downloadable document depicting the new icons.

The early years of the 21st century witnessed new activity known as wardriving. It consisted of people searching for a wireless connection to the Internet through Wi-Fi. (①) If they could connect, they'd found a hot spot, a locale that allowed users to log on to the Internet without being plugged in to anything. (②) In June 2002, a group of wardrivers were discussing the state of Wi-Fi and decided to create a code for identifying hot spots. (③) The people who frequented the blog called the communication system warchalking and the icons began to appear, written in chalk or charcoal, on walls and sidewalks and signposts to designate hot spots to the initiated*. (④) The icons became popular so quickly that commercial enterprises began to incorporate them into their advertising and promotional materials.

* the initiated: 비법을 전수받은 사람들

06

밑줄 친 부분에 들어갈 말로 가장 적절한 것은?

> A car is driving over a bridge when the structure suddenly collapses. What do we read the next day? We hear the tale of the unlucky driver, where he came from, and where he was going. We read his biography: born somewhere, grew up somewhere else, earned a living as something. If he survives and can give interviews, we hear exactly how it felt when the bridge came crashing down. The absurd thing: Not one of these stories explains the underlying cause of the accident. Skip past the driver's account — and consider the bridge's construction: Where was the weak point? Was it fatigue? If not, was the bridge damaged? If so, by what? Was a proper design even used? Where are other bridges of the same design? The problem with all these questions is that, though valid, they just don't make for interesting stories. Stories attract us; abstract details repel us. Consequently, _____.

① the real cause of the accident appears in the front
② mass media are thought of spreading false information
③ entertaining side issues are prioritized over relevant facts
④ the driver is branded as a man with a personality disorder

05

해석
21세기의 초기 몇 년 동안 워드라이빙이라고 알려진 새로운 활동이 목격되었다. 그것은 와이파이를 통한 무선 인터넷 접속을 찾는 사람들로 이루어졌다. 만일 그들이 접속할 수 있다면, 그들은 어떤 것에도 전선으로 연결하지 않고 사용자들이 인터넷에 접속할 수 있도록 해 주는 장소인 핫스팟을 찾은 것이었다. 2002년 6월에, 한 무리의 워드라이버들이 와이파이의 상태에 대해 토론을 하고 있었고 핫스팟을 식별하기 위한 코드를 만들기로 결정했다. 그날 밤 기호들이 고안되었고 설명서와 새로운 아이콘들을 묘사하는 다운로드할 수 있는 문서가 완비되어 Matt Jones에 의해 한 블로그에 다음 날 게시되었다. 그 블로그를 자주 방문하던 사람들은 그 의사소통 시스템을 '워초킹'이라고 불렀고 그 아이콘들은 비법을 전수받은 사람들에게 핫스팟을 가리키기 위해 벽과 보도와 광고 기둥에 분필이나 목탄으로 쓰인 채 나타나기 시작했다. 그 아이콘들은 매우 빠르게 인기를 얻게 되어 상업적인 사업체들이 그것들을 자신들의 광고와 홍보물에 포함하기 시작했다.

해설
주어진 문장은 누군가에 의해 기호들이 고안되었고 그것들이 다음 날 Matt Jones라는 사람에 의해 한 블로그에 게시되었다는 내용이다. ③ 앞에서 한 무리의 사람들이 모여 코드를 만들기로 했다는 언급이 나오고 ③ 뒤에서 그 블로그를 자주 방문한 사람들이 그것을 '워초킹'이라고 불렀다는 내용이 나오는 것으로 보아, 주어진 문장은 ③에 오는 것이 가장 적절하다.

어휘
complete with ~으로 완비된
depict 설명하다, 묘사하다
locale 장소
frequent 자주 방문하다
charcoal 목탄
signpost 광고 기둥, 이정표
designate 가리키다
enterprise 사업체
incorporate 포함하다

정답 ③

06

해석
자동차 한 대가 다리 위를 주행하고 있을 때 그 구조물이 갑자기 붕괴된다. 우리는 그 다음 날 무엇을 읽는가? 우리는 그 불행한 운전사의 이야기와 그가 어디서 왔고, 어디로 가고 있었는지를 듣게 된다. 우리는 그가 어디에서 태어났고, 어디에서 자랐으며, 무엇으로 생계비를 버는지 등에 관한 그의 전기를 읽는다. 그가 살아남아 인터뷰를 할 수 있다면, 우리는 다리가 무너져 내릴 때 그가 정확하게 어떤 느낌이었는지를 듣는다. 우스꽝스러운 것은 이런 이야기들 중 어느 하나도 그 사고의 기본적인 원인을 설명하고 있지 않다는 것이다. 운전사의 이야기는 건너뛰고 그 다리의 구조를 고려해 보자. 약점은 어디에 있었는가? 그것이 (다리의) 약화였는가? 그렇지 않다면, 다리가 손상을 입었는가? 그렇다면, 무엇에 의해서? 적절한 설계가 사용되기라도 했는가? 같은 설계의 다른 다리들은 어디에 있는가? 이 모든 질문들에 있어서 문제는, 비록 그것들이 타당하다고 할지라도, 재미있는 이야기에 전혀 도움이 되지 않는다는 것이다. 이야기는 우리를 끌고, 추상적인 세부사항들은 우리를 쫓아버린다. 그 결과, 흥미로운 부차적인 문제들이 관련된 사실보다 우선하게 된다.

① 사고의 진짜 원인이 앞에 드러난다
② 대중매체가 허위 정보를 퍼뜨리는 것으로 여겨진다
③ 흥미로운 부차적인 문제들이 관련된 사실보다 우선하게 된다
④ 운전자는 인격 장애를 가진 사람으로 낙인찍힌다

해설
어떤 사건이 일어날 때 사건의 기본적인 원인에 대한 추상적인 세부 사항보다는 흥미를 끄는 부차적인 문제들에 사람들이 더 많은 관심을 보인다는 내용이므로, 빈칸에 들어갈 말로 ③이 가장 적절하다.

어휘
collapse 붕괴하다
crash down 무너져 내리다
absurd 우스꽝스러운
underlying 기본적인
account 설명
fatigue 약화, 피로
valid 타당한
make for ~에 도움이 되다
repel 쫓아버리다, 거절하다

정답 ③

01

다음 글의 요지로 가장 적절한 것은?

Many economists are now engaged in cross-disciplinary learning, in attempts to learn from other disciplines. Many economists have started to reach out to other disciplines, looking for things they can learn from them. To an outsider it may seem obvious that economists should do this, but economics has long lived in 'splendid isolation' from other disciplines. It is as if for most of the previous century economists collectively signed a declaration of independence from other disciplines. This seems to be changing lately. It seems one can only welcome this. By closing their own discipline off from 'input' from other disciplines, potentially interesting and fruitful insights developed in these other disciplines may have been foregone. Opening up the borders with adjacent* disciplines creates new opportunities for mutually beneficial trade.

* adjacent: 인접한

① 경제학은 다른 사회과학보다 더 확고한 이론을 갖추고 있다.
② 경제학은 오랫동안 독자적인 학문으로서의 위상을 굳혀 왔다.
③ 다른 학문 분야를 접목하려는 경제학의 최근 경향은 바람직하다.
④ 여러 학문 분야에 해박한 경제학자가 유능하다고 평가받고 있다.

02

sapodilla에 관한 다음 글의 내용과 일치하지 않는 것은?

Sapodilla is a tropical evergreen tree growing 12 to 40 meters tall, with a trunk diameter sometimes reaching 3.5 meters. The mature sapodilla tree can yield 2000 to 3000 fruits in a year. Its fruit is somewhat similar to an apple, with a central core of 2 to 12 flat, rectangular seeds. Sapodilla is native to the Yucatan, where it has been cultivated since ancient times. It has been introduced throughout tropical America, the West Indies, and parts of tropical Asia. There are numerous cultivated varieties. The tree is widely grown in southern Florida, and the fruit is marketed locally. Sapodilla fruit does not travel well and is best ripened on the tree. For these reasons it is generally marketed near where it is grown. In areas remote from its centers of cultivation, sapodilla is not well known.

① It grows to 12 to 40m high.
② There is a flat, rectangular seed in the fruit.
③ Fruits are usually sold in distant areas of the plantation.
④ Yucatan is the place of origin.

01

해석

많은 경제학자들은 현재 다른 학문 분야에서 배우려는 시도로, 여러 학문 분야에 걸치는 학습에 관여하고 있다. 많은 경제학자들이 다른 학문 분야에 관심을 보이기 시작하여 거기에서 그들이 배울 수 있는 것들을 찾고 있다. 외부인에게는 경제학자들이 이것을 해야 한다는 것이 분명한 것처럼 보일지 모르겠지만, 경제학은 다른 학문 분야로부터의 '훌륭한 고립' 속에 오래 지속되어 왔다. 마치 지난 세기의 대부분의 시간 동안 경제학자들이 집단적으로 다른 학문 분야로부터 독립 선언에 서명한 것 같다. 이런 것이 최근에는 변하고 있는 것 같다. 사람들은 이런 것을 그저 환영할 수 있을 것 같다. 다른 학문 분야로부터의 '(정보) 투입'으로부터 그들 자신의 학문 분야를 차단시킴으로써 이러한 다른 학문 분야에서 개발된, 잠재적으로 흥미롭고 유익한 통찰력이 지나가 버렸을지도 모른다. 인접한 학문 분야와의 경계를 열면 상호 이익이 되는 거래를 위한 새로운 기회를 창출하게 된다.

해설

경제학은 다른 학문 분야로부터 고립되어 있었는데, 최근에 경제학자들이 여러 학문 분야에 걸치는 학습에 관여하는 것은 바람직한 현상이라는 내용의 글이므로, 글의 요지로 가장 적절한 것은 ③이다.

어휘

be engaged in ~에 관여하다
cross-disciplinary 여러 학문 분야에 걸치는
discipline (학문의) 분야
reach out to ~에게 관심을 보이다
splendid 훌륭한
isolation 고립
declaration 선언
close off ~을 차단시키다
foregone 이전의, 과거의
mutually 상호적으로
beneficial 유익한

정답 ③

02

해석

사포딜라는 키가 12 내지 40미터까지 자라고 줄기의 지름이 때로는 3.5미터에 이르는 열대 상록수이다. 다 자란 사포딜라 나무는 1년에 2천 내지 3천 개의 열매를 생산할 수 있다. 그것의 열매는 사과와 약간 비슷하고, 2개 내지 12개의 납작하고 직사각형 모양의 씨들이 든 가운데 속이 있다. 사포딜라는 Yucatan이 원산지이고 고대부터 그곳에서 재배되었다. 그것은 열대 아메리카, 서인도 제도, 열대 아시아의 일부 지역으로 전파되었다. 재배되는 품종이 많이 있다. 그 나무는 플로리다 남부에서 널리 재배되고, 그 열매는 그 지역에서 판매된다. 사포딜라 열매는 장거리 운송이 용이하지 않고 나무에서 가장 잘 익는다. 이런 이유로 재배되는 곳 근처에서 일반적으로 판매된다. 재배 중심지에서 먼 지역들에서 사포딜라는 잘 알려져 있지 않다.

① 12 내지 40미터 높이까지 자란다.
② 열매에 납작하고 직사각형 모양의 씨가 있다.
③ 열매는 보통 재배지에서 먼 지역에서 판매된다.
④ Yucatan이 원산지이다.

해설

'For these reasons it is generally marketed near where it is grown.'에서 열매가 재배지 근처에서 판매된다고 했으므로, ③은 일치하지 않는 내용이다.

어휘

trunk 줄기
diameter 지름
yield 생산하다
core (과일의) 속, 심
rectangular 직사각형의
ripen 익게 하다

정답 ③

03~04

다음 글을 읽고 물음에 답하시오.

Send | Preview | Save

To: All Employees
From: Sarah Nguyen, Human Resources
Date: March 10
Subject: Workplace Safety Training Session

Dear Team,

As part of our ongoing effort to ensure a safe and healthy work environment, we will be holding a <u>mandatory</u> Workplace Safety Training Session on March 25 at 10 a.m. in the main conference room. The session will cover important topics such as emergency procedures, proper use of equipment, and accident prevention.

Attendance is required for all staff members, and the training will last approximately two hours. This session is an excellent opportunity to refresh your knowledge and stay informed about best practices for maintaining safety in our workplace.

If you have any questions or scheduling conflicts, please contact the Human Resources department as soon as possible. Thank you for your cooperation, and we look forward to your active participation.

Sincerely,
Sarah Nguyen

03

밑줄 친 mandatory의 의미와 가장 가까운 것은?

① optional
② required
③ difficult
④ useful

04

윗글의 목적으로 가장 적절한 것은?

① 직장 내 안전 교육 실시를 안내하려고
② 새 직원 채용 절차를 공지하려고
③ 사무실 이전 날짜를 통보하려고
④ 근무 시간 변경을 알리려고

03~04

해석

수신: 전 직원
발신: 인사과 Sarah Nguyen
날짜: 3월 10일
제목: 작업장 안전 교육

팀원 여러분,

안전하고 건강한 근무 환경을 보장하기 위한 우리의 지속적인 노력의 일환으로, 3월 25일 오전 10시에 본회의실에서 의무적인 '직장 안전 교육 시간'을 가질 예정입니다. 그 시간에는 응급 절차, 장비의 적절한 사용, 그리고 사고 예방 등의 중요한 주제를 다룰 것입니다.
모든 직원이 참석해야 하며, 교육은 약 2시간 동안 진행될 예정입니다. 이 시간은 여러분의 지식을 새롭게 하고 우리의 직장 내 안전 유지에 관한 최선의 방법들에 대한 정보를 얻을 수 있는 좋은 기회입니다.
질문이 있거나 일정이 맞지 않는 경우 가능한 한 빨리 인사과에 문의해 주세요. 협조에 감사드리며, 여러분의 적극적인 참여를 기대합니다.

Sarah Nguyen

해설

03 mandatory는 '의무적인'이라는 의미이므로 선택지 중에서 '요구되는'이라는 의미의 ② required와 가장 가깝다. 반면 '선택적'이라는 의미의 optional은 반의어에 가깝다.
① 선택적인
② 필요한
③ 어려운
④ 유용한

04 제목에서도 드러나듯 Workplace Safety Training Session이라는 교육에 관해 소개하는 내용이므로 ①이 정답이다.

어휘

Human Resources 인사(HR)
session 교육 (시간)
ongoing 계속 진행 중인
mandatory 의무적인
procedure 절차
approximately 약, 대략
refresh 기억을 새롭게 하다
stay informed 계속해서 최신 정보를 받다
practice 관행
scheduling conflict 일정이 겹침

정답 03 ② 04 ①

05
주어진 글 다음에 이어질 글의 순서로 가장 적절한 것은?

If you are fishing at 40 degrees below zero and you pull a fish up through the ice, an obvious thing happens. The fish freezes, fast and hard. But Clarence Birdseye, in Canada, noted something else about these quick frozen fish.

(A) That observation made Clarence Birdseye a wealthy man. The quick-freezing process pioneered by Birdseye produced frozen foods that tasted good to consumers.

(B) It created a multibillion-dollar industry, and gave farmers the incentive to grow crops for a year-round market. In the case of frozen orange juice, it created a product where none existed before.

(C) When thawed, the fish were tender and moist — almost as good as fresh caught. The same was true for the frozen chickens, geese, and cabbage that he stored outside his cabin during the long Canadian winter.

① (A) − (C) − (B)
② (B) − (A) − (C)
③ (B) − (C) − (A)
④ (C) − (A) − (B)

06
밑줄 친 부분에 들어갈 말로 가장 적절한 것은?

When we look at a situation retrospectively*, we believe we easily can see all the signs and events leading up to a particular outcome. For example, suppose people are asked to predict the outcomes of psychological experiments in advance of the experiments. People rarely are able to predict the outcomes at better-than-chance levels. However, when people are told of the outcomes of psychological experiments, they frequently comment that these outcomes were obvious. They say the outcomes easily would have been predicted in advance. Similarly, when intimate personal relationships are in trouble, people often fail to observe signs of the difficulties until the problems reach crisis proportions. By then, it may be too late to save the relationship. In retrospect, however, people may slap their foreheads. They ask themselves, "_____"

* retrospectively: 회고적으로

① Who is to blame for this?
② Why didn't I see it coming?
③ Is this an accurate prediction?
④ How can I solve this problem?

05

해석

여러분이 영하 40도에서 낚시를 하는 중에 얼음을 뚫고 물고기를 끌어올린다면, 분명한 일이 일어난다. 그 물고기는 빨리, 그리고 딱딱하게 언다. 그러나 캐나다의 Clarence Birdseye는 이 급속 냉동 물고기에 관해 다른 것에 주목했다. (C) 녹을 때, 그 물고기는 부드럽고 촉촉했는데 거의 갓 잡힌 것이나 다름없었다. 그것은 그가 긴 캐나다의 겨울 동안 자기 오두막 밖에 저장했던 얼린 닭고기, 거위, 양배추에도 해당되었다. (A) 그 관찰이 Clarence Birdseye를 부자로 만들어 주었다. Birdseye에 의해 개척된 급속 냉동 과정은 소비자들에게 입맛에 맞는 냉동식품을 생산했다. (B) 그것은 수십 억 달러의 산업을 만들어 냈고, 농부들에게 연중 계속되는 시장을 위해 농작물을 재배할 동기를 주었다. 냉동 오렌지 주스의 경우, 그것은 전에 존재하지 않았던 제품을 만들어 냈다.

해설

캐나다의 Clarence Birdseye가 급속 냉동 물고기에 관해 다른 것에 주목했다는 주어진 글 다음에는 그것이 녹을 때, 갓 잡힌 것과 다름없었다는 관찰 내용인 (C)가 이어지고, 그 관찰을 통해 급속 냉동 과정을 개발하여 부자가 되었다는 (A)가 이어진 뒤, 마지막으로 그것으로 인한 결과물에 대해 언급한 (B)가 나오는 것이 가장 적절하다.

어휘

below zero 영하
multibillion 수십억
incentive 동기, 장려금
year-round 일 년 내내
thaw 녹이다
tender 부드러운
moist 촉촉한

정답 ④

06

해석

어떤 상황을 돌이켜 볼 때 우리는 특정한 결과의 서곡이 되는 모든 징후와 사건을 쉽게 볼 수 있다고 믿는다. 예를 들어, 사람들이 실험에 앞서 심리학 실험의 결과를 예측하라는 부탁을 받는다고 가정해 보자. 사람들은 우연보다도 더 나은 차원에서 결과를 좀처럼 예측할 수 없다. 그러나 심리학 실험의 결과에 대해 들을 때 사람들은 이 결과가 명백했다고 흔히 말한다. 그들은 결과가 미리 쉽게 예측되었을 것이라고 말한다. 마찬가지로 친밀한 개인 관계가 곤경에 처했을 때 사람들은 흔히 문제들이 위기 규모에 도달할 때까지 어려움의 징조를 관찰하지 못한다. 그때쯤이면, 너무 늦어서 그 관계를 회복할 수 없을지도 모른다. 그러나 돌이켜 생각해 볼 때 사람들은 이마를 찰싹 때릴지도 모른다. "왜 내가 그것이 오는 것을 보지 못했지?"라고 그들은 스스로에게 묻는다.

① 누가 이 일에 책임이 있는가?
② 왜 내가 그것이 오는 것을 보지 못했지?
③ 이것이 정확한 예측인가?
④ 내가 어떻게 이 문제를 해결할 수 있을까?

해설

어떤 일에 대해 결과를 예측하지는 못하지만 결과를 안 다음에는 사람들이 그 결과를 미리 쉽게 예측할 수 있었다고 말한다는 내용이므로 빈칸에는 ②가 가장 적절하다.

어휘

lead up to ~의 서곡이 되다
outcome 결과
intimate 친밀한
proportions 규모
slap 찰싹 때리다

정답 ②

01

다음 글의 주제로 가장 적절한 것은?

Until the 1990s, experimental psychologists interested in perception and cognition conducted the majority of studies on cultural influences on vision. These psychologists were generally more interested in the universality of the visual processes they studied than the cultural — and specifically social — processes that might give rise to cultural differences in perception. For instance, although cultural norms may shape preferences for rectangles and squares over rhombuses* and circles, there is very little social in the frequency of 90° angles in a culture's physical environment. Similarly, although the linguistic relativity hypothesis argues that color terms influence color perception, there is very little social in the fact that some languages have more color terms than others. Another limitation is that many of the cultures chosen for cross-cultural investigations were sampled for their convenience, rather than for their unique cultural qualities.

* rhombus: 마름모

① limitations of cross-cultural investigations on vision
② gender and age differences in visual perception capacity
③ the suitable framework for investigations of human vision
④ the influence of culture on visual perception and cognition

02

다음 글의 내용과 일치하는 것은?

The wheat harvest season of the northern hemisphere is creating a crisis for global wheat markets. One of the main reasons is that Russia, which is one of the largest wheat exporters in the world, lost a third of its grain crop due to fires and drought. Consequently, the country has had to ban wheat exports. That has caused wheat prices to rise to nearly double what they were in June, and this will create trouble in poorer countries. Already there have been food riots in Mozambique. The resulting food crisis could be worse than that of 2007.

① Russia is expecting a bumper wheat harvest.
② A third of Russia's wheat crops are remaining.
③ Some nations banned imports of Russian wheat.
④ Wheat prices are higher than they were in June.

01

해석

1990년대까지, 지각과 인지에 관심이 있었던 실험 심리학자들은 시각에 대한 문화적 영향에 관한 다수의 연구를 실시했다. 이러한 심리학자들은 일반적으로 문화적 인식 차이를 야기할 수 있는 문화적인 과정, 구체적으로 말하면 '사회적' 과정보다 자신들이 연구한 시각적 과정의 보편성에 더 관심이 있었다. 예를 들어, 문화적 규범들이 마름모나 원보다 직사각형과 정사각형에 대한 선호도를 형성할 수 있지만, 어떤 문화의 물리적 환경에서의 90도 각도가 나타나는 빈도에는 사회적 요소가 거의 없다. 이와 비슷하게, 언어적 상대성 가설은 색의 용어가 색의 인지에 영향을 미친다고 주장하지만, 일부 언어가 다른 언어보다 색 용어를 더 많이 가지고 있다는 사실에는 사회적 요소가 거의 없다. 또 다른 한계는 문화 간 연구를 위해 선택된 많은 문화들이 그들의 독특한 문화적 특성보다는 편의상 견본으로 뽑혔다는 것이다.

① 시각에 관한 문화 간 연구의 한계점
② 시각적 인식 능력에서의 성별과 연령 차이
③ 인간의 시각 조사에 적합한 구조
④ 문화가 시각적 인지와 지각에 미치는 영향

해설

시각에 관한 실험 심리학자들은 문화적 과정, 즉 문화적 규범, 문화의 물리적 환경, 언어적 용어 등의 특성보다는 자신들이 연구한 시각적 과정의 보편성에 더 관심이 있어서 연구에 한계가 있었다는 내용의 글이므로, 글의 주제로 ①이 가장 적절하다.

어휘

perception 지각
cognition 인식
universality 보편성
give rise to ~을 야기하다
hypothesis 가설
investigation 연구, 조사

정답 ①

02

해석

북반구의 밀 수확기가 전 세계 밀 시장에 위기를 초래하고 있다. 그 주요 원인 중 하나는, 세계 최대 밀 수출국 중 하나인 러시아가 화재와 가뭄으로 인해 삼분의 일 가량 곡물 수확이 줄었기 때문이다. 그 결과, 러시아는 밀 수출을 금지해야만 했다. 이로 인해 밀 가격이 6월에 비해 거의 두 배 가량 올랐고, 이는 빈곤한 국가들에게 문제를 일으킬 것이다. 이미 모잠비크에서는 식량 폭동이 발생했다. 결과적으로 발생할 식량 위기는 2007년 때보다 더 심각해질 수 있다.

① 러시아는 대량의 밀 수확을 기대하고 있다.
② 러시아 밀 수확의 1/3 정도가 남아 있다.
③ 일부 국가들은 러시아 밀을 수입하는 것을 금지했다.
④ 밀 가격은 6월 가격보다 더 높다.

해설

러시아는 자국의 밀 생산 차질로 인해 수확량이 줄어 밀 수출을 금지하게 되고, 이에 따라 밀 가격이 올라 전 세계 밀 시장이 타격을 입을 것이라는 내용의 글이다. 밀 가격이 6월 말에 비해 두 배 가량 올랐다고 했으므로 ④가 정답이다.

어휘

grain 곡물
drought 가뭄
ban 금지하다
riot 폭동
bumper harvest 풍년, 풍작

정답 ④

03~04

다음 글을 읽고 물음에 답하시오.

> **Community Gym Guidelines**
>
> To ensure a safe and enjoyable environment for everyone, all visitors to the Maplewood Community Gym must follow the facility guidelines. Members are expected to <u>adhere</u> to posted rules and be respectful of others at all times.
>
> Proper athletic attire and clean indoor shoes are required in all workout areas. Equipment should be wiped down after use, and weights must be returned to their original place. Personal items should be stored in lockers provided, as the gym is not responsible for lost belongings.
>
> Children under the age of 14 must be accompanied by an adult. Food is not allowed in the workout areas, but bottled water is permitted. Loud music, yelling, or any disruptive behavior may result in removal from the facility.
>
> By following these rules, we can keep our gym clean, safe, and welcoming for everyone.

03

밑줄 친 adhere의 의미와 가장 가까운 것은?

① agree
② improve
③ observe
④ evaluate

04

윗글의 목적으로 가장 적절한 것은?

① 공공 체육시설의 이용 규칙을 설명하기 위해
② 체육관 내 운동기구의 종류를 소개하기 위해
③ 체육관 이용 요금을 안내하기 위해
④ 신규 회원 모집을 홍보하기 위해

05

주어진 글 다음에 이어질 글의 순서로 가장 적절한 것은?

> Recent research has proven that people have a prodigious ability to lie to themselves and avoid seeing the truth. Duke University professor Dan Ariely describes a clever experiment.

> (A) Surprisingly, the half of the group that scored higher with cheat sheets predicted higher results for the next test. The cheaters wanted to believe they were very smart, even though their incorrect predictions of success would cost them money.
>
> (B) Needless to say, they scored above the rest. Next, everybody was asked to predict their grades on the next IQ test, for which there would be absolutely no cheat sheets — and those who predicted correctly would get paid.
>
> (C) A group of people were given an intelligence test, but half of them were "accidentally" shown a response sheet, allowing them to look up correct answers before recording their own.

① (A) − (C) − (B)
② (B) − (A) − (C)
③ (C) − (A) − (B)
④ (C) − (B) − (A)

03~04

해석

커뮤니티 체육관 지침

모두에게 안전하고 즐거운 환경을 보장하기 위해 메이플우드 커뮤니티 체육관을 방문하는 모든 방문객은 시설 지침을 준수해야 합니다. 회원들은 게시된 규칙을 준수하고 항상 다른 사람을 존중해야 합니다.

모든 운동 구역에서는 적절한 운동복과 깨끗한 실내화가 요구됩니다. 장비는 사용 후 닦아야 하고, 웨이트 기구는 원 위치로 복귀되어야 합니다. 개인 물품은 제공된 사물함에 보관해야 하는데, 체육관은 분실물에 대한 책임이 없기 때문입니다.

14세 미만의 어린이는 반드시 성인과 동반해야 합니다. 운동 구역에서는 취식이 허용되지 않지만 생수는 허용됩니다. 시끄러운 음악, 소리를 지르거나 방해가 되는 행동은 시설에서 퇴출될 수 있습니다.

이 규칙들을 따름으로써 우리는 체육관을 깨끗하고 안전하며 모두에게 환영을 받는 곳으로 유지할 수 있습니다.

해설

03 adhere는 '달라붙다, 고수하다'라는 뜻으로 쓰이며, 주로 전치사 to를 동반한다. ③의 observe는 주로 '관찰하다'라는 뜻으로 쓰이지만, '준수하다, 지키다'라는 의미로도 쓰인다는 것을 알아두자.
① 동의하다
② 향상시키다
③ 준수하다
④ 평가하다

04 체육관 내에서 지켜야 할 사항들을 설명하고 있으므로 ①이 정답이다.

어휘

community 지역사회
gym 체육관, 헬스장
ensure 확실히 하다, 보장하다
facility 시설
adhere to ~을 고수하다
at all times 항상
proper 적절한
athletic 운동의, 선수의
attire 복장
weight (운동용) 웨이트
belongings 소지품
accompany 동행하다, 동반하다
disruptive 지장을 주는, 파괴적인
result in ~한 결과를 낳다
removal 제거, 퇴출

정답 03 ③ 04 ①

05

해석

최근의 연구는 사람들이 자신들을 속이고 진실을 외면하는 놀라운 능력을 가졌다는 것을 입증했다. 듀크 대학의 교수인 Dan Ariely는 한 창의적인 실험을 설명한다. (C) 한 집단의 사람들이 지능 검사를 받았는데, 그들 중 절반에게 '우연히' 정답지가 보여져서, 그들이 자신의 답을 기록하기 전에 정확한 답을 보도록 허용했다. (B) 말할 필요도 없이, 그들은 나머지 사람들보다 더 높은 점수를 받았다. 다음으로, 뒤따르는 지능 검사에서 모두가 자신들이 받을 점수를 예측하도록 요청받았는데, 그 시험에서는 커닝 페이퍼가 절대 없을 것이고 정확하게 예측한 사람들은 돈을 받을 것이었다. (A) 놀랍게도, 커닝 페이퍼를 가지고 더 높은 점수를 얻었던 절반의 사람들은 다음 검사에 더 높은 성적을 거둘 것으로 예측했다. 부정행위를 한 사람들은 성공에 대한 부정확한 예측 때문에 돈을 잃을 수 있을지라도 자신들이 매우 똑똑하다고 믿기를 원했다.

해설

최근 연구를 통해 사람들은 자신을 속이고 진실을 외면하는 능력을 갖고 있음이 밝혀졌다는 내용의 주어진 글 다음에, 한 지능 검사 실험에서 한 집단에게 우연히 정답지를 노출시켰다는 내용의 (C)가 오고, 정답을 알았던 집단이 더 높은 점수를 받았으며, 모두에게 다음의 지능 검사에서 자신들이 받을 점수를 예측하라는 요청을 받았다는 내용의 (B)가 온 다음, 처음 실시한 지능 검사에서 정답을 미리 알아서 더 높은 점수를 받았던 집단이 다음에 실시될 지능 검사에서도 자신들이 더 높은 점수를 받을 것이라고 예측했다는 내용의 (A)가 맨 마지막에 오는 것이 가장 적절하다.

어휘

prodigious 놀라운, 비범한
cheat sheet 커닝 페이퍼
needless to say 말할 필요도 없이
response sheet 정답지

정답 ④

06

밑줄 친 부분에 들어갈 말로 가장 적절한 것은?

> Every year, approximately 20,000 patients receive heart bypass surgery, an operation during which an artery or vein from elsewhere in the individual's body is joined to the coronary artery. Surgeons performing the operation typically remove a length of vein somewhat longer than necessary. The idea is _____. Now, researchers have discovered a way to make use of these discarded vein segments by sequestering* stem cells from the leftover matter. Potentially, these stem cells could stimulate the growth of blood vessels in the very patients who underwent the surgery.
>
> * sequester: 격리하다

① to verify the health of the person being operated on
② to prepare the patient for an extended stay in the hospital
③ to ensure that they have a sufficient quantity of material
④ to determine if the patient is a good candidate for surgery

06

해석

매년 약 2만 명의 환자들이 환자의 몸 속 다른 부분에서 온 동맥이나 정맥이 관상 동맥과 연결되는 수술인 심혈관 우회 수술을 받는다. 수술을 집도하는 외과 전문의들은 일반적으로 필요 이상으로 긴 정맥의 일부분을 잘라낸다. 이것은 그들이 충분한 양의 재료를 확보하기 위함이다. 오늘날 연구가들은 남은 물질에서 줄기세포를 따로 모음으로써 이렇게 버려진 정맥 조각들을 사용할 방법을 발견했다. 이러한 줄기세포들은 수술을 받은 환자 당사자의 혈관 성장을 촉진시킬 수도 있다.

① 수술을 받는 사람의 건강을 확인하기 위함
② 환자가 장기간 병원에 입원할 것을 준비시키기 위함
③ 그들이 충분한 양의 재료를 확보하기 위함
④ 환자가 수술을 받기에 좋은 후보인지 결정하기 위함

해설

심혈관 우회 수술에 대해 설명하고 있다. 몸의 다른 부분의 혈관이 관상 동맥에 연결된다고 했는데, 남은 조각의 쓰임에 대해 설명하고 있고 필요 이상으로 긴 정맥을 잘라낸다고 했으므로 ③이 문맥상 가장 적절하다. 나머지 선택지들은 수술에 쓰이는 정맥과 직접적으로 연관이 없는 내용이다.

어휘

bypass 우회 (수술)
artery 동맥
vein 정맥
coronary artery 관상 동맥
discard 버리다
stem cell 줄기세포
stimulate 자극하다
vessel 혈관
verify 확인하다, 입증하다
ensure 확실하게 하다

정답 ③

DAY 19 독해

01

다음 글의 제목으로 가장 적절한 것은?

> Given the recurring need to return to the question of how to achieve mastery over one's life, what does the present state of knowledge say about it? How can it help a person learn to rid himself of anxieties and fears and thus become free of the controls of society, whose rewards he can now take or leave? The way is through control over consciousness, which in turn leads to control over the quality of experience. Any small gain in that direction will make life more rich, more enjoyable, and more meaningful. Before starting to explore ways to improve the quality of experience, it will be useful to review briefly how consciousness works and what it actually means to have "experiences." Armed with this knowledge, one can more easily achieve personal liberation.

① Life Without Anxieties and Fears: Impossible
② Can Man Live Alone Without Belonging to Society?
③ To Improve Your Life, Control Your Consciousness
④ Importance of Experience in Gaining New Knowledge

01

해석

자신의 삶에 대한 지배를 어떻게 이루어 낼 것인가 하는 문제로 되돌아갈 반복적 필요성을 고려해 볼 때, 지식의 현재 상태는 이에 대해 무엇을 말하는가? 이것이 어떻게 한 사람이 자신에게서 불안과 두려움을 없애고, 그리하여 이제는 그것의 보상을 취하거나 버릴 수 있는 사회의 통제로부터 자유로워지는 법을 배우도록 도와주는가? 그 방법은 의식의 통제를 통해서 가능하며, 결과적으로 경험의 질에 대한 통제로 이어진다. 그 방향으로의 어떤 작은 성과도 삶을 더 풍요롭고, 더 즐겁고, 더 의미있게 해 줄 것이다. 경험의 질을 향상시키는 방법을 탐구하기에 앞서, 의식이 어떻게 작동하고 '경험'을 한다는 것이 실제로 무엇을 의미하는지 간단히 되새겨보는 것이 도움이 될 것이다. 이 지식으로 무장을 하고 나면, 더 쉽게 개인적인 해방을 성취할 수 있을 것이다.

① 걱정과 두려움이 없는 생활: 불가능한 일
② 사회에 속하지 않고 인간은 홀로 생활할 수 있을까?
③ 당신의 삶을 발전시키기 위해 자신의 의식을 통제하라
④ 새로운 지식을 얻는 데 있어서 경험의 중요성

해설

의식의 통제를 통해서 자유를 달성할 수 있고, 그 결과 삶을 풍요롭고 즐겁고 의미 있게 만들 수 있다는 내용이므로, 글의 제목으로 ③이 가장 적절하다.

어휘

given ~을 고려해 볼 때
mastery 지배
gain 성과, 이득
liberation 해방

정답 ③

02
다음 글의 내용과 일치하는 것은?

New research findings confirm what many have discovered through experience: spending time in nature quiets our minds and lifts our moods. Yet the curative effect of nature is not limited to mental and emotional gratification. Physiological benefits, ranging from lessening the symptoms of ADHD to boosting the immune system, have now been documented as well. Surrounded by nature, people recuperate from stress faster, their blood pressure and heart rate dropping quicker than they would in urban environments. These findings highlight the importance of preserving green spaces in cities.

① Stressed people recover faster in a natural setting.
② Emotional benefits of nature cannot be proven.
③ Natural spaces affect mood but not physiology.
④ Environment does not affect the immune system.

03~04
다음 글을 읽고 물음에 답하시오.

Downtown Parking Garage Information

The Maple Street Parking Garage offers hourly and daily parking for residents and visitors. The facility is open 24 hours a day, 7 days a week. Vehicles must be properly parked within marked spaces to avoid fines.

The first 30 minutes are free, after which standard hourly rates apply. Payment machines accept cash, credit cards, and mobile pay. Monthly parking passes are available at the customer service desk.

Please note: overnight parking is not allowed without prior registration. The garage is monitored by security cameras, but management is not responsible for items left in vehicles.

For assistance, press the "Help" button on any payment machine or call (555) 293-2040.

03
밑줄 친 properly의 의미와 가장 가까운 것은?

① correctly
② carefully
③ legally
④ randomly

04
윗글의 목적으로 가장 적절한 것은?

① 주차장 예약 시스템을 안내하기 위해
② 전기차 충전소를 홍보하기 위해
③ 인근 주차장과의 요금을 비교하기 위해
④ 주차장 이용 방법과 규정을 알리기 위해

02

해석

새로운 연구 결과들은 많은 사람들이 경험을 통해 발견한 것을 확인해 준다. 자연 속에서 시간을 보내는 것이 우리의 마음을 고요하게 하고 기분을 좋게 만들어 준다는 것이다. 그러나 자연 치유 효과는 정신적, 정서적 만족에 국한되지 않는다. 주의력 결핍 및 과잉 행동 장애(ADHD) 증상을 약화시키는 것부터 면역 체계를 강하게 해주는 등 생리학적으로 유익한 점들 또한 현재 보고되고 있다. 자연에 둘러싸여 있을 때 사람들은 도시 환경에 있을 때보다 스트레스에서 빠르게 회복하고 혈압과 심장 박동수가 낮아진다. 이러한 결과들은 도시의 녹지를 보호해야 할 중요성을 강조해 준다.

① 스트레스에 시달리는 사람들은 자연 속에서 더 빨리 회복된다.
② 자연이 정서에 주는 도움은 증명될 수 없다.
③ 자연 공간은 기분에 영향을 주지만 생리적으로 영향을 주지는 않는다.
④ 환경은 면역 체계에 영향을 주지 않는다.

해설

저자는 새로운 연구 결과들을 바탕으로 자연이 정서에 도움을 줄 뿐만 아니라, 주의력 결핍 및 과잉 행동 장애(ADHD) 증상을 약화시키고 면역력을 높여주는 등 생리적인 변화도 가져온다고 말하고 있다. 따라서 ①이 글의 내용과 일치한다.

어휘

findings 연구 결과
confirm 확증하다
lift one's mood ~의 기분을 좋게 하다
curative 치유적인
gratification 만족
physiological 생리학적인
boost (사기, 기력을) 돋우다
immune system 면역 체계
recuperate 회복하다

정답 ①

03~04

해석

도심 주차장 정보

메이플 스트리트 주차장은 주민과 방문객을 위해 시간제 및 일일 주차를 제공합니다. 시설은 24시간 연중무휴로 운영됩니다. 차량은 표시된 공간 내에 올바르게 주차해야 벌금을 피할 수 있습니다.
최초 30분은 무료이며, 이후에는 표준 시간당 요금이 적용됩니다. 결제 기기는 현금, 신용카드, 그리고 모바일 결제를 받습니다. 월별 주차권은 고객 서비스 데스크에서 이용할 수 있습니다.
참고하시기 바랍니다: 사전 등록 없이는 야간 주차가 허용되지 않습니다. 주차장은 보안 카메라로 모니터링되지만, 차량에 남은 물품에 대해서는 관리자가 책임지지 않습니다.
도움이 필요하시면, 결제 기기에서 "도움" 버튼을 누르거나 (555) 293-2040으로 전화하세요.

해설

03 주차장에서 차량이 'properly parked'된다는 것은 주차선에 맞춰 올바르게 주차된다는 것을 의미하므로 ① correctly가 정답이다.
  ① 올바르게, 정확히
  ② 신중히
  ③ 법적으로
  ④ 무작위로

04 Maple Street Parking Garage라는 주차장의 영업일, 요금, 결제 방법 등을 안내하고 있으므로 ④가 정답이다.

어휘

downtown 도심의
parking garage 주차장
24 hours a day, 7 days a week 일주일 내내, 하루 24시간, 연중 무휴로
properly 제대로, 적절히
note 유념하다
prior 사전의

정답 03 ① 04 ④

05
다음 글의 흐름상 어색한 문장은?

Research has shown that high levels of automation for tasks can put users out-of-the-loop, leading to low levels of situation awareness. ① As long as situation awareness is compromised, the ability of the user to be an effective decision maker is threatened. ② In 1996, an American Airlines B-757 crashed in the mountains around Cali, Colombia. ③ The crew had lost awareness of the actions of the aircraft's automated flight management system computer that was providing navigation and was unable regain sufficient situation awareness to resume safe control of the aircraft. ④ To control the aircraft pilots are required to receive enough training because generally, an automated flight has lots of buttons and there are various guidance and direction. While a person does not need to perform every task, the person does need to be in control of what the systems are doing in order to maintain the situation awareness needed for successful performance across a wide variety of conditions and situations.

06
밑줄 친 부분에 들어갈 말로 가장 적절한 것은?

We strive to be _____ consultants. It's far more important for any potential client of ours to find the best solution for him or her, than to sign a contract with us. If, after our introductory questions, we feel that our service isn't the best one for the potential customer, we'll recommend the services of other companies. We also recommend the services of competitors even when our service is appropriate, because we want to make sure the potential customer is investing in what's best for him or her. On occasion, even after we point out that our service doesn't do everything a potential customer needs in comparison to another service, the potential customer still chooses to deal with us simply because he or she acknowledged our honesty.

① imaginative
② brave
③ impartial
④ inaccurate

05

해석

업무에 대한 높은 수준의 자동화는 사용자들이 상황을 잘 알지 못하게 할 수 있어서, 낮은 수준의 상황 인식으로 이어질 수 있다는 것을 연구는 보여주었다. 상황 인식이 위태로워지면, 사용자가 효과적인 의사 결정자가 되는 능력이 위협받게 된다. 1996년에, 아메리칸 항공의 B-757기가 콜롬비아의 칼리 인근에 있는 산에 추락하였다. 승무원은 운항을 해주고 있던 항공기의 자동화된 비행 관리 시스템 컴퓨터의 작동을 인식하지 못했었으므로, 항공기의 안전한 조종을 재개할 수 있을 만큼 충분한 상황 인식을 회복할 수 없었다. (항공기를 제어하기 위해 일반적으로 자동화된 비행에는 많은 버튼이 있으며 다양한 지침과 방향이 있기 때문에 조종사는 충분한 훈련을 받아야 한다.) 사람이 모든 업무를 수행할 필요는 없지만, 매우 다양한 조건과 상황에 걸쳐서 성공적인 수행에 필요한 상황 인식을 유지하기 위해 시스템이 수행하고 있는 일의 관리를 통제하고 있을 필요가 정말 있다.

해설

첫 번째 문장에서 높은 수준의 자동화가 낮은 수준의 상황 인식으로 이어진다고 했고 이로 인한 부정적인 상황으로 항공기에 대한 사례가 이어졌다. ④에 이어진 문장은 이런 상황에 대한 언급이 아닌 항공기의 자동화로 인해 조종사가 충분한 훈련이 필요하다는 내용이므로 정답은 ④이다.

어휘

automation 자동화
out-of-the-loop 배제된, 제외된
compromise 손상시키다, 타협하다, 절충하다
resume 다시 시작하다, 재개하다

정답 ④

06

해석

우리는 공정한 상담가가 되려고 노력한다. 우리의 잠재 고객이 우리와 계약을 맺는 것보다 그 고객이 최선의 해결책을 찾는 것이 훨씬 더 중요하다. 만약 기초적인 질문을 하고 난 후에 우리의 서비스가 그 잠재 고객에게 최선의 것이 아니라는 것을 느낀다면 우리는 다른 회사의 서비스를 추천할 것이다. 그 잠재 고객이 자신에게 가장 좋은 것에 투자하고 있다는 것을 확인시켜 주기를 원하므로, 우리의 서비스가 그 잠재 고객에게 적절한 것일 때에도 우리는 또한 경쟁사의 서비스를 추천해 준다. 가끔, 우리의 서비스가 또 다른 서비스와 비교하여 잠재 고객이 필요로 하는 모든 것을 해 주지는 못한다는 것을 지적한 후에도, 그 잠재 고객은 단지 우리의 정직성을 인정했기 때문에 우리와 거래하는 것을 여전히 선택한다.

① 상상의
② 용감한
③ 공정한
④ 정확하지 않은

해설

잠재 고객에게 가장 좋은 것이 아니라는 생각이 들면 다른 회사의 서비스를 추천해 주고 자사의 서비스뿐만 아니라 경쟁사의 서비스에 대해서도 소개해 주는 것은 고객에게 공정한 상담가로서의 면모를 보이는 것에 해당된다. 그러므로 빈칸에 들어갈 말로 ③이 가장 적절하다.

어휘

consultant 상담가
potential customer 잠재 고객
in comparison to ~와 비교하여

정답 ③

01

다음 글의 제목으로 가장 적절한 것은?

Memory scientists reject the idea that memory works like a video camera that records exact copies of personal experiences. Rather, personal memory is a representation or reconstruction of the past, not a literal copy. The brain stitches together bits and pieces of information in reconstructing memories of our past experiences. Reconstruction, however, can lead to distorted memories of events and experiences. The brain may invent details to weave a more coherent story of our past experiences. Memories are not carbon copies of reality. From this perspective, it is not surprising that people who witness the same event or read the same material may have very different memories of the event or of the passage they read.

① Can We Trust Our Memory?
② How to Develop Our Memory
③ Can Memory Be Measured?
④ How Are Memory Examined?

02

Victoria Woodhull에 관한 다음 글의 내용과 일치하지 않는 것은?

Victoria Woodhull was an amazing woman — the first female stockbroker and the woman to run for president of the United States, among other things. Born in Ohio in 1838, she spent her childhood traveling with her family's fortunetelling business. She married at age fifteen, divorced soon after, and moved to New York. There, she befriended Cornelius Vanderbilt, who was a fan of psychics. Vanderbilt helped her start a stock brokerage firm. In the following years, Woodhull drifted further into fringe* causes. She began publishing a reform magazine that advocated communal living, equal rights, and women's voting rights. The eccentric Woodhull wasn't popular with the more staid members of the women's suffrage movement, but they accepted her, at least temporarily, after she pleaded for the women's voting rights before Congress.

* fringe: (경제·사회·정치 등의) 비주류

① She ran for president of the United States as a woman.
② She spent her childhood with her fortune-telling family.
③ She started a brokerage company by herself.
④ She published a reform-oriented magazine.

01

해석

기억 과학자들은 기억이 개인적인 경험의 정확한 복사물을 기록하는 비디오카메라처럼 작동한다는 생각을 거부한다. 오히려 개인의 기억은 말 그대로의 복사(복사 그 자체)가 아니라 과거의 묘사, 즉 과거의 재건이다. 우리의 과거의 경험에 대한 기억을 재건할 때 뇌는 이런저런 정보들을 함께 꿰맨다. 그러나 재건은 사건과 경험에 대한 왜곡된 기억을 만들어 낼 수 있다. 뇌는 우리의 과거의 경험에 대한 더 일관성 있는 이야기를 엮기 위해 세부적인 것들을 지어낼지도 모른다. 기억은 현실의 판박이가 아니다. 이런 관점에서 보면 똑같은 사건을 목격하거나 자료를 읽는 사람들이 그 사건이나 그들이 읽는 문단에 대해 아주 다른 기억을 갖고 있을지도 모른다는 것은 놀랍지 않다.

① 우리는 기억을 믿을 수 있는가?
② 우리의 기억을 개발하는 방법
③ 기억을 측정할 수 있는가?
④ 기억은 어떻게 평가되는가?

해설

사람들이 그들의 과거의 경험을 있는 그대로 똑같이 기억하지 않는다는 글의 요지를 가장 잘 나타낸 제목은 ①이다.

어휘

reject 거절하다, 거부하다
representation 표현, 묘사
literal 말[글자] 그대로(의)
stitch 꿰매다
distorted 왜곡된
weave 짜다, 엮다, 짜서[엮어서] 만들다
coherent 일관성 있는, 논리[조리] 정연한
carbon copy 꼭 닮은 사람[것], 판박이
perspective 관점, 시각

정답 ①

02

해석

Woodhull은 놀라운 여성으로 다른 무엇보다 최초의 여성 증권 중개인이자 미국 대통령에 출마한 여성이다. 1838년 오하이오에서 태어난 그녀는 가족이 점치는 일을 했기에 여러 지역을 이동하면서 어린 시절을 보냈다. 그녀는 15살에 결혼했고 곧 이혼했으며 뉴욕으로 이사했다. 그곳에서 그녀는 심령 연구 팬이었던 Cornelius Vanderbilt와 친구가 되었다. Vanderbilt는 그녀가 증권 중개 회사를 시작하도록 도움을 주었다. 그 이후로 Woodhull은 비주류 운동에 더욱 빠져들었다. 그녀는 공동생활, 동등한 권리, 여성 참정권을 옹호하는 개혁 성향의 잡지를 출간하기 시작했다. 괴짜인 Woodhull은 여성 참정권 운동의 더 착실한 일원들에게는 인기가 없었지만, 그녀가 의회 앞에서 여성 투표권을 위해 탄원한 후 그들은 적어도 일시적으로는 그녀를 받아들였다.

① 여성으로 미국 대통령에 출마했다.
② 점술을 하는 가족과 함께 어린 시절을 보냈다.
③ 혼자 힘으로 증권 중개 회사를 시작했다.
④ 개혁 성향의 잡지를 출간했다.

해설

뉴욕에서 사귀게 된 Vanderbilt의 도움으로 증권 중개회사를 설립한 것이므로 ③은 내용과 일치하지 않는다.

어휘

stockbroker 증권 중개인
run for ~에 출마하다
psychics 심령 연구, 심령학
drift 표류하다, 방랑하다
communal 공동 사회의
eccentric 별난, 엉뚱한
staid 침착한, 착실한
suffrage 참정권
plead 탄원하다, 간청하다

정답 ③

03~04

다음 글을 읽고 물음에 답하시오.

To: Marketing Department
From: Olivia Chen, Marketing Director
Date: August 22
Subject: Reminder — Project Proposal Deadline

Dear Team,

I hope this message finds you well. I would like to remind everyone that the deadline to submit proposals for the 2026 Marketing Campaign Project is quickly approaching. All proposals must be submitted by September 5 at 5 p.m. Proposals should include your team's campaign ideas, target audience analysis, budget estimates, and projected outcomes.

Submitting your proposals on time is <u>essential</u> to ensure that we can review all ideas carefully and begin planning without delay. Please make sure your documents are complete and well-organized before submission. If you need any guidance or have questions, feel free to reach out to me directly.

Thank you for your effort and commitment. I look forward to seeing your creative ideas!

Sincerely,

Olivia Chen

03

밑줄 친 essential의 의미와 가장 가까운 것은?

① important
② simple
③ possible
④ early

04

윗글의 목적으로 가장 적절한 것은?

① 마케팅 프로젝트 계획안 제출 기한을 상기시키려고
② 신제품 출시에 대한 의견을 수렴하려고
③ 팀별 업무 분장 변경을 안내하려고
④ 사내 교육 프로그램 일정을 공지하려고

03~04

해석

수신: 마케팅 부서
발신: 마케팅 이사 Olivia Chen
날짜: 8월 22일
제목: 알림 – 프로젝트 제안 마감일

팀원 여러분,

2026 마케팅 캠페인 프로젝트의 제안서 제출 마감일이 빠르게 다가오고 있음을 모두에게 상기시켜 드리고자 합니다. 모든 제안서는 9월 5일 오후 5시까지 제출되어야 합니다. 제안서에는 여러분 팀의 캠페인 아이디어, 대상 고객 분석, 예산 추정치 및 예상되는 결과가 포함되어야 합니다.

여러분의 제안서를 제때 제출하는 것은 저희가 모든 아이디어를 신중하게 검토하고 지체 없이 계획을 시작할 수 있도록 하는 데 필수적입니다. 제출 전에 여러분의 문서가 완벽하고 잘 정리되어 있는지 확인해 주세요. 안내가 필요하거나 질문이 있으시면 언제든지 저에게 직접 연락해 주세요.

여러분의 노력과 헌신에 감사드립니다. 여러분의 창의적인 아이디어를 기대하고 있습니다!

Olivia Chen

해설

03 essential은 '필수적인'이라는 의미이므로 선택지 중에서 important(중요한)와 가장 가깝다.
① 중요한
② 단순한
③ 가능한
④ 이른, 빠른

04 제목인 'Reminder — Project Proposal Deadline'에서 마케팅 제안서 제출 마감을 알리는 내용이라는 것을 알 수 있으므로 ①이 정답이다.

어휘

director 임원, 이사
reminder 상기시키는 것
submit 제출하다
approach 다가오다, 접근하다
target audience 대상 고객
analysis 분석
estimate 견적, 추정치
project 예상하다
outcome 결과
guidance 지도
commitment 헌신

정답 03 ① 04 ①

05
다음 글의 흐름상 어색한 문장은?

Technological advances have increased exposure to new food choices by allowing food products to be distributed from one continent to another while reducing the risk of spoilage and contamination. Before the nineteenth century, the only methods available for preserving meat were drying, salting, and smoking, none of which were entirely practical since large quantities of food could not be processed or preserved for very long. ① The canning process was developed in 1809 and was a product of the Napoleonic wars; the process allowed heat-sterilized* food to be stored for longer periods of time without spoiling. ② Although processed foods can be used to make fast, easy meals, they tend to be less nutritious than fresh or homemade foods. ③ Further methods of processing in the twentieth century involved dehydrating**, freezing, and treating with ultrahigh temperatures, increasing shelf life, convenience, and variety of food products. ④ In addition, refrigeration, vacuum packing, and fast freezing ensured that seasonal items would be available year-round in economically developed societies.

* heat-sterilized: 가열 살균 처리된
** dehydrating: 탈수 건조

06
밑줄 친 부분에 들어갈 말로 가장 적절한 것은?

The BMW shone brightly in the parking lot of the used car dealership. Although it had a few miles on the odometer*, it looked in perfect condition. I know a little about used cars, and to me it was worth $40,000. However, the salesman was demanding $50,000. When he called the next week to say he would accept $40,000 after all, I bought it. The next day, I took it out for a drive and stopped at a gas station. The owner came out to admire the car and offered me $53,000 in cash. I politely declined. Only on the way home did I realize how ridiculous I was to have said no. Something that I considered worth $40,000 had passed into my possession and suddenly taken on a value of more than $53,000. If I had been thinking rationally, I would have sold the car immediately. However, the moment I owned the car, my mind changed. As my case shows, we think _____.
So, if we're selling something, we charge more for it.

* odometer: 주행 기록계

① other people share our own feelings and attitudes
② we can control outcomes when in fact we cannot
③ our lives will magically turn out the way we want
④ things are more valuable the moment we own them

05

해석

과학 기술상의 진보는 부패와 오염의 위험을 줄이는 반면, 식품이 한 대륙에서 또 다른 대륙으로 유통될 수 있도록 함으로써 새로운 식료품 선택에 대한 직접 체험을 증가시켰다. 19세기 이전에 고기를 보존하기 위해 이용 가능한 방법은 단지 건조, 염장, 그리고 훈제뿐이었지만, 대량의 식품이 가공되거나 아주 오랫동안 보존될 수 없었기 때문에 그것들 중 어느 것도 완전히 실용적이지는 않았다. 통조림 가공은 1809년에 개발되었고 나폴레옹 전쟁의 산물이었다. 그 가공은 가열 살균 처리된 식품이 상하지 않고 더 오랜 기간 동안 저장될 수 있게 해 주었다. (비록 가공 식품이 빠르고, 간편한 식사를 준비하기 위해 사용될 수는 있지만, 신선한 식품이나 집에서 만든 식품보다는 영양가가 떨어지는 경향이 있다.) 20세기의 추가 가공법은 탈수 건조, 냉동, 그리고 초고온 처리를 포함하였는데, 이들은 식료품의 저장 수명, 편리성, 그리고 다양성을 증대시켰다. 게다가, 냉장, 진공 포장, 그리고 급속 냉동은 경제적으로 발달한 사회에서 특정 계절에만 나오는 품목들을 연중 내내 이용할 수 있게 보장해 주었다.

해설

과거부터 현대에 이르기까지의 식품 가공과 보존 방식의 발전 과정에 관한 내용이므로, 가공 식품의 영양을 신선 식품이나 집에서 만든 식품과 비교하는 내용의 ②는 글의 흐름과 무관하다.

어휘

spoilage 부패
contamination 오염
preserve 보존하다
ultrahigh temperature 초고온
shelf life 저장 수명
year-round 연중 내내

정답 ②

06

해석

BMW가 중고차 대리점의 주차장에서 밝게 빛났다. 비록 주행 기록계에 몇 마일이 기록되어 있었지만 그것은 완벽한 상태처럼 보였다. 나는 중고차에 대해 약간 아는데 나에게 그것은 4만 달러 가치가 있었다. 그러나 판매원은 5만 달러를 요구하고 있었다. 결국 그가 다음 주에 전화를 걸어 4만 달러를 받아들일 것이라고 말했을 때 나는 그것을 샀다. 다음날 나는 드라이브를 하기 위해 그 차를 몰고 나갔고 한 주유소에 멈추었다. 주인이 밖으로 나와 그 차에 대해 감탄하더니 현금으로 5만 3천 달러를 제시했다. 나는 정중하게 거절했다. 집에 가는 도중에야 나는 내가 거절한 것이 얼마나 우스운지 깨달았다. 4만 달러 가치가 있다고 여긴 것이 내 수중에 들어오더니 갑자기 5만 3천 달러 이상의 가치를 갖기 시작했다. 만약 내가 합리적으로 생각을 하고 있었다면 나는 그 차를 즉시 팔았을 것이다. 그러나 내가 그 차를 소유하는 순간에 내 마음은 바뀌었다. 내 사례로 알 수 있듯, 우리는 우리가 물건을 소유하자마자 그것들이 더 가치가 있다고 생각한다. 따라서 만약 우리가 무엇인가를 팔려 한다면, 우리는 그것에 대해 값을 더 많이 부과한다.

① 다른 사람들이 우리 자신의 감정과 태도를 공유한다
② 사실 우리가 할 수 없을 때 결과를 통제할 수 있다
③ 우리의 삶은 마법처럼 우리가 원하는 대로 될 것이다
④ 우리가 물건을 소유하자마자 그것들이 더 가치가 있다

해설

필자가 자동차를 사기 전보다 사고 난 다음에 자동차 구입에 쓴 돈보다 더 높은 가치가 자동차에 있다고 생각했다는 점에서 빈칸에 들어갈 말로 ④가 가장 적절함을 알 수 있다.

어휘

dealership 대리점
demand 요구하다
for a drive 드라이브하러
ridiculous 웃기는, 말도 안 되는
rationally 합리적으로

정답 ④

01

다음 글의 주제로 가장 적절한 것은?

Behavioral psychology is characterized by its central stimulus-response theory, which Pavlov confirmed when he got dogs to salivate at the sound of a bell. S-R theory regards a person as a kind of machine that can be conditioned or programmed for any desired result — you just need to find and use the right stimulus. But much is elided* by that hyphen between S and R. All the rich, important parts of psychology — and of humanity — are disregarded in the simple cause-and-effect logic. Thinking of a human as no more than a creature responding in controllable ways to specific stimuli diminishes our humanness. It disregards the psyche — the very subject of study in psychology. We are much more than just our conditioning; there is more to our lives than a series of set responses. Unfortunately, much of modern psychology — psychology as a science — is descended from or influenced by behavioral psychology and its attendant impoverishment of human experience.

* elide: 생략하다

① problems and limits of behavioral psychology
② the way a stimulus leads to the same response
③ reasons psychology belongs to behavioral science
④ the danger of manipulation of emotions in experiments

02

Harford Elementary School Science Fair에 관한 다음 글의 내용과 일치하는 것은?

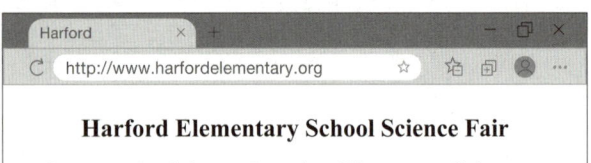

Harford Elementary School Science Fair

Come and celebrate the scientific accomplishments of our students.
Friday, April 21, 1:00 p.m. - 3:00 p.m.

■ You're invited!
Our students have participated for eight weeks as part of Harford Elementary School Science Camp, a science research project that extends beyond the walls of the classroom. Twenty teams were chosen among the camp participants and they will exhibit the outcomes of their projects.

■ Notice to the participating teams:
- All experiments require prior teacher approval. If a student changes the procedure, he/she must let it be known in advance and get the approval.
- Parents can help students prepare for the experiments, but the parents cannot assist students at the fair.
- The use of any flammable material is prohibited at the fair. All the students should wear protective gear as needed when demonstrating their experiment.

* For more information, contact science teachers' office at 201-2891-9876.

① 4월 21일 오후에 3시간 동안 진행된다.
② 8주에 걸친 과학 캠프에 참여한 학생들 전원이 참여한다.
③ 실험 과정을 변경하려면 사전에 교사의 승인을 받아야 한다.
④ 실험 시 인화 물질을 사용하려면 보호장구를 착용해야 한다.

01

해석

행동심리학은 그것의 중심적인 자극-반응 이론으로 특징 지어지는데, 이 이론은 Pavlov가 종소리에 개가 침을 흘리도록 했을 때 확인하였다. 자극-반응 이론은 얻고자 하는 결과가 무엇이든지 간에 인간을 조건화되거나 길들여질 수 있는 일종의 기계로 여기고, 이에 따르면 그저 정확한 자극을 찾아서 사용하기만 하면 된다. 그러나 S와 R 사이에 있는 그 하이픈에 많은 것이 생략되어 있다. 심리학의, 그리고 인간성의, 모든 풍부하고 중요한 부분이 단순한 인과의 논리에서는 무시된다. 인간을 고작 통제할 수 있는 방식으로 특정한 자극에 반응하는 생물로 생각하는 것은 우리의 인간성을 손상시킨다. 그것은 정신을 무시하는데, 그것(정신)이야말로 심리학의 연구 주제이다. 우리는 조건화로만 설명할 수는 없는 그 이상의 존재이다. 우리의 삶에는 일련의 지정된 반응보다 더 많은 것이 있다. 유감스럽게도, 현대 심리학, 즉 과학으로서의 심리학의 많은 부분은 행동심리학과 그것에 수반되는 인간 경험의 빈곤화의 계통을 잇거나 그 영향을 받는다.

① 행동심리학의 문제점과 한계
② 자극이 같은 반응을 이끌어내는 방식
③ 심리학이 행동 과학에 속하는 이유
④ 실험에서 감정 조작의 위험

해설

행동심리학은 자극에 대한 반응이라는 차원에서 인간의 행동을 설명하려 하는데, 이는 인간에 대한 풍부한 이해를 가로막는다는 내용이므로, 글의 주제로 ①이 가장 적절하다.

어휘

salivate 침을 흘리다
condition 조건화하다, 훈련시키다
disregard 무시하다
humanness 인간성
psyche 정신
attendant 수반되는
impoverishment 빈곤화, 궁핍함

정답 ①

02

해석

Harford 초등학교 과학 박람회
오셔서 우리 학생들의 과학적인 성취를 축하해 주세요.
4월 21일 금요일 오후 1시~오후 3시

■ 초대합니다!
우리 학생들은 'Harford 초등학교 과학 캠프'의 일부인 교실의 벽을 넘어서 확대되는 과학 연구 프로젝트에 8주간 참여했습니다. 20개의 팀이 캠프 참가자들 중에서 선발되었고 그들은 자신들의 프로젝트의 결과물을 전시할 것입니다.

■ 참가팀에 대한 공지:
- 모든 실험은 사전 교사 승인을 받아야 합니다. 만약 학생이 과정을 변경하면, 미리 알리고 승인을 받아야 합니다.
- 부모는 학생들이 실험을 준비하는 것을 도울 수 있지만, 박람회에서는 학생을 도울 수 없습니다.
- 어떤 인화 물질의 사용도 박람회에서는 금지됩니다. 모든 학생들은 실험을 시연할 때 필요한 보호 장구를 착용해야 합니다.

* 더 많은 정보를 원하시면, 201-2891-9876의 과학 교사 교무실로 연락해 주십시오.

해설

'If a student changes the procedure, he/she must let it be known in advance and get the approval.'이라는 문장으로 보아 ③이 글의 내용과 일치한다.

어휘

accomplishment 성취
exhibit 전시하다
prior 사전의
flammable 인화성의

정답 ③

03~04

다음 글을 읽고 물음에 답하시오.

> A sudden power outage can be stressful, but staying calm and following simple steps can help keep you safe. First, check if the outage is only in your home. If neighboring buildings have power, check your fuse box or contact your building manager.
> Use a flashlight instead of candles to avoid fire risks. Unplug electronic devices to prevent damage when the power returns. Keep your refrigerator closed as much as possible to <u>preserve</u> food.
> If you rely on medical equipment that needs electricity, contact your power provider for emergency assistance. Listen to the radio or check your phone for updates from local authorities.
> Avoid using elevators until power is fully restored. If the outage lasts more than a few hours, consider going to a nearby emergency shelter.
> Knowing these steps can help you stay safe and prepared during unexpected blackouts.

03

밑줄 친 preserve의 의미와 가장 가까운 것은?

① cool
② clean
③ keep safe
④ throw away

04

윗글의 목적으로 가장 적절한 것은?

① 정전의 원인을 분석하기 위해
② 전기 요금 인상 내용을 안내하기 위해
③ 정전 시 안전하게 대처하는 방법을 설명하기 위해
④ 전자기기 구매를 권장하기 위해

05

다음 글의 흐름상 어색한 문장은?

> Both Greek and Roman culture were highly literate, which means that people ranging from private individuals to state officials created a variety of written documents. On the public and state level, there remains a great deal of literature that recorded what happened and when, described decrees* and laws, and proclaimed the purpose or origin of buildings and public monuments. ① <u>Other public texts, like the signs that adorn the walls of Pompeii, give us an idea of the kinds of public discourse that took place in a bustling Roman town.</u> ② <u>The remains of Pompeii show that a great many middle-class business-women held great influence in society.</u> ③ <u>Literature of all kinds, much of it highly introspective and self-analytic, circulated in the public sphere.</u> ④ <u>Moreover, a great number of personal writings have been recovered, which give us a look into the lives of individuals — evidence often sorely lacking in the study of ancient cultures.</u>
>
> * decree: 법령

03~04

해석

갑작스러운 정전은 스트레스를 줄 수 있지만, 침착함을 유지하고 간단한 절차를 따르는 것이 여러분의 안전을 지키는 데 도움이 될 수 있습니다. 먼저 여러분의 집만 정전이 되었는지 확인하세요. 근처에 있는 건물에 전력이 공급된다면, 두꺼비집을 확인하거나 여러분의 건물 관리자에게 문의하세요.
화재 위험을 피하기 위해 양초 대신 손전등을 사용하세요. 전원이 들어올 때 피해를 예방하기 위해 전자 기기의 플러그를 뽑으세요. 음식을 보존하기 위해 냉장고를 최대한 닫아 두세요.
여러분이 전기가 필요한 의료 장비에 의존한다면, 전기 공급업체에 연락해서 긴급 지원을 받으세요. 라디오를 듣거나 휴대폰을 통해 지역 당국의 속보를 확인하세요.
전력이 완전히 복구될 때까지 엘리베이터 사용을 피하세요. 정전이 몇 시간 이상 지속되면 가까운 응급 대피소에 가는 것을 고려해 보세요.
이러한 단계를 알면 예기치 않은 정전 시에도 안전하고 대비 태세를 갖추는 데 도움이 됩니다.

해설

03 preserve food는 '음식을 보존하다'라는 의미로서, preserve의 의미를 모르더라도 정전, 냉장고 등을 통해 의미를 유추할 수 있다. 보존하는 것은 안전하게 지키는 것과 일맥상통하므로 ③ keep safe가 정답이다. cool은 '차갑게 하다'이지만, 보존하는 것과는 의미 차이가 있으므로 오답이다.
① 차갑게 하다
② 깨끗이 하다
③ 안전하게 지키다
④ 버리다

04 정전 시 행동 지침을 설명하는 내용이므로 ③이 정답이다.

어휘

outage 정전
fuse box 두꺼비집, 퓨즈함
flashlight 손전등
preserve 보존하다
rely on ~에 의존하다
authority 당국
shelter 대피소, 피난처
blackout 정전

정답 03 ③ 04 ③

05

해석

그리스인과 로마인은 모두 문학적 소양이 높았는데, 이것은 개인부터 국가 공무원에 이르는 사람들이 다양한 기록 문서를 만들어냈다는 것을 의미한다. 공적이고 국가적인 수준에서 어떤 일이 언제 발생했는지 기록하고 법령과 법을 설명하며, 건물과 공공 기념비들의 목적과 기원을 분명히 보여 주는 문헌이 많이 남아 있다. 폼페이 벽들을 장식하는 기호와 같은 다른 대중적인 글은 우리에게 번잡한 로마 시에서 발생했던 대중의 이야기가 어떤 종류인지를 말해준다. (폼페이의 유적은 대단히 많은 중산층 여성 기업인들이 사회에 큰 영향력을 지니고 있었다는 것을 보여 준다.) 모든 종류의 문헌은 그것 중 많은 것이 대단히 자기 성찰적이며 자기 분석적인데 대중의 영역에서 유포되었다. 더욱이 상당히 많은 개인적인 글들이 발견되었는데, 그것들은 우리에게 고대 문화의 연구에서 흔히 몹시 부족한 개인들의 삶을 들여다보게 해준다.

해설

그리스와 로마가 개인부터 공무원에 이르는 사람들의 다양한 기록 문서를 만들어냈다는 요지의 글로, 폼페이 유적은 중류층 여성이 사회에 큰 영향력을 가지고 있었다는 것을 보여 준다고 언급한 ②는 글의 전체 흐름과 관계가 없다.

어휘

literate 문학적 소양이 있는
official 공무원
proclaim 분명히 보여 주다
monument 기념비, 기념물
adorn 장식하다, 꾸미다
discourse 이야기, 담화
bustling 번잡한
remains 유적
introspective 자기 성찰적인
circulate 유포되다, 돌다
sorely 몹시, 심하게

정답 ②

06

밑줄 친 부분에 들어갈 말로 가장 적절한 것은?

> The growth of academic disciplines and sub-disciplines, such as art history or palaeontology, and of particular figures such as the art critic, helped produce principles and practices for selecting and organizing what was worthy of keeping, though it remained a struggle. Moreover, as museums and universities drew further apart toward the end of the nineteenth century, and as the idea of objects as a highly valued route to knowing the world went into decline, collecting began to lose its status as a worthy intellectual pursuit, especially in the sciences. The really interesting and important aspects of science were increasingly those invisible to the naked eye, and the classification of things collected no longer promised to produce cutting-edge knowledge. The term "butterfly collecting" could come to be used with the adjective "mere" to indicate a pursuit of _____ academic status.

① secondary
② novel
③ competitive
④ reliable

06

해석

학과의 성장과 미술사학이나 고생물학과 같은 하위 학과의 성장, 그리고 미술 평론가와 같은 특정 인물의 성장은 비록 힘든 일로 남게 되었지만, 지킬 가치가 있는 것을 선택하고 정리하기 위한 원칙과 관행의 도출에 도움이 되었다. 게다가, 19세기 말엽에 박물관과 대학이 더욱 멀어지면서, 그리고 물체가 세상을 알게 되는 매우 가치 있는 경로라는 개념이 쇠퇴하면서, 수집은 특히 과학에서 가치 있는 지적 활동으로써의 지위를 잃기 시작했다. 과학의 참으로 흥미롭고 중요한 측면은 점점 더 육안으로 보이지 않는 것들이었고, 수집된 것들에 대한 분류는 더 이상 최첨단의 지식을 생산할 가망이 없었다. '나비 채집'이라는 용어는 '한낱(mere)'이라는 형용사와 사용돼, 부차적인 학문적 지위를 가진 활동을 나타낼 수 있었다.

① 부차적인
② 새로운
③ 경쟁력 있는
④ 신뢰할 수 있는

해설

육안으로 보이지 않는 것들이 과학의 흥미롭고 중요한 측면이 되어감에 따라 수집은 과학에서 그 지위를 잃게 되었다는 내용의 글이다. 세상을 알게 되는 매우 가치 있는 경로로서 대상을 모으는, '나비 채집'과 같은 수집은 더 이상 최첨단의 지식을 생산할 가망이 없게 되었으므로, 그 학문적 지위가 낮아졌다는 것을 추론할 수 있다. 따라서 빈칸에 들어갈 말로 가장 적절한 것은 ①이다.

어휘

academic discipline 학과
sub-discipline 하위 학과
palaeontology 고생물학
struggle 힘든 일, 투쟁
status 지위
pursuit 활동, 일, 추구
invisible 보이지 않는
naked eye 육안
classification 분류
cutting-edge 최첨단의
mere 한낱, 단지 ~만의

정답 ①

DAY 22 독해

01
다음 글의 주제로 가장 적절한 것은?

Although it seems intuitively logical to pay a fee to obtain the necessary licenses for songs and recordings sampled, some artists, producers, and labels fail to do so. One problem involves time and the difficulty of identifying who controls the copyrights. Another problem concerns the number of samples that must be licensed on an album. A producer who wants to include an average of four samples per song on an album of ten songs, for example, will have to negotiate eighty licenses: forty song permissions and forty sound recording permissions. It should be noted that the publisher typically controls the copyright and does not "sell" a song outright. Rather, the owner will "license" a song; that is, for a fee, the owner will allow someone to use the song for very specific purposes.

① a new opportunity for independent artists and project groups
② the evolution of electronic music and its influence on pop culture
③ the implementation of new business models for the music industry
④ realistic constraints about acquiring licenses on sampled music

01

해석

샘플링(음원의 일부를 추출하여 편집에 끼워 넣어 사용하는 것)된 노래와 녹음 작업에 필요한 라이선스를 얻기 위해 사용료를 지불하는 것이 직관적으로 볼 때는 논리적이지만, 일부 아티스트, 프로듀서, 그리고 음반사는 그렇게 하지 못한다. 한 가지 문제는 누가 저작권을 관리하는지를 확인하는 데 시간과 어려움이 따른다는 것이다. 또 다른 문제는 한 앨범에서 라이선스를 받아야 하는 샘플의 수에 관한 것이다. 예를 들어, 10곡으로 구성된 앨범에 한 곡당 평균 4개의 샘플을 포함시키고자 하는 프로듀서는 80개의 라이선스, 즉 40개의 노래 사용권과 40개의 녹음 사용권을 협상해야 할 것이다. 일반적으로 발행자는 저작권을 제어하며 노래를 전면적으로 '판매하지' 않는다는 점에 주목해야 한다. 오히려, 소유자가 노래의 사용을 '허가할' 것인데, 다시 말해, 소유자가 수수료를 받고 누군가가 그 노래를 매우 구체적인 목적을 위해 사용하도록 허락할 것이다.

① 독립 예술가 및 프로젝트 그룹을 위한 새로운 기회
② 전자음악의 발전과 대중문화에 미치는 영향
③ 음악 산업을 위한 새로운 비즈니스 모델의 구현
④ 샘플링 된 음악에 대한 라이선스를 얻는 것에 대한 현실적인 제약

해설

샘플링을 통해 노래와 녹음 작업을 할 때, 그것에 대한 라이선스를 얻어서 하는 것이 논리적으로 보이지만, 실제로 저작권의 관리 주체를 확인하는 문제, 그리고 라이선스를 부여해야 하는 샘플의 수를 정하는 문제 등의 어려움 때문에 라이선스 획득을 위한 사용료 지불이 어렵다는 내용의 글이다. 따라서 글의 주제로 ④가 가장 적절하다.

어휘

intuitively 직관적으로
license 라이선스, 허가; (사용을) 허가하다
label 음반사; 상표
copyright 저작권, 판권
outright 전면적으로, 완전히

정답 ④

02

Homecoming Day에 관한 다음 글의 내용과 일치하지 않는 것은?

Homecoming Day
Welcome back!
Homecoming Day, which has been put on every other year since 1995, is coming up this year.

When: December 10, 3:00 p.m. - 9:00 p.m.
Where: The Business Center at George University
Registration fee: $80 per person

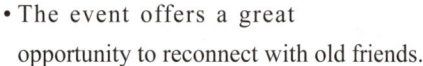

- The event offers a great opportunity to reconnect with old friends.
- There will be a main seminar. The theme is "Corporate Social Responsibility."
- The Alumni of the Year will be announced during dinner, which will be catered by a Finnish fine dining restaurant.
- Photos and videos of previous events can be found at our website.
- Cancellation policy: Refunds requested by email must be submitted by the day before the event.
- If you have any questions, please email us at alumni@george.edu.

① 1995년부터 2년마다 개최해 오고 있다.
② 등록비는 1인당 80달러이다.
③ 핀란드 고급 식당에서 음식을 제공한다.
④ 행사 당일까지 이메일로 환불을 요청할 수 있다.

03~04

다음 글을 읽고 물음에 답하시오.

Colorado Springs Fire Department

In the event of a fire, please remain calm and follow the steps below to ensure your safety. If you see smoke or flames, <u>activate</u> the nearest fire alarm immediately to alert others in the building.

Do not use elevators under any circumstances. Use the nearest stairwell to exit the building quickly and carefully. If possible, close doors behind you to help slow the spread of fire and smoke.

Once outside, move away from the building and head to the designated assembly point. Do not re-enter the building until emergency personnel declare it safe.

If you are trapped, stay low to avoid smoke and try to signal for help from a window. Call 911 and clearly state your location.

Fire drills are conducted twice a year. Knowing these procedures can make a big difference in a real emergency.

03

밑줄 친 activate의 의미와 가장 가까운 것은?

① remove
② set off
③ repair
④ protect

04

윗글의 목적으로 가장 적절한 것은?

① 건물 내 화재 예방 장비를 소개하기 위해
② 정기적인 화재 점검 일정을 알리기 위해
③ 화재 발생 시 대피 절차를 안내하기 위해
④ 화재로 인한 피해 사례를 보고하기 위해

02

해석

동창회 개최
동창회 재방문을 환영합니다!
1995년부터 2년마다 개최해 온 동창회가 올해 곧 열릴 예정입니다.

일시: 12월 10일 오후 3시~저녁 9시
장소: George 대학교 비즈니스 센터
등록비: 1인당 80달러

- 이 행사는 옛 친구들과 다시 만날 좋은 기회를 제공합니다.
- 주 세미나가 열릴 예정입니다. 주제는 '기업의 사회적 책임'입니다.
- '올해의 동문'이 저녁 식사 중 발표될 예정이며, 저녁 식사는 핀란드 고급 식당에서 제공될 예정입니다.
- 이전 행사의 사진과 동영상은 우리 웹사이트에서 볼 수 있습니다.
- 취소 방침: 이메일에 의한 환불 요청은 행사 전날까지 제출되어야 합니다.
- 질문이 있으면, alumni@george.edu로 저희에게 이메일을 보내 주세요.

해설

환불을 신청하는 이메일은 행사 전날까지 제출되어야 한다고 했으므로, 글의 내용과 일치하지 않는 것은 ④이다.

어휘

put on (전람회 등을) 개최하다
reconnect 다시 연락하다
responsibility 책임
alumni 동문, 졸업생(alumnus의 복수형)
previous 이전의
cancellation 취소
submit 제출하다

정답 ④

03~04

해석

콜로라도 스프링스 소방서
화재가 발생할 경우 침착을 유지하고 아래 단계를 따라 여러분의 안전을 확보하세요. 연기나 불꽃이 보이면 가장 가까운 화재 경보기를 즉시 작동하여 건물 내 다른 사람들에게 알리세요.
어떤 상황에서도 엘리베이터를 사용하지 마세요. 가장 가까운 계단을 이용하여 빠르고 조심스럽게 건물 밖으로 나가세요. 가능하면 등 뒤에 있는 문을 닫아 화재와 연기의 확산을 늦추세요.
일단 밖으로 나가면 건물에서 벗어나 지정된 집합 지점으로 향하세요. 응급 구조대원이 안전하다고 할 때까지 건물에 다시 들어가지 마세요.
여러분이 갇혀 있다면, 연기를 피하기 위해 낮은 자세를 유지하고 창문으로 도움을 요청하는 신호를 보내보세요. 911에 전화하여 자신의 위치를 명확하게 알려주세요.
소방 훈련은 1년에 두 번 실시됩니다. 이러한 절차를 알면 실제 응급 상황에서 큰 변화를 일으킬 수 있습니다.

해설

03 activate는 '(기계 등을) 작동시키다'라는 의미이므로, set off가 유의어이다.
 ① 제거하다
 ② (경보 장치를) 울리다
 ③ 수리하다
 ④ 보호하다

04 소방서에서 화재 발생 시 행동 절차를 안내하는 내용이므로 ③이 정답이다.

어휘

in the event of ~의 경우에
ensure 보장하다, 반드시 ~이게 하다
activate 작동시키다
under any circumstances 어떠한 상황에서도
stairwell 계단
once 일단 ~하면
head 향하다
designated 지정된
assembly 집합, 집회
personnel 인원
declare 선언하다
trap 가두다
state 말하다, 진술하다
fire drill 소방 훈련
conduct (특정한 활동을) 하다, 실시하다

정답 03 ② 04 ③

05
주어진 문장이 들어갈 위치로 가장 적절한 것은?

> Likewise, we should not be afraid to do the same in the case of voting.

Liberal democracy relies upon direct participation by individuals, and from this viewpoint, our democracy is endangered by a lack of participation. (①) The resolution of such a crisis may in a small way restrict some personal liberties, but it is in the interests of society as a whole. (②) We compel people to wear safety belts when riding in a vehicle. (③) We definitely need this kind of measure in that low participation rates are doubly dangerous. (④) They mean not only that there is a general lack of interest in political issues and decisions but that our politicians are not representative of the population as a whole. Since the poor and disadvantaged are far less likely to vote than any other group, they can easily be ignored by mainstream politicians.

06
밑줄 친 부분에 들어갈 말로 가장 적절한 것은?

> One of the main ways people try to improve their land has always been by _____. What is abundant here may be scarce and valuable over there. The result has been increasingly complex webs that tie communities together, operating at every level of society. Four thousand years ago, temples and palaces owned some of the best land. Instead of dividing it among peasant families, they hung on to this land and told people what to grow and how to grow it, each trying to grow everything they needed. A village with good cropland might grow just wheat, while one on a hillside could tend vines. Temples and palaces could redistribute the products, storing some for emergencies and giving the rest to people as rations.

① adopting sustainable farming practices
② moving information and products around
③ combating wind and water erosion of soil
④ rotating crops and introducing new crops

05

해석
자유 민주주의는 개인의 직접적인 참여에 달려 있는데, 이러한 관점에서 볼 때, 우리의 민주주의는 참여 부족으로 위험에 처해 있다. 이러한 위기에 대한 해법이 적게나마 개인의 자유를 일부 제한할 수 있는데, 이것은 사회 전체의 이익을 위한 것이다. 우리는 사람들에게 자동차를 타고 갈 때 안전벨트를 맬 것을 강요한다. <u>이와 마찬가지로 우리는 투표의 경우에도 동일한 것을 하는 것(강제 규정)을 두려워해서는 안 된다.</u> 낮은 참여율이 이중적으로 위험하다는 점에서, 우리는 이와 같은 종류의 조치를 명백히 필요로 한다. 낮은 참여율은 정치적인 이슈나 결정에 일반적으로 관심이 없다는 것뿐만 아니라 우리가 뽑은 정치인이 주민 전체를 대표하지 못한다는 것을 의미한다. 가난하고 불우한 사람들이 다른 집단보다도 투표할 가능성이 훨씬 낮기 때문에 이들은 주류 정치가들에 의해 쉽게 무시당할 수 있다.

해설
주어진 문장이 투표의 경우에 강제 규정을 두어야 한다는 내용이고 Likewise로 시작하기 때문에 이 문장 바로 앞에 또 다른 강제 규정을 소개하는 문장이 있어야 한다. 따라서 안전벨트의 강제 착용을 주장하는 문장 바로 뒤인 ③에 와야 한다.

어휘
rely upon ~에게 의존하다
endangered 멸종 위기에 처한
resolution 결의, 결심; 해결
compel 강요하다
representative 대표하는

정답 ③

06

해석
사람들이 자신들의 땅을 개량하려는 주요 방법 중 한 가지는 항상 <u>정보와 생산물을 주위로 이동시키는</u> 것이었다. 이곳에 풍부한 것이 저곳에서는 부족하고 가치가 있을 수 있다. 그 결과는 점점 더 사회를 결합하는 복잡한 망이었고 모든 사회 계층에서 작용해 왔다. 4천 년 전 사원과 궁은 최고의 땅을 일부 소유했다. 그것을 소작농 가족들에게 나누는 대신에 그들은 이 땅을 계속 갖고 있었고 사람들에게 무엇을 재배하고 그것을 어떻게 재배할지를 말해주었으며, 각각은 그들이 필요로 하는 모든 것을 재배했다. 좋은 경작지를 가진 마을은 밀만을 재배했을지도 모르는 반면 언덕 중턱에 있는 마을은 포도나무를 기를 수 있었다. 사원과 궁전은 비상사태를 위해 저장하고 나머지를 사람들에게 배급하면서 그 생산물을 재분배할 수 있었다.

① 지속가능한 농업 관행을 도입하는
② 정보와 생산물을 주위로 이동시키는
③ 토양의 풍수 침식을 방지하는
④ 윤작하고 새로운 작물을 도입하는

해설
최고의 땅을 소유한 사원과 궁은 그것을 소작농에 나눠주지 않으면서, 사람들에게 재배 식물과 방법에 대해 말했고 생산물을 사람들에게 재분배하면서 자기들의 땅을 향상시켰다는 내용의 글이므로, 빈칸에는 ②가 가장 적절하다.

어휘
scarce 부족한, 드문
hang on to ~을 계속 갖고 있다, ~을 고집하다
cropland 경작지
redistribute 재분배하다
ration 배급
sustainable 이용할 수 있는
rotate crops 윤작하다

정답 ②

01

다음 글의 주제로 가장 적절한 것은?

Few products reveal as clearly as biofuels do that there is never an easy answer to the resource and environmental crisis. The vast majority of biofuels are based on plants, and thus require land, air, water, and nutrients to grow. Even though biofuels today make up only about 1 percent of fuel consumption, an estimated 12 million hectares have already been turned over for their production — land that is no longer used for the growth of food, thus driving up food prices. Land has also been clear-cut to allow for the growth of biofuel, leading to further deforestation and a net increase in CO_2 emissions. Furthermore, even if we were to replace merely 50 percent of the fossil fuels with biofuels for the estimated fuel consumption in 2050, we would need an extra amount of water that is almost equal to the total annual flow of all of the world's rivers. This would be an insurmountable problem in rapidly growing countries where water supplies are already scarce, such as China or India.

① the lack of efforts to broaden the use of biofuels
② the importance of water supply in developing countries
③ the role of biotechnology in a sustainable biofuel future
④ negative impacts of biofuels on food and the environment

02

East Mountains Park에 관한 다음 글의 내용과 일치하지 않는 것은?

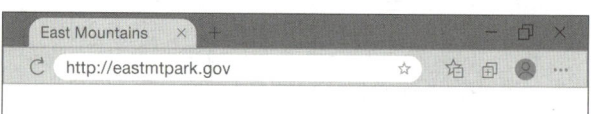

Welcome to East Mountains Park

East Mountains Park has terrific hiking trails, and miles of clear mountain streams, great for both trout fishing and swimming on a hot summer day. You can walk through the redwoods, view wildlife, and enjoy camping with family and friends.

OPEN: All year around. Hours of operation vary from season to season.

The visitor center is open daily:
January - May: 9 a.m. - 6 p.m.
June - August: 8 a.m. - 7 p.m.
September - December: 8 a.m. - 6 p.m.

PHONE: (865) 436-1200
WEBSITE: http://www.eastmtpark.gov
COST: Camping fees are $3.00 per camper, per night, and are due at the time of reservation.
NOTE:
- A parent or guardian must accompany youths under 18 years of age.
- Many campgrounds fill up quickly, especially on weekends and holidays, so reserve in advance. Reservations are on a first-come-first-served basis.
- Most trails in East Mountains Park are steep and rugged.

① 여름에는 낚시와 수영을 할 수 있다.
② 연중무휴로 개방하지만 계절별로 개방 시간이 다르다.
③ 캠핑 요금은 1인당 4달러이다.
④ 18세 미만의 청소년은 보호자가 동반되어야 한다.

01

해석

자원과 환경 위기에 대한 쉬운 해답은 결코 없다는 것을 바이오 연료만큼 분명하게 드러내는 생산물은 거의 없다. 바이오 연료의 대부분은 식물을 기반으로 하고, 따라서 재배하기 위해 땅, 공기, 물과 영양분이 필요하다. 오늘날 바이오 연료가 연료 소비의 약 1퍼센트 정도만을 차지하고 있음에도 불구하고, 1,200만 헥타르 정도로 추정되는 토지가 이미 그것들의 생산을 위해, 즉, 더는 식량을 재배하기 위해 사용되지 않는 토지로 전환되고, 따라서 식량 가격을 빠르게 끌어 올린다. 바이오 연료의 재배를 가능하게 하기 위해 땅은 또한 나무가 모두 베어져버려서, 산림 벌채가 더 심화되고 이산화탄소의 배출량이 궁극적으로 증가하는 결과를 초래한다. 게다가 우리가 2050년의 예상 연료 소비를 위해 화석연료의 단지 50%만을 바이오 연료로 대체하려 할지라도, 우리는 세계에 있는 모든 강의 연간 총유동량과 거의 같은 양의 추가적인 물이 필요할 것이다. 이는 중국이나 인도와 같이 물 공급이 이미 부족한 빠르게 성장하고 있는 국가들에서 극복할 수 없는 문제가 될 것이다.

① 바이오 연료의 사용을 넓히기 위한 노력의 부족
② 개발도상국에서 물 공급의 중요성
③ 지속가능한 바이오 연료 미래에서 생명공학의 역할
④ 식량과 환경에 미치는 바이오 연료의 부정적인 영향

해설

바이오 연료를 재배하는 과정에서 식량 가격이 상승하고 산림 벌채와 이산화탄소 배출량이 증가했으며, 일부 국가에서 심각한 물 부족이 초래될 수 있다는 내용의 글이다. 따라서 글의 주제로 ④가 가장 적절하다.

어휘

biofuel 바이오 연료(바이오매스(biomass)에서 나오는 목재, 알코올, 메탄가스 등)
estimated 추측의, 예상의
turn over 전용하다, 업종을 전환하다
drive up ~을 빠르게 끌어올리다
clear-cut 개벌(皆伐)
deforestation 산림벌채
net 궁극적인, 최종적인
flow 유동, 유수
insurmountable 극복할 수 없는
scarce 부족한

정답 ④

02

해석

East Mountains 공원에 오신 것을 환영합니다
East Mountains 공원에는 멋진 하이킹 오솔길과 더운 여름날에 송어 낚시와 수영하기 좋은 수 마일에 걸쳐 있는 깨끗한 산속의 개울이 있습니다. 여러분은 삼나무들 사이로 산책하고, 야생동물을 보고, 가족과 친구들과 함께 캠핑을 즐길 수 있습니다.
개방: 1년 내내. 운영 시간은 계절에 따라 다릅니다.
방문객 센터는 매일 문을 엽니다:
1월~5월: 오전 9시~오후 6시
6월~8월: 오전 8시~오후 7시
9월~12월: 오전 8시~오후 6시
전화: (865) 436-1200
웹사이트: http://www.eastmtpark.gov
비용: 캠핑 요금은 1박에 1인당 3달러이고, 예약할 때 지불해야 합니다.
유의 사항:
- 18세 미만의 청소년은 부모나 보호자가 동반되어야 합니다.
- 많은 캠핑장은 신속히 채워지므로 특히 주말과 휴일에 미리 예약하세요. 예약은 선착순입니다.
- East Mountains 공원의 대부분의 길은 가파르고 울퉁불퉁합니다.

해설

"Camping fees ~ are due at the time of reservation."에서 캠핑 요금은 1인당 3달러라고 했으므로, ③이 글의 내용과 일치하지 않는다.

어휘

trout 송어
redwood 삼나무
rugged 울퉁불퉁한

정답 ③

03~04

다음 글을 읽고 물음에 답하시오.

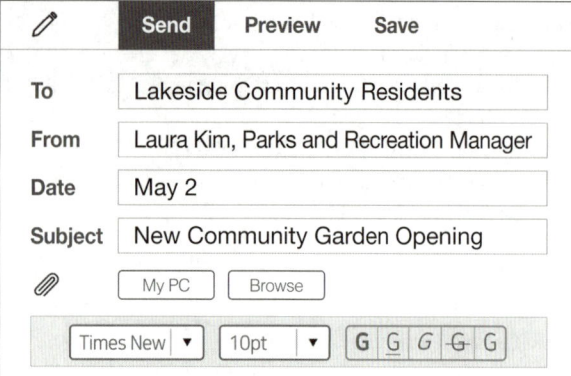

Dear Residents,

I am excited to announce the grand opening of the Lakeside Community Garden, which will take place on May 20 at 11 a.m. in Lakeside Park. This new garden is designed to bring our community together by providing a space where residents can grow flowers, vegetables, and herbs.

During the opening event, there will be a short ceremony, gardening demonstrations, and free starter plants for participants. We welcome residents of all ages and experience levels to join us and reserve a garden plot. Gardening tools and water access will be available on-site.

We believe this garden will encourage healthy living, environmental awareness, and stronger community connections. Thank you for supporting this new <u>initiative</u>, and we look forward to seeing you there!

Sincerely,
Laura Kim

03

밑줄 친 initiative의 의미와 가장 가까운 것은?

① event
② program
③ suggestion
④ project

04

윗글의 목적으로 가장 적절한 것은?

① 지역사회 정원 개장을 안내하려고
② 공원 시설 이용 규칙을 공지하려고
③ 환경 보호 캠페인을 소개하려고
④ 지역 축제 자원봉사자를 모집하려고

03~04

해석

수신: 레이크사이드 지역 주민
발신: Laura Kim, 공원 레크리에이션 관리자
날짜: 5월 2일
제목: 새로운 커뮤니티 정원 개장

주민 여러분,

5월 20일 오전 11시 레이크사이드 파크에서 열리는 레이크사이드 커뮤니티 정원의 개장을 발표하게 되어 기쁩니다. 이 새로운 정원은 주민들이 꽃, 채소, 그리고 허브를 재배할 수 있는 공간을 제공하여 우리 지역사회를 하나로 모으기 위해 마련되었습니다.

개장 행사 기간 동안 참가자들을 위한 짧은 시상식, 원예 시연, 참가자를 위한 초보용 무료 식물 등이 있을 것입니다. 저희는 모든 연령대와 경험 수준의 주민들이 함께 참여하여 정원 부지를 예약하는 것을 환영합니다. 원예용 도구와 물 사용은 현장에서 이용 가능합니다.

저희는 이 정원이 건강한 삶, 환경에 대한 인식, 그리고 보다 강한 지역사회의 유대를 장려할 것이라고 믿습니다. 이 새로운 계획을 지지해 주셔서 감사드리며, 그곳에서 뵙기를 기대합니다!

Laura Kim

해설

03 initiative는 '새로운 계획'을 의미하는데, 선택지 중에서는 '사업, 계획'이라는 의미의 project와 의미가 가장 비슷하다.
① 행사
② 프로그램
③ 제안
④ 사업, 계획

04 제목인 New Community Garden Opening에서 공원 개장을 알리는 내용이라는 것을 알 수 있으므로 ①이 정답이다.

어휘

grand opening 개장
demonstration 시연
starter 초보자, 초심자
reserve 예약하다
plot 작은 땅
access 접근권
on-site 현장의; 현장에서
awareness 인식
initiative 새로운 계획

정답 03 ④ 04 ①

05

주어진 글 다음에 이어질 글의 순서로 가장 적절한 것은?

> In discussions of design, the terms convergence* and divergence** are often mentioned. These concepts are used to capture two basic approaches in design thinking.

(A) This, however, does not mean that the whole design process is a continuous convergence from the broad initial situation to the narrow final solution. Rather, a design process is driven by the will to learn as much as possible about different opportunities existing in a particular situation.

(B) It creates a deeper understanding and a more detailed and narrowly focused proposal. Since the final outcome is usually an artifact, a system, or a specification, the design process always ends in a convergence phase with the focus on one specific solution.

(C) Divergence is an approach where the designer expands her thinking to cover broader issues, find more alternatives, and explore more opportunities. It is a process that creates more information and options. Convergence is about focusing on a specific solution or a synthesis of several ideas.

* convergence: 수렴 ** divergence: 발산

① (A) − (B) − (C)
② (A) − (C) − (B)
③ (B) − (A) − (C)
④ (C) − (B) − (A)

06

밑줄 친 부분에 들어갈 말로 가장 적절한 것은?

> Things are not always what they seem. Sometimes things that initially seemed wonderful can turn out to be a real challenge. Everyone and everything deserves more than just an initial judgment. Looks are deceptive. It is wiser to allow another person the opportunity to prove himself or herself for some time, regardless of what others may have said or the first impression you may have obtained. This doesn't mean that you should not allow your intuition to guide your actions, but there is always the unfortunate fact of stereotyping: the tendency we have to judge an individual by the characteristics displayed by the group he or she belongs to, or to judge a situation by a previous case it reminds us of. Although you should not disregard the lessons you have learned in the past, you should also remember that you cannot _____.

① make the heart more grateful
② break your heart all over again
③ tell from the face what the heart carries
④ see the disappointed faces of your peers

05

해석
디자인에 대해 논의할 때, 수렴과 발산이라는 용어가 자주 언급된다. 이 개념들은 디자인 사고에 있어서 두 가지 기본적인 접근을 포착하기 위해 사용된다. (C) 발산은 디자이너가 더 넓은 문제를 다루고, 더 많은 대안을 발견하며, 더 많은 기회를 탐구하기 위해 자기 사고를 확장하는 접근법이다. 그것은 더 많은 정보와 선택 사항을 만들어 내는 과정이다. 수렴은 특정한 해결책이나 몇몇 아이디어의 통합에 집중하는 것에 관한 것이다. (B) 그것은 더 깊은 이해와 더 세부적이고 좁게 집중된 제안을 만들어 낸다. 최종 결과가 보통 인공물, 체제나 자세한 설명서이므로, 디자인 과정은 항상 하나의 특정한 해결책에 관해 집중하는 수렴 단계로 끝난다. (A) 그러나 이것이 모든 디자인 과정이 넓은 초기의 상황에서 좁은 마지막 해결책으로의 계속된 수렴임을 의미하지는 않는다. 오히려, 디자인 과정은 특별한 상황에 존재하는 다양한 기회에 관해 가능한 한 많이 배우려는 의지에 의해 움직인다.

해설
주어진 글에서 언급한 두 개념에 대한 설명이 시작되는 (C)가 먼저 나오고 (C)의 후반부에 언급된 수렴의 개념을 계속 설명하는 (B)가 그 다음에 나오며, (B)의 마지막에 언급된 디자인 과정은 수렴 단계로 끝난다는 내용에 제한 조건을 두는 내용의 (A)가 마지막에 나와야 한다. 따라서 ④가 정답이다.

어휘
initial 초기의
proposal 제안
artifact 인공물
specification (자세한) 설명서, 명세서
synthesis 통합

정답 ④

06

해석
상황이 항상 겉으로 보이는 대로인 것은 아니다. 때로는 처음에 좋아 보였던 상황이 진짜 문제인 것으로 드러날 수도 있다. 모든 사람과 모든 것이 그저 처음의 판단보다 그 이상의 것을 받을 만하다. 겉모습이란 기만적이다. 다른 사람이 말했을 수도 있는 것 또는 여러분이 얻게 되었을 첫인상과는 상관없이 어느 정도의 시간 동안 다른 사람이 스스로를 증명할 기회를 허용하는 것이 더 현명하다. 이 말은 직관이 행동을 인도하도록 허용해서는 안 된다는 의미가 아니라, 어떤 개인이 속한 집단이 보여주는 특징을 보고 그 개인을 판단하거나, 어떤 상황이 우리에게 상기시키는 이전의 경우에 따라 그 상황을 판단하는, 우리가 가진 경향, 즉 유형화라는 유감스러운 사실이 늘 있다는 의미이다. 지금까지 배워왔던 교훈들을 무시해서는 안 되지만 무엇을 마음에 담고 있는지를 얼굴에서 알 수 없다는 것 또한 기억해야 한다.

① 마음이 더 감사하게 하다
② 처음부터 다시 당신의 마음을 무너뜨리다
③ 무엇을 마음에 담고 있는지를 얼굴에서 알다
④ 동료들의 실망한 얼굴을 보다

해설
겉으로 드러나는 모습이나 첫인상은 기만적일 수 있고 특수하고 개별적인 개인이나 상황을 보지 못하고 유형화된 사고에 따라 판단하는 것도 잘못이라는 내용이므로, 빈칸에는 ③이 적절하다.

어휘
deceptive 기만적인
intuition 직관
stereotyping 유형화
disregard 무시하다

정답 ③

DAY 24 독해

01
다음 글의 제목으로 가장 적절한 것은?

I know a young man who constructs furniture for a living. He boasted, "This furniture I make is first-rate. It is truly excellent. But I'll tell you one thing: there are lots of mornings when I get up and know for sure I'm not going to accomplish anything — so I go back to sleep. Other days I leap out of bed and feel fantastic, and I work for ten hours nonstop. I don't even have lunch. At the end of any month, I've accomplished as much as anybody else around. But I have to work when I feel like working, and I have to just relax when I don't feel like working. If I had a regular job with a regular boss, I would have been fired ages ago." Interestingly, the same kind of statement is made often by poets, sculptors, playwrights, and other immensely creative people who report that when they enter their studios in the morning, they may or may not have the mental energy to fuel their creative effort.

① Performance Inconsistency: A Feature of Creative People
② Solitude: What You Should Give Up to Be Creative
③ Persistent Effort Eventually Brings Out Creativity
④ Aptitude Is Not Inborn But Can Be Developed

02
다음 글의 내용과 일치하지 않는 것은?

One of the key health issues associated with biodiversity is that of drug discovery and the availability of medicinal resources. A significant proportion of drugs are derived, directly or indirectly, from biological sources; Chivian and Bernstein report that at least 50% of the pharmaceutical compounds on the market in the US are derived from natural compounds found in plants, animals, and microorganisms. Moreover, so far only a tiny proportion of the total diversity of wild species has been investigated for potential sources of new drugs. Through the field of bionics, considerable technological advancement has occurred which would not have occurred without a rich biodiversity. There is evidence that natural product chemistry can provide the basis for innovation which can yield significant economic and health benefits.

① Up to now, many wild species as potential sources of new drugs have not been investigated.
② Technological advancement in the field of bionics depends on a rich biodiversity.
③ Artificial and synthetic chemistry has brought marvelous benefits to humankind.
④ Natural product chemistry can bring about significant economic and health benefits.

01

해석

나는 생계 수단으로 가구를 조립하는 한 젊은이를 알고 있다. 그는 "내가 만드는 이 가구는 최고입니다. 그것은 정말로 훌륭한 것입니다. 하지만 한 가지를 말씀드리겠습니다. 아침에 일어나서 내가 어떤 일도 성취하지 않을 것임을 확실히 알아서 다시 잠들어 버리는 경우가 많습니다. 다른 날에는 침대에서 벌떡 일어나서 굉장히 기분이 좋아서 쉬지 않고 열 시간 동안 일합니다. 점심조차 먹지 않습니다. 어떤 달이든 월말에는 주변의 다른 사람만큼 많이 성취를 해왔습니다. 하지만 나는 일하고 싶을 때만 일해야 하고 일하고 싶지 않을 때는 그냥 쉬어야 합니다. 내가 만약 평범한 상사가 있는 일반적인 직장에 다녔다면 오래전에 해고되었을 것입니다." 흥미롭게도 같은 종류의 진술을 시인, 조각가, 극작가와 엄청나게 많은 창의적인 사람들이 했는데, 그들은 자신들이 오전에 작업장에 들어갈 때 창의적인 노력을 부채질할 정신적 에너지를 가지고 있을 수도 혹은 가지고 있지 않을 수도 있다고 말한다.

① 성과의 일관성 부족: 창의적인 사람들의 특징
② 고독: 창조적이기 위해 포기해야 하는 것
③ 지속적인 노력이 결국 창의성을 이끈다
④ 적성은 타고나는 것이 아니라 개발될 수 있다

해설

창의적인 일을 하는 사람들은 규칙적으로 일하지 않고 자신이 일하고 싶을 때 일을 하지만 다른 사람에게 뒤지지 않는 성취도를 가지고 있다는 내용이므로, 글의 제목으로 ①이 가장 적절하다.

어휘

leap out of ~에서 벌떡 일어나다
statement 진술(문)
sculptor 조각가
playwright 극작가
fuel 부채질하다

정답 ①

02

해석

생물 다양성과 관련된 건강상 핵심 쟁점들 중 하나는 약의 발견 및 의학상의 자원들의 이용 가능성이다. 약들 중 상당한 비율에 해당하는 것들이 직접 혹은 간접적으로 생물학적인 자원들에서 나온다. Chivian and Bernstein은 미국 시장에서 판매되는 제약상의 화합물들 중 50%에 해당하는 것들이 식물, 동물, 그리고 미생물에서 나온 것이라고 보고한다. 더욱이, 지금까지 전체로서의 다양한 야생의 종들 중에서 극히 낮은 비율의 것만이 신약의 잠재적인 자원으로 연구되어져 왔을 뿐이다. 생명 공학의 분야를 통해서, 상당한 기술의 발전이 일어났는데 그것은 풍부한 생물 다양성이 없다면 일어날 수 없었을 것이다. 천연물 화학은 상당한 경제적 및 건강상의 이익들을 가져다 줄 혁신을 위한 기초를 제공할 수 있다는 점을 입증해주는 증거가 존재한다.

① 지금까지, 새로운 약물의 잠재적인 원천으로서의 많은 야생종들은 조사되지 않았다.
② 생체 공학 분야의 기술 발전은 풍부한 생물 다양성에 달려 있다.
③ 인공 화학과 합성 화학은 인류에게 놀라운 혜택을 가져다 주었다.
④ 천연물 화학은 상당한 경제적, 건강상의 이점을 가져올 수 있다.

해설

마지막 문장에서 natural product chemistry는 ③의 'artificial and synthetic chemistry'와 대비되는 내용으로 글의 내용과 일치하지 않는다.

어휘

key 기본적인, 중요한, (해결의) 열쇠인
associated with ~와 관련된
biodiversity 생물 다양성
availability 이용도, 유효성
significant 상당한, 중요한
derive A from B B로부터 A를 끌어내다
pharmaceutical 제약(pharmacy)의, 제약학의
compound 합성물, 화합물
microorganism 미생물
tiny 작은, 조그마한
investigate 조사하다, 심사하다
potential 잠재적인, 가능한
bionics 생체[생물] 공학
considerable 꽤 많은, 적지 않은, 상당한
artificial 인공의
synthetic 합성의, 인조의

정답 ③

03~04

다음 글을 읽고 물음에 답하시오.

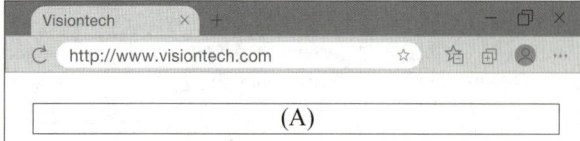

(A)

This is a reminder that the 2nd Quarter Strategy Meeting will be held on Wednesday, May 15, from 10:00 a.m. to 12:00 p.m. in Conference Room B. All team leaders and department heads are required to attend.

The main topics will include:
- A review of first-quarter performance
- Key challenges in each department
- Sales targets and marketing plans for the next quarter

Presentations from each department should be sent to planning@visiontech.com no later than May 10. Each presenter will be given 10 minutes, followed by a short Q&A session.

Light refreshments will be provided, and printed handouts will be distributed at the entrance.

Please be on time, as the meeting will begin promptly at 10 a.m. If you are unable to attend, notify the Planning Team in advance. An online attendance option will be available via Zoom for those working remotely.

For further details, contact Ms. Hwang at ext. 305.

03

(A)에 들어갈 윗글의 제목으로 가장 적절한 것은?

① Instructions for Remote Access
② Guidelines for Product Presentation
③ Notice of Quarterly Strategy Meeting
④ Recruitment Plan for New Team Leaders

04

윗글의 내용과 일치하지 않는 것은?

① 회의는 온라인 참석도 가능하다.
② 회의 참석 대상은 팀장 및 부서장이다.
③ 각 발표자는 발표 후 질의응답을 진행한다.
④ 회의 자료는 행사 당일 아침까지 제출해야 한다.

03~04

해석

5월 15일 수요일 오전 10시부터 오후 12시까지 B 회의실에서 2분기 전략 회의가 열릴 예정임을 상기시켜 드립니다. 모든 팀장과 부서장이 참석해야 합니다.

주요 주제는 다음을 포함합니다:
- 1분기 실적 요약
- 각 부서의 주요 과제
- 다음 분기의 판매 목표 및 마케팅 계획

각 부서의 프레젠테이션은 늦어도 5월 10일까지 planning@visiontech.com으로 보내주시기 바랍니다. 각 발표자에게는 10분이 주어지며, 이어서 짧은 질의응답 시간이 이어질 것입니다.

가벼운 다과가 제공될 것이며, 입구에서 인쇄된 유인물이 배포될 예정입니다.

회의는 오전 10시 정각에 시작되므로 제시간에 와 주시기 바랍니다. 참석할 수 없는 경우 사전에 기획팀에 알려 주세요. 원격 근무자들은 Zoom을 통한 온라인 참석 선택권이 이용 가능할 것입니다.

자세한 내용은 황 씨에게 내선 305번으로 문의하세요.

해설

03 글의 앞부분에서 2nd Quarter Strategy Meeting에 대한 내용이라고 했으므로 ③이 정답이다.
① 원격 접속 지침
② 제품 프레젠테이션 가이드라인
③ 분기별 전략 회의 공지
④ 새로운 팀장 채용 계획

04 ①은 An online attendance option will be available via Zoom for those working remotely., ②는 All team leaders and department heads are required to attend., ③은 Each presenter will be given 10 minutes, followed by a short Q&A session.에서 내용의 근거를 찾을 수 있다. Presentations from each department should be sent to planning@visiontech.com no later than May 10.에서 제출 마감일이 5월 10일이라고 했는데, 회의는 5월 15일이므로 ④가 일치하지 않는 내용이다.

어휘

reminder 상기시키는 것
quarter 분기
performance 실적, 성과
no later than ~까지
presenter 발표자
refreshment 다과
handout 유인물
distribute 배포하다
promptly 정각에
notify 알리다, 통지하다
work remotely 원격 근무를 하다
ext. 내선 번호(extension)
access 접속, 접근
recruitment 채용

정답 03 ③ 04 ④

05
다음 글의 흐름상 어색한 문장은?

The fields of medicine and public health have traditionally acknowledged environmental causes of illness and assigned risk to specific exposures. In the past decade, biologists, ecologists, and physicians have also developed a concept of ecosystem health. ① This idea recognizes that humans are participants in complex ecosystems and that their potential for health is proportional to the health function of those ecosystems. ② In crowded farming areas, people often abandon traditional and sustainable land-use practices in favor of short-term survival strategies, such as farming on steep slopes. ③ An ecosystem-based health perspective takes into account the health-related services that the natural environment provides and acknowledges the fundamental connection between an intact environment and human health. ④ An ecosystem health stance is a nonanthropocentric*, holistic world view increasingly shared by biological scientists.

* nonanthropocentric: 인간 중심적이 아닌

06
밑줄 친 부분에 들어갈 말로 가장 적절한 것은?

Regardless of what Plato might have thought, there is no way that our minds have direct access to "eternal truths." Our senses, especially vision, hearing, and touch, are our only portals to reality. Indispensable as they are, however, our senses can also mislead us. Vision provides some good examples. "Seeing is believing," but what we see doesn't always produce a reliable belief. Errors can arise because what we think we see is influenced by what we _____. In a famous 1949 experiment, the psychologists Jerome Bruner and Leo Postman presented quick glimpses of pictures of trick playing cards to a group of subjects. Quite often the subjects said that a black three of hearts, for example, was either a normal three of spades (misperceiving the heart for a spade) or a normal three of hearts (misperceiving the black color for red). Expectations about the playing cards interfered with accurate perception.

① always lack
② like or dislike
③ already believe
④ have an interest in

05

해석
의학과 공중 보건 분야는 전통적으로 질병의 환경적 원인을 인정해 왔고 특정한 노출에 대해 위험성을 부여해 왔다. 지난 10년 동안, 생물학자, 생태학자, 그리고 의사는 생태계 건강이라는 개념을 또한 발전시켜 왔다. 이 생각은 인간이 복잡한 생태계의 참여자이며 인간의 건강 가능성이 그 생태계의 건강 기능에 비례한다는 것을 인정한다. (조밀한 시골에서, 사람들은 가파른 경사지에서 농사를 짓는 것과 같은 단기적 생존 전략을 지지하여, 흔히 전통적이고 지속 가능한 토지 사용 관행을 포기한다.) 생태계에 기반을 둔 건강관은 자연 환경이 제공하는 건강과 관련 있는 서비스를 고려하고 건강한 환경과 인간 건강 사이의 기본적인 관련성을 인정한다. 생태계 건강론의 입장은 생물학자들에 의해 점점 더 많이 공유되고 있는, 인간 중심적이 아닌, 총체적 세계관이다.

해설
질병의 환경적 원인이 인정되고 있으며 생태계 건강과 인간의 건강이 관련성이 있다는 내용이므로, 시골에서 사람들이 전통적이고 지속 가능한 토지 사용 관행을 포기한다는 ②는 글의 흐름과 관계가 없다.

어휘
acknowledge 인정하다
proportional to ~에 비례하는
abandon 포기하다
in favor of ~을 지지하여, ~에 찬성하여
holistic 총체적인

정답 ②

06

해석
플라톤이 생각했을지도 모르는 것이 무엇인지에 관계없이, 우리의 정신이 '영원한 진리'에 직접적으로 닿을 방법이 없다. 우리의 감각, 특히 시각, 청각, 그리고 촉각은 실재로 가는 우리의 유일한 문이다. 그것들이 없어서는 안 되지만, 동시에 우리를 오도할 수도 있다. 시각은 몇 가지 좋은 사례를 제공한다. '보는 것이 믿는 것'이지만, 우리가 보는 것이 항상 신뢰할 만한 믿음을 만들어 내는 것은 아니다. 우리가 본다고 생각하는 것이 우리가 이미 믿는 것에 의해 영향을 받아서 오류가 발생할 수 있다. 1949년의 한 유명한 실험에서 심리학자인 Jerome Bruner와 Leo Postman은 한 무리의 실험 대상자들에게 속임수 플레잉카드 패의 그림을 빠르게 보여 주었다. 상당히 자주 실험 대상자들은, 예를 들어 검은색 하트 3이 정상적인 스페이드 3(하트를 스페이드로 오인하여)이나 정상적인 하트 3(검은색을 빨간색으로 오인하여)이라고 말했다. 플레잉카드에 대한 예상은 정확한 인식을 방해했다.

① 항상 부족하다
② 좋아하거나 싫어하거나 하다
③ 이미 믿고 있다
④ 관심을 가지다

해설
어떤 것에 대한 우리의 믿음이나 예상이 우리가 본다고 생각하는 것에 영향을 미친다는 내용이므로, 빈칸에 들어갈 말로 ③이 가장 적절하다.

어휘
regardless of ~와는 상관없이
eternal 영원한
portal 문, 입구
indispensable 없어서는 안 될
reliable 신뢰할 만한
glimpse 흘끗 보기, 일별
misperceive 오해하다
interfere with ~을 방해하다
accurate 정확한

정답 ③

01

다음 글의 제목으로 가장 적절한 것은?

It takes an enormous quantity of energy to print, transport, count and sort the dollar bills in your wallet. When you pay with a credit card, in contrast, all you're doing is moving electrons, so it has to be the greener alternative, right? Not so fast. Credit cards are made using six different kinds of plastic. There are more than 2 billion cards in America alone — and each will take a very long time to fully biodegrade* after it gets buried in a landfill. The machines and servers that track card spending all run on electricity, most of it generated by burning carbon-rich coal. Cash has other advantages. It's made mostly from cotton and linen, both of which, when harvested, emit less carbon than cutting trees. Once bills get printed, they stay in circulation for up to five years, on average. As their color suggests, they are the greener alternative in regard to payment methods.

* biodegrade: 생물 분해를 일으키다

① Paying with Cash Is Greener than Credit Cards
② Credit Cards Do Have Advantages over Cash
③ Are Credit Cards Bankrupting Americans?
④ Economic Impacts of Cash and Credit Cards

02

다음 글의 내용과 일치하는 것은?

It is well known that the antidepressant Rexal is linked to suicide in children and teens. In fact, the drug's packaging comes with a warning label. Nonetheless, Duopharm, the manufacturer of the drug, has been using Japanese children as young as seven for a study in Japan on the drug. It is yet another efficacy study, not a study on why the drug is dangerous to some children. Duopharm probably hopes to get results that make Rexal look good. If they suggest a lower suicide risk, Duopharm is bound to play that up, but otherwise it will likely keep quiet.

① Rexal's dubious reputation is not well documented.
② Duopharm obtains Rexal from a Japanese manufacturer.
③ Rexal is being studied for its dangerous side effects.
④ Duopharm will only highlight its study's agreeable outcomes.

01

해석

당신 지갑에 있는 달러 지폐를 인쇄하고 수송하고 세고 분류하는 데 엄청난 양의 에너지를 필요로 한다. 이와는 대조적으로 신용카드로 지불할 때 당신이 하고 있는 것은 전자를 이동시키는 것뿐이다. 따라서 그것이 환경에 더 좋은 대안이 되어야만 하는 것이 맞지 않는가? 그렇게 빨리는 아니다. 신용 카드는 여섯 개의 다른 종류의 플라스틱을 사용해서 만들어진다. 미국에서만 20억 개 이상의 카드가 있고 각각 쓰레기 매립지에 묻힌 다음에 미생물에 의해 완전히 분해되려면 아주 긴 시간이 걸릴 것이다. 카드 소비를 추적하는 기계와 서버는 모두 전기로 작동되는데 그 전기의 대부분은 탄소가 풍부한 석탄을 태움으로써 만들어진다. 현금은 다른 이점들이 있다. 그것은 주로 목화와 리넨으로 만들어지는데 그 둘 다 수확할 때 나무를 자르는 것보다 탄소를 덜 방출한다. 지폐는 일단 인쇄되면 평균적으로 5년까지 순환된다. 지폐의 색깔이 암시하는 바와 같이 지불 방법에 관해서 지폐는 환경에 더 좋은 대안이다.

① 현금으로 지불하는 것은 신용카드보다 더 환경에 좋다
② 신용카드는 현금보다 유리하다
③ 신용카드가 미국인들을 파산시키고 있을까?
④ 현금과 신용카드의 경제적 영향

해설

이 글은 종이로 만든 지폐가 신용카드보다 더 환경에 좋다는 내용이므로 제목으로 가장 적절한 것은 ①이다.

어휘

electron 전자
alternative 대안, 선택 가능한 것
landfill 매립지
harvest 수확하다
emit 방출하다
in regard to ~에 관해서는

정답 ①

02

해석

항우울제인 렉살이 아동이나 십대의 자살과 관련이 있다는 것은 잘 알려져 있다. 실제로 이 약품 포장에는 경고 문구가 실려 있다. 그럼에도 불구하고, 약품 제조사인 듀오팜은 일본에서 약품 연구를 위해 일곱 살 난 아이들을 이용해 오고 있다. 이는 이 약품이 일부 아동들에게 왜 위험한지를 연구하는 것이 아니라, 또 다른 효능에 관한 연구이다. 듀오팜은 아마도 렉살의 이미지를 좋게 만드는 결과를 얻기를 바라고 있을지도 모른다. 만약 그들이 더 낮은 자살 위험률을 보여준다면, 듀오팜은 틀림없이 그것을 강조할 것이고, 그렇지 않은 경우에는 침묵을 지킬 것이다.

① 렉살의 좋지 않은 평판은 관련 증거가 많지 않다.
② 듀오팜은 일본 제조사로부터 렉살을 구입한다.
③ 렉살은 그 위험한 부작용 때문에 연구되고 있다.
④ 듀오팜은 호의적인 연구 결과만 강조할 것이다.

해설

특정 항우울제가 아동에게 해로운 영향을 끼침에도 불구하고, 제조사가 아동을 대상으로 효능 실험을 계속하고 있다는 내용이다. 마지막 문장에서 연구 결과에 따라 제조사의 태도가 결정될 것이라고 했는데, ④가 그중 하나에 해당하므로 정답이다. 렉살 포장에 경고 문구가 실려 있다는 것으로 보아 렉살의 부작용은 충분히 입증되었다고 볼 수 있으므로 ①은 일치하지 않는 내용이다.

어휘

antidepressant 항우울제
efficacy 효능
be bound to 반드시 ~하다
play up ~을 강조하다
dubious 의심스러운
well documented 관련 증거가 많은
agreeable 호의적인

정답 ④

03~04

다음 글을 읽고 물음에 답하시오.

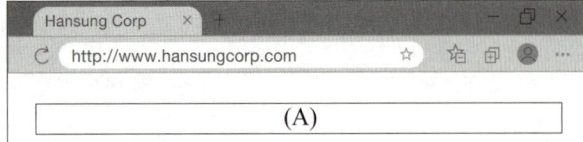

(A)

We are pleased to invite all employees to a special company event designed to celebrate your hard work and dedication. It will be held on Friday, June 21, from 2:00 p.m. to 6:00 p.m. in the 1st-floor multipurpose hall.

The event is a chance for all employees to relax and connect with colleagues across departments. This year's program includes a talent show, team games, a lucky draw, and a buffet-style dinner. Prizes will be awarded to winners of the games and to three randomly selected employees during the lucky draw.

To participate in the talent show, please submit your name and performance idea to event@hansungcorp.com by June 7. Everyone is welcome to perform, whether solo or as a team.

All employees must register in advance through the link provided in the company newsletter. The deadline for registration is June 14. Casual attire is recommended, and feel free to bring a guest — each employee may invite one person.

For questions, please contact the HR Event Team at extension 223.

03

(A)에 들어갈 윗글의 제목으로 가장 적절한 것은?

① Office Renovation Schedule
② Notice of Annual Safety Training
③ Invitation to Company Summer Trip
④ Employee Appreciation Day

04

윗글의 내용과 일치하지 않는 것은?

① 이번 행사는 사내 여러 부서 직원 간의 교류를 위한 시간이다.
② 행사의 일환으로 저녁 식사가 제공될 예정이다.
③ 모든 직원은 사전 등록 없이 행사에 참여 가능하다.
④ 공연 참가자는 미리 아이디어를 제출해야 한다.

03~04

해석

여러분의 노고와 헌신을 축하하기 위해 마련된 특별한 회사 행사에 모든 직원을 초대하게 되어 기쁩니다. 행사는 6월 21일 금요일 오후 2시부터 6시까지 1층 다목적홀에서 개최됩니다.

이 행사는 모든 직원이 휴식을 취하고 부서간 동료들과 소통할 수 있는 기회입니다. 올해 프로그램에는 장기자랑, 팀 게임, 경품 행사, 뷔페식 디너 등이 준비되어 있습니다. 게임의 우승자들과 경품 행사 도중에 무작위로 선정된 직원 3명에게 상품이 수여됩니다.

장기자랑에 참여하려면 6월 7일까지 이름과 공연 아이디어를 event@hansungcorp.com으로 제출해 주세요. 누구나 개인으로든 팀으로든 공연에 참여할 수 있습니다.

모든 직원은 회사 소식지에 제공된 링크를 통해 사전에 등록해야 합니다. 등록 마감일은 6월 14일입니다. 편한 복장이 권장되며, 직원 한 명당 한 명의 손님을 자유롭게 데려올 수 있습니다.

질문이 있으시면, 내선번호 223으로 인사팀에 연락 주시기 바랍니다.

해설

03 첫 번째 문장에서 a special company event를 알리며 직원들을 위한 특별 행사에 대한 안내를 하고 있으므로 ④가 가장 적절하다.
① 사무실 보수공사 일정
② 연례 안전 교육 공지
③ 회사 여름 여행 초대장
④ 직원 감사의 날

04 ①은 connect with colleagues across departments에, ②는 a buffet-style dinner에, ④는 To participate in the talent show, please submit your name and performance idea에서 내용의 근거를 찾을 수 있다. 모든 직원은 사전 등록이 필수(All employees must register in advance)라고 했으므로 ③이 일치하지 않는다.

어휘

dedication 헌신
talent show 장기자랑
lucky draw 경품 행사
attire 복장

정답 03 ④ 04 ③

05

주어진 글 다음에 이어질 글의 순서로 가장 적절한 것은?

To a large extent, the success of an organization requires an atmosphere in which there is a free flow of information — upward, downward, and horizontally. At the workplace, the primary goal is getting things done.

(A) In fact, the manager functions as the point of intersection for all communication channels. One of the most important concerns of the manager is to organize and ensure an effective information system across the organization.

(B) To achieve this goal, instructions, guidelines, supervision, monitoring, and periodic reporting are usually considered enough. But if the company wishes to achieve more than the set task, the genuine collaborative involvement of all employees, from the highest to the lowest levels, is required.

(C) This cooperation can only be secured by allowing every level of employee to suggest ideas, express their views, and share their experiences. Such a system of communication can only be established within the organization by the manager.

① (A) － (C) － (B)
② (B) － (A) － (C)
③ (B) － (C) － (A)
④ (C) － (A) － (B)

06

밑줄 친 부분에 들어갈 말로 가장 적절한 것은?

Once your children realize that all of the information that they could ever require is readily at hand and that they can use it, they will experience a new sense of boldness and confidence. I can still remember when I first grasped that concept. I was sitting in the library, where I had just completed a research assignment on a topic about which I had been totally ignorant only a few hours earlier. As I reflected on my achievement, it suddenly occurred to me that I should also be able to find any information that I need on any topic. As I compared the vastness of the information and knowledge at my disposal to the shallowness of my problems, I gained a new perspective on my world. I realized that I didn't have to be afraid of venturing into unknown areas! With _____ I could boldly and confidently deal with any problem.

① the guidance from teachers
② my coworkers' cooperation
③ more knowledge in my brain
④ the resources available to me

05

해석

상당한 정도로, 한 조직의 성공은 위로, 아래로, 그리고 수평으로 자유롭게 정보가 흐르는 분위기를 필요로 한다. 직장에서, 첫 번째 목표는 일이 처리되도록 하는 것이다. (B) 이 목표를 달성하기 위해서, 지시, 지침, 관리, 감시, 그리고 주기적인 보고가 대개는 충분한 것으로 여겨진다. 하지만 회사가 정해진 과업 그 이상을 달성하기를 원한다면, 최상층으로부터 최하층에 이르는 모든 직원들의 진정한 협력이 필요하다. (C) 이러한 협력은 모든 직위의 직원이 아이디어를 제안하고, 자신의 의견을 표현하며, 자신의 경험을 공유하도록 허용함으로써만 확보될 수 있다. 그런 의사소통 체계는 관리자에 의해서만 조직 내에서 확립될 수 있다. (A) 사실, 관리자는 모든 의사소통 통로를 위한 교차점으로 기능한다. 관리자의 가장 중요한 관심사 중 하나는 조직 전체에 걸쳐 효과적인 정보 체계를 세워서 그것을 공고히 하는 것이다.

해설

조직의 성공을 위해서는 정보가 자유롭게 이동해야 하며, 직장에서는 일을 처리하는 것이 일차적인 목표라는 내용의 주어진 글 다음에, 이러한 목표를 달성하기 위해서는 모든 직원들의 진정한 협력이 필요하다는 내용의 (B)가 오고, 이러한 협력은 모든 직원이 자신의 의견을 자유롭게 공유함으로써 달성될 수 있으며, 여기서 관리자의 역할이 중요하다고 한 내용의 (C)가 오고, 관리자의 역할에 관해 부연 설명하는 내용의 (A)가 마지막에 오는 것이 가장 적절하다.

어휘

horizontally 수평으로
intersection 교차점, 교점
supervision 관리
monitoring 감시, 추적 관찰
periodic 주기적인

정답 ③

06

해석

일단 여러분의 아이들이 필요할 수 있는 모든 정보를 손쉽게 구할 수 있고, 그것들을 이용할 수 있다는 것을 깨달으면, 그들은 새로운 대담함과 자신감을 경험하게 될 것이다. 나는 그 개념을 맨 처음 이해했을 때를 여전히 기억할 수 있다. 나는 도서관에 앉아 있었는데, 그곳에서 단지 몇 시간 전에는 완전히 무지했던 주제에 관한 연구 과제를 막 완료했었다. 나의 성취에 대해 되돌아보고 있었을 때, 그 어떤 주제에 관하여 필요한 그 어떤 정보 또한 발견할 수 있을 것이라는 생각이 갑자기 들었다. 내가 마음대로 쓸 수 있는 정보와 지식의 광대함을 내 문제의 얄팍함에 비교해 보면서 내가 살아가는 세상에 대한 새로운 관점을 얻었다. 나는 위험을 무릅쓰고 미지의 영역으로 들어가는 것을 두려워할 필요가 없다는 것을 깨달았다. 내가 이용할 수 있는 자료와 함께 대담하고 자신감 있게 어떤 문제든 처리할 수 있었다.

① 교사들의 지도
② 내 동료들의 협업
③ 내 뇌에 있는 더 많은 지식
④ 내가 이용할 수 있는 자료

해설

정보와 지식을 잘 이용하게 되면 문제에 대한 대담함과 자신감을 가지게 된다는 내용의 글이므로, 빈칸에 들어갈 말로 ④가 가장 적절하다.

어휘

at hand 구할 수 있는, 가까이에
boldness 대담함
grasp 이해하다
ignorant 무지한
vastness 광대함
at one's disposal ~의 마음대로 쓸 수 있는
shallowness 얄팍함
venture 위험을 무릅쓰고 하다

정답 ④

DAY 26 독해

01

다음 글의 목적으로 가장 적절한 것은?

Most of us would agree that no child should go to bed hungry at night. Most of us do not agree, however, on the causes of and solutions to the reality of hungry children. In the meantime, while we discuss, while we debate, while we disagree, children continue to wake up hungry, attend school hungry, and fall asleep hungry. Feed The Children believes that we need to keep searching for root causes and for effective long-term solutions to poverty, but that we cannot allow children to be hungry TODAY. One hundred percent of all donations to Feed The Children go directly to children through school breakfast programs. If you are concerned for the hungry children TODAY, please join in our work by sending a check in the enclosed envelope. With your efforts, we can put an end to hunger for the little ones.

① 기아 체험 행사를 안내하려고
② 기아 대책 재단의 설립을 홍보하려고
③ 기아 대책을 세울 것을 정부에 촉구하려고
④ 기아 어린이를 돕는 기부금을 요청하려고

02

다음 글의 내용과 일치하는 것은?

Dispute Resolution Laws in Australia provide mechanisms at both State and Federal levels covering relationship breakups or periods of crisis. Heterosexual and de facto relationships have been recognized by these laws yet relationships between same sex couples have not, even though such relationships have been deemed lawful. To address this anomaly, an amendment was passed by the New South Wales parliament in 1999 extending the definition of a de facto couple to include same sex and other domestic partnerships. Other acts have to be amended to ensure a dovetailing of current laws, particularly in the areas of inheritance, compensation and guardianship.

① Heterosexual married couples do not receive legal recognition.
② De facto couples are defined as those facing crises or a break up.
③ Relationships between same sex couples are illicit.
④ Gay and lesbian relationships have been legally recognized since 1999.

01

해석

대다수의 우리는 밤에 굶주린 채 잠드는 아이가 없어야 한다는 데 동의합니다. 그러나 대다수의 우리는 기아의 현실에 대한 원인과 해결책에 대해서는 의견이 같지 않습니다. 그러는 사이에, 즉 우리가 토론하는 동안에, 논쟁하는 동안에, 의견을 달리하는 동안에, 아이들은 계속 굶주린 채 일어나서 학교에 가고 굶주린 채 잠자리에 듭니다. Feed The Children은 빈곤의 근본적인 원인과 효과적이고 장기적인 해결책을 계속 찾아야 하지만 '오늘' 아이들을 굶주리게 할 수는 없다고 믿습니다. Feed The Children에 주는 모든 기부금의 100퍼센트가 학교의 아침 식사 프로그램을 통해서 직접 아이들에게로 갑니다. 당신이 '오늘' 배고픈 아이들에게 관심을 갖고 있다면 동봉한 봉투에 수표를 보냄으로써 우리의 활동에 함께 하십시오. 당신의 노력으로 우리는 어린아이들을 위해 굶주림을 끝낼 수 있습니다.

해설

기아 어린이를 위해 기부금을 보내 줄 것을 요청하는 내용이므로, 글의 목적으로 ④가 가장 적절하다.

어휘

in the meantime 그러는 사이에
debate 논쟁하다
donation 기부
enclose 동봉하다

정답 ④

02

해석

호주에서 분쟁 해결법은 주 차원과 연방 차원에서 관계 불화 또는 위기의 시기를 다루는 메커니즘들을 제공한다. 이성애 관계나 사실혼의 관계들은 이런 법들에 의해 인식되고 있지만, 같은 성별 간의 커플의 관계는 합법적이 되었음에도 불구하고 아직 인정되지 않고 있다. 이런 예외를 처리하기 위해 1999년에 뉴사우스웨일즈 의회에 의해 수정안이 통과되었는데, 그 수정안은 사실혼 관계 부부의 정의를 동성 부부와 다른 가정적 파트너십을 포함한 것으로 확장시켰다. 현행법과 긴밀한 연계를 확보하기 위해 특히 상속, 배상, 후견인에 관한 분야의 다른 법령들도 수정될 필요가 있다.

① 이성 부부들은 법적인 승인을 받지 않는다.
② 사실혼 관계의 부부들은 위기나 헤어짐에 직면한 사람들로 정의된다.
③ 같은 성별 커플들의 관계는 비합법적이다.
④ 게이와 레즈비언 관계는 1999년부터 법적으로 인정되었다.

해설

글의 세 번째 문장에서 정답 '④ 게이와 레즈비언 관계는 1999년부터 법적으로 인정되었다'의 단서를 찾을 수 있다.

어휘

heterosexual 이성애의
de facto 사실상 존재하는, 현존의
anomaly 변칙, 이례
extend 넓히다, 연장하다
dovetail (긴밀하게) 서로 연계하다
inheritance 상속
guardianship 후견인의 임무, 보호

정답 ④

03~04

다음 글을 읽고 물음에 답하시오.

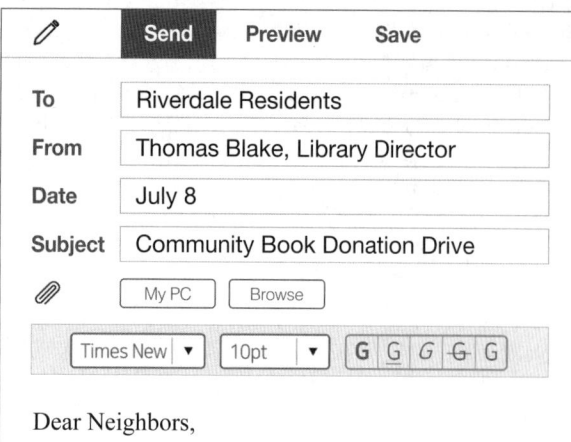

Dear Neighbors,

I am pleased to announce that the Riverdale Public Library will be organizing a Community Book Donation Drive from July 15 to July 30. This event is an opportunity for residents to donate gently used books, which will be shared with local schools, shelters, and community centers.

We accept books of all genres and for all age groups, as long as they are in good condition. Your <u>generous</u> donations will help promote literacy and provide valuable resources to those in need. Donation boxes will be placed at the library entrance, and volunteers will be available to assist during library hours.

Thank you for your support in strengthening our community through the gift of reading. We look forward to your participation!

Sincerely,

Thomas Blake

03

밑줄 친 generous의 의미와 가장 가까운 것은?

① kind
② large
③ helpful
④ willing

04

윗글의 목적으로 가장 적절한 것은?

① 지역 도서관의 신간 도서를 소개하려고
② 지역사회 도서 기증 행사를 안내하려고
③ 도서관 운영 시간 변경을 알리려고
④ 독서 모임 참가자를 모집하려고

03~04

해석

수신: 리버데일 주민
발신: Thomas Blake, 도서관장
날짜: 7월 8일
제목: 지역사회 도서 기부 운동

이웃 여러분,

리버데일 공립 도서관에서 7월 15일부터 7월 30일까지 지역사회 도서 기부 운동을 개최한다는 소식을 전하게 되어 기쁩니다. 이번 행사는 주민들이 소중히 사용한 도서를 기부할 수 있는 기회로, 도서는 지역 학교, 쉼터, 지역사회 센터에 공유될 예정입니다.

우리는 모든 장르와 모든 연령대를 위한 도서를 받는데, 상태가 양호하기만 하면 됩니다. 여러분의 아낌없는 기부는 문해력을 증진하고 도움이 필요한 사람들에게 귀중한 자료를 제공하는 데 도움이 될 것입니다. 도서관 입구에 기부 상자가 놓일 것이며, 도서관 운영 시간 동안 자원봉사자들이 도움을 받을 수 있을 것입니다.

독서라는 선물을 통해 우리 지역사회를 튼튼히 하는 데 도움을 주셔서 감사합니다. 여러분의 많은 참여를 기대합니다!

Thomas Blake

해설

03 generous는 '후한, 관대한'이라는 의미로, 기증 운동 관련 지문에서 종종 함께 나온다. 선택지 중에서는 ① kind의 의미가 가장 가깝다. helpful(도움이 되는)은 우리말로는 의미가 비슷해 보이지만, donation을 수식하기에 어색하다.
① 친절한
② 큰
③ 도움이 되는
④ 기꺼이 하는

04 제목인 Community Book Donation Drive에서 알 수 있듯이 도서 기증 운동을 알리는 내용이므로 ②가 정답이다.

어휘

director 이사, 책임자
donation 기증
drive (조직적) 운동
shelter 피난처, 보호소
genre 장르
promote 촉진하다
literacy 글을 읽고 쓸 줄 아는 능력

정답 03 ① 04 ②

05
주어진 글 다음에 이어질 글의 순서로 가장 적절한 것은?

> During his days as president, Thomas Jefferson and a group of companions were traveling across the country on horseback. They came to a river where the bridge had been washed away because of a recent downpour.

(A) As the traveler slid off the back of the saddle, one in the group asked him, "Why did you ask this favor of the president in particular?" "All I know," the man said, "is that on some of your faces was written the answer 'No,' and on some of them was the answer 'Yes.' His was a 'Yes' face."

(B) Each rider was forced to cross the river on horseback, fighting for his life against the rapid currents. The very real possibility of death threatened each rider, which caused a traveler who was not part of their group to step aside and watch.

(C) After several had plunged in and made it to the other side, the traveler asked President Jefferson to ferry him across the river. The president agreed without hesitation. The man climbed on, and shortly thereafter the two of them made it safely to the other side.

① (A) − (C) − (B)
② (B) − (A) − (C)
③ (B) − (C) − (A)
④ (C) − (A) − (B)

06
밑줄 친 부분에 들어갈 말로 가장 적절한 것은?

> Suppose you could get to Venus, the second planet from the Sun. Suppose you tried to walk across its surface. It would not feel the same as walking across Earth. It would feel like you were _____. Why would it feel this way? Each planet has a different makeup of air with different amounts of gases. Earth's air is made up of nitrogen, oxygen, and other gases. Though it may not seem like it, air has weight. Scientists weigh air by measuring how much it presses against objects on Earth. On Earth, there is on average 14.7 pounds of pressure per square inch. The air on Venus is a thick layer of carbon dioxide. It would press down on you with more than 1,300 pounds of force instead of 14.7!

① standing under a tall tree during a storm
② floating on a soft white cloud for a while
③ running around in circles again and again
④ walking across a swimming pool underwater

05

해석

Thomas Jefferson이 대통령으로 재직하던 시절에 그와 한 무리의 동료들이 말을 타고 전국을 여행하고 있었다. 그들은 최근의 호우 때문에 다리가 휩쓸려간 강에 다다랐다. (B) 말을 타고 있는 각 사람은 빠른 물살에 맞서 살기 위해 애쓰며 말을 타고 그 강을 건너야 했다. 죽음에 대한 아주 실제적인 가능성이 말을 탄 각각의 사람을 위협했는데, 그것 때문에 그들의 무리의 일원이 아닌 한 여행자가 옆으로 비켜서 보게 되었다. (C) 몇 명이 뛰어들어 건너편까지 가는 데 성공했을 때 그 여행자는 Jefferson 대통령에게 자신을 강 저편으로 데려다 줄 것을 요청했다. 대통령은 주저함 없이 동의했다. 그 남자는 올라탔으며, 바로 직후에 그들 두 사람은 안전하게 건너편으로 가는 데 성공했다. (A) 그 여행자가 안장의 뒤로부터 미끄러지듯이 내릴 때 그 무리 중 한 사람이 "당신은 왜 이러한 부탁을 특별히 대통령에게 했습니까?"라고 물었다. "제가 아는 전부는 당신들 중 몇몇의 얼굴에는 '싫습니다'라는 대답이 쓰여 있었으며 또 어떤 사람들의 얼굴에는 '좋습니다'라고 쓰여 있었습니다. 그의 얼굴은 '좋습니다'라는 얼굴이었습니다."라고 말했다.

해설

주어진 문장은 Thomas Jefferson 대통령이 속한 무리가 다리가 없는 강을 말을 타고 건너야 했던 상황이다. (B)에서는 강의 빠른 물살이 각 사람을 위협했다는 내용과 한 여행자가 이것을 옆에서 지켜보고 있었다는 내용이 나온다. (C) 그 여행자는 대통령에게 자신을 건너편으로 데려 달라고 부탁하고 이 둘은 성공적으로 강을 건넌다. (A) 무리 중 한 명이 이 여행자에게 왜 대통령에게 이러한 부탁을 했는지 묻고 여행자가 이에 답하는 내용이 나오는 것이 가장 적절하다.

어휘

downpour 호우
slide off 미끄러지듯이 내리다
saddle 안장
current 흐름, 조류
plunge 뛰어들다
ferry 나르다

정답 ③

06

해석

태양으로부터 두 번째 행성인 금성에 도착한다고 가정하자. 그 표면을 가로질러 걸으려고 한다고 가정하자. 지구에서 걷는 것과 똑같은 느낌이 들지 않을 것이다. 마치 수영장 물 밑을 가로질러 걷는 것처럼 느낄 것이다. 왜 이런 느낌이 들까? 각각의 행성은 다른 양의 기체를 가진 다른 공기 구조를 갖고 있다. 지구의 공기는 질소, 산소 그리고 다른 기체로 이루어져 있다. 그렇게 보이지 않을지 모르지만 공기는 무게를 갖고 있다. 과학자들은 공기가 지구상의 물체에 얼마나 압력을 가하는지를 측정함으로써 공기의 무게를 잰다. 지구상에서 평방 인치당 평균적으로 14.7파운드의 압력이 있다. 금성의 공기는 두꺼운 이산화탄소 층이다. 그것은 14.7이 아니라 1,300파운드 이상의 힘으로 당신에게 압박을 가할 것이다.

① 폭풍우가 몰아치는 동안에 큰 나무 밑에 서 있다
② 한동안 부드러운 하얀 구름 위에 떠다니다
③ 원을 그리며 계속 달리다
④ 수영장 물 밑을 가로질러 걷다

해설

금성에서는 지구에서보다 공기가 약 88배(1,300÷14.7)의 압력을 가하므로 걷기가 힘들 것이라고 했으므로 정답은 ④이다.

어휘

Venus 금성
makeup 구성, 구조
nitrogen 질소
square 평방의
layer 층
carbon dioxide 이산화탄소

정답 ④

01

다음 글의 주제로 가장 적절한 것은?

If we draw a line on the floor and want to shorten it without erasing, the solution is to draw a longer line near it. This shows that length is relative. The same is true for periods of time. Does it take a 'long' or 'short' time for the earth to make one trip around the sun? To a small child, the time from one Christmas to the next seems like an eternity. To a geologist, accustomed to thinking in terms of millions of years, one year is but a fleeting instant. A period of time, like distance in space, is impossible to measure without comparing it to some other period of time. A year is measured by the earth's period of revolution around the sun; a day by the time it takes the earth to rotate once on its axis; an hour by the time it takes the long hand of a clock to make one revolution.

① the unreality of time
② time as a scarce resource
③ the relativity of time
④ the definition of time

02

parental alienation에 관한 다음 글의 내용과 일치하는 것은?

In relationship breakups, children can fall victim to adverse actions of alienation. Parental alienation is when one parent, usually the mother or home parent, indoctrinates behavior or delusions designed to alienate the other parent. The other parent might be portrayed as evil or stupid and children might also be encouraged to treat them with disrespect or practice deceit. This can produce psychopathic behaviors in later life. For example, lying and deceiving become a means of getting one's way. In addition, children may develop symptoms of anger, loss of self-confidence, depression, feelings of guilt, anxiety, and education problems.

① Children sometimes end up alienated from both parents.
② Mothers may coach children into manipulative behavior.
③ Parents targeted for alienation can become psychopathic.
④ Children can develop feelings of paranoia when with others.

01

해석

마루에 선을 그은 다음 그것을 지우지 않고 더 짧게 만들고 싶다면, 해결책은 그 선 근처에 더 긴 선을 그리는 것이다. 이것은 길이가 상대적이라는 것을 보여 준다. 시간의 길이도 마찬가지이다. 지구가 태양 주위를 한 바퀴 도는 데 오랜 시간이 걸리는가, 아니면 짧은 시간이 걸리는가? 어린 아이에게 어느 해의 크리스마스에서 다음 크리스마스까지의 시간은 영원처럼 느껴진다. 수백만 년의 관점에서 생각하는 데 익숙한 지질학자에게 1년은 찰나의 순간에 불과하다. 시간의 길이는, 공간에서의 거리와 마찬가지로, 어떤 다른 시간의 길이와 비교하지 않고서는 측정하는 것이 불가능하다. 1년은 지구가 태양 주위를 도는 기간에 의해 측정되고, 하루는 지구가 한 번 그 축 위에서 도는 데 걸리는 시간에 의해 측정되고, 1시간은 시계의 분침이 한 바퀴 도는 데 걸리는 시간에 의해 측정된다.

① 시간의 비현실성
② 희소 자원으로서의 시간
③ 시간의 상대성
④ 시간의 정의

해설

길이가 상대적이듯이 시간도 상대적이라는 것을 예를 들어 설명하고 있으므로 글의 주제로는 ③이 가장 적절하다.

어휘

The same is true for ~도 마찬가지이다
fleeting 빨리 지나가는, 쏜살같은
revolution 공전
axis 축

정답 ③

02

해석

관계가 깨질 때, 아이들은 소외의 역작용을 받는 피해자가 될 수 있다. 부모 소외는 한쪽 부모, 대개 엄마나 집에 있는 부모가 다른 한쪽 부모를 소외시키도록 하는 행동이나 망상을 주입할 때 일어난다. 다른 한쪽 부모는 사악하거나 멍청한 것으로 비칠 수 있으며 아이들도 그들을 무시하거나 속이도록 부추김을 받을 수 있다. 이것은 이후 삶에 있어서 정신병적 행동을 유발할 수 있다. 예를 들어, 거짓말하고 속이는 것이 자기가 바라는 것을 얻는 수단이 되는 것이다. 또한 아이들은 분노, 자신감 상실, 우울, 죄책감, 불안, 교육상 문제 같은 증상들을 보일 수 있다.

① 아이들은 때로 결국 양쪽 부모로부터 소외될 수 있다.
② 엄마는 아이들에게 다른 사람을 조종하는 행동을 가르칠 수 있다.
③ 소외의 대상이 된 부모는 정신병에 걸릴 수 있다.
④ 아이들은 다른 사람들과 있을 때 편집증에 걸릴 수 있다.

해설

글의 두 번째와 세 번째 문장에서 한쪽 부모가 아이들을 이용해 다른 한쪽 부모를 소외시키도록 부추기는 것이라고 했으므로, 결국 아이들도 부추기는 부모로부터 이렇게 사람을 조종하는 법을 배우게 된다고 볼 수 있다. 따라서 내용과 일치하는 것은 ②이다.

어휘

breakup 별거, 이별
fall victim to ~의 희생물이 되다
adverse 역의, 불리한
alienation 소외
indoctrinate 주입하다
delusion 망상
deceit 속임수, 사기
psychopathic 정신병의
get one's way 자기 맘대로 하다, 바라는 것을 얻다
manipulative 조종하는
paranoia 편집증

정답 ②

03~04

다음 글을 읽고 물음에 답하시오.

The city's metro system is fast, clean, and convenient. To use it, first purchase a transportation card from any station kiosk or convenience store. You can <u>recharge</u> your card at kiosks using cash or a credit card.

When entering the station, tap your card at the gate. Make sure you stand behind the yellow safety line while waiting for the train. Train maps and station signs are available in multiple languages to help you find your route.

Inside the train, priority seats are reserved for the elderly, pregnant women, and people with disabilities. Please be respectful and avoid talking loudly or eating during the ride.

When you reach your stop, tap your card again as you exit. Fares are automatically calculated based on distance traveled.

For questions, ask a station staff member or visit the Metro Info Center.

03

밑줄 친 recharge의 의미와 가장 가까운 것은?

① replace
② add value to
③ renew
④ withdraw

04

윗글의 목적으로 가장 적절한 것은?

① 대중교통 요금 인상을 알리기 위해
② 지하철 공사 일정 변경을 안내하기 위해
③ 외국인을 위한 도시 관광지를 소개하기 위해
④ 지하철 이용 방법과 기본 규칙을 설명하기 위해

03~04

해석

시의 지하철 시스템은 빠르고 깨끗하며 편리합니다. 이를 이용하려면 먼저 역의 키오스크나 편의점에서 교통카드를 구입하세요. 현금이나 신용카드를 사용하여 키오스크에서 카드를 충전할 수 있습니다.

역에 들어갈 때는 게이트에서 카드를 탭하세요. 열차를 기다리는 동안 노란색 안전선 뒤에 서 있어야 합니다. 열차 지도와 역 표지판은 여러 언어로 제공되어 경로를 찾는 데 도움이 됩니다.

열차 내부에는 노약자, 임산부, 장애인을 위한 우선 좌석이 마련되어 있습니다. 타인을 존중하시어 승차 중 큰 소리로 말하거나 식사를 하는 것을 삼가 주시기 바랍니다.

정류장에 도착하면 나가면서 카드를 다시 탭하세요. 요금은 이동 거리에 따라 자동으로 계산됩니다.

질문이 있으시면 역무원에게 물어보거나 메트로 인포 센터를 방문하세요.

해설

03 recharge는 전기나 금액 등을 '재충전하다'라는 의미이다. 즉, '가치를 추가하는' 것이므로 '~에 가치를 더하다'라는 의미의 ② add value to가 정답이다.
① 대신하다
② ~에 가치를 더하다
③ 갱신하다
④ 물러나다, 철수하다

04 지하철 이용 방법을 안내하는 내용이므로 ④가 정답이다.

어휘

metro 지하철
transportation 교통, 운송
recharge 재충전하다
tap 가볍게 대다
available 이용 가능한
priority seat 우대석
reserved 따로 둔
disability 장애
calculate 계산하다

정답 03 ② 04 ④

05
주어진 문장이 들어갈 위치로 가장 적절한 것은?

> A problem, however, is that supervisors often work in locations apart from their employees and therefore are not able to observe their subordinates' performance.

In most organizations, the employee's immediate supervisor evaluates the employee's performance. (①) This is because the supervisor is responsible for the employee's performance, providing supervision, handing out assignments, and developing the employee. (②) Should supervisors rate employees on performance dimensions they cannot observe? (③) To eliminate this dilemma, more and more organizations are implementing assessments referred to as 360-degree evaluations. (④) Employees are rated not only by their supervisors but by coworkers, clients or citizens, professionals in other agencies with whom they work, and subordinates. The reason for this approach is that often coworkers and clients or citizens have a greater opportunity to observe an employee's performance and are in a better position to evaluate many performance dimensions.

06
밑줄 친 부분에 들어갈 말로 가장 적절한 것은?

> Foreign species can exhibit ecologically dominant behavior, causing extinctions of native species. The brown tree snake, native to the South Pacific, was accidentally introduced into Guam after World War II. Prior to that introduction, only one species of snake existed on Guam, and that snake was a specialized resident of termite* nests. In contrast, the brown tree snake is a cruel predator on birds, against which the birds of Guam have no evolved defense. Ten of the 12 forest birds that were native to Guam are now extinct. Because forest plants on Guam depended on these birds for pollination and seed spread, the effects of the snake echoed through the ecosystem. The brown tree snake has proven unstoppable, a clear indicator of _____.
>
> * termite: 흰개미

① the powerful instinct to survive by oneself
② the defense strategy from invasive predators
③ the extinction dangers by species introductions
④ the negative effects of keeping native plants alive

05

해석

대부분의 조직에서, 직원의 직속상관은 그 직원의 성과를 평가한다. 이것은 그 관리자가 (직원에게) 감독을 제공하고, 과업을 배정하며, 그 직원을 계발하면서, 그 직원의 성과를 책임지기 때문이다. 하지만, 문제는 관리자가 흔히 직원과 떨어진 장소에서 일하기 때문에, 자신의 부하 직원들의 성과를 관찰할 수 없다는 것이다. 관리자는 자신이 관찰할 수 없는 성과 영역에 대해 직원들을 평가해야 하는가? 이 딜레마를 없애기 위해, 점점 더 많은 조직이 '다면 평가'라고 불리는 평가를 시행하고 있다. 직원들은 자신의 관리자에 의해서만이 아니라, 동료, 고객이나 시민, 함께 일하는 다른 대행사의 전문가들, 그리고 부하 직원들에 의해서도 평가를 받는다. 이 방법을 시행하는 이유는 동료와 고객이나 시민들이 흔히 어떤 직원의 성과를 관찰할 더 많은 기회를 가지며, 여러 성과 영역을 평가할 수 있는 더 나은 위치에 있기 때문이다.

해설

주어진 문장은 부하 직원들과 떨어진 장소에서 일하는 관리자는 그들의 성과를 관찰할 수 없다는 내용이다. 주어진 문장의 however로 보아, 주어진 문장 앞에는 부하 직원들의 성과를 평가해야 하는 관리자의 책무가 언급되어야 함을 알 수 있다. 또한 주어진 문장 다음에는 관찰이 불가능함에도 직원의 성과를 평가해야 하는 관리자의 딜레마를 언급하는 것이 자연스럽다. 따라서 주어진 문장이 들어가기에 가장 적절한 곳은 ②이다.

어휘

supervisor 관리자
subordinate 부하 직원
immediate supervisor 직속상관
performance 성과
supervision 관리, 감독
assignment 과업, 과제
dimension 영역, 차원
eliminate 없애다
implement 시행하다
assessment 평가
agency 대행사

정답 ②

06

해석

외래종은 토착종의 멸종을 일으키는 생태학적으로 지배적인 행동을 보여준다. 남태평양에서 자생하는 갈색 나무뱀은 제2차 세계 대전이 끝난 후, 우연히 괌으로 전파되었다. 이 전파 이전에 괌에는 오직 하나의 뱀이 존재했고, 그 뱀은 흰 개미집의 특별한 주민이었다. 대조적으로, 갈색 나무뱀은 새를 잡아먹는 잔인한 포식자였고, 괌에 사는 새들은 이에 대항하는 진화된 방어책을 가지고 있지 않았다. 괌의 토착종으로 숲에 사는 12종의 새 중에서 10종이 현재 멸종했다. 괌의 숲 식물들은 수분과 씨앗 퍼뜨리기를 위해 이 새들에게 의존했으므로, 이 뱀의 영향은 전체로 퍼져 나갔다. 갈색 나무뱀은 막을 수 없는 것으로 드러났고, 종 도입에 의한 멸종 위험의 분명한 표시였다.

① 스스로 생존하려는 강력한 본능
② 침입 포식자의 방어 전략
③ 종 도입에 의한 멸종 위험
④ 토종 식물을 살리는 부정적인 효과

해설

외래종인 갈색 나무뱀이 괌으로 도입된 후, 그곳에 사는 토착새를 잡아먹어서 전체 12종의 토착새 중 10종이 현재 멸종되었고, 이러한 영향이 수분과 씨앗 퍼뜨리기를 위해 새에게 의존하는 숲 식물에게도 퍼져 나갔다고 했으므로, 빈칸에 들어갈 말로 ③이 가장 적절하다.

어휘

foreign species 외래종
exhibit 보여주다
ecologically 생태학적으로
extinction 멸종
native species 토착종
accidentally 우연히
resident 주민
predator 포식자
pollination 수분
echo through ~로 퍼져나가다
indicator 표시, 지표

정답 ③

DAY 28 독해

01

다음 글의 주제로 가장 적절한 것은?

The design of warning signals is surprisingly complex. They have to be loud or bright enough to be noticed, but not so loud or bright that they become annoying distractions. The signal has to both attract attention (act as a signifier of critical information) and deliver information about the nature of the event that is being signified. The various instruments need to have a coordinated response, which means that there must be international standards and collaboration among the many design teams from different, often competing, companies. Although considerable research has been directed toward this problem, including the development of national standards for alarm management systems, the problem still remains in many situations.

① elements to be considered in designing warning signals
② the serious competition for designing new warning signals
③ reasons why annoying and distracting alarms often occur
④ the importance of interpreting warnings exactly in emergencies

02

다음 글의 내용과 일치하지 않는 것은?

We owe to our students, interns, and the trainees, nondiscriminatory access to education and training. We shall provide education and training that is relevant, informed and accurate with respect to the needs of our student body. We recognize the need to responsibly mentor our students in their professional and academic development. We are committed to continuing education in order to improve and expand our skills and knowledge, and our onus* to inform students of their ethical responsibilities. Students can be assured that their contributions to our professional activities, including research and publication, will be appropriately recognized.

* onus: 책임

① Careful monitoring of student progress is a key area of responsibility.
② The needs of students engaged in continuing education take precedence.
③ It is important that student's research be properly acknowledged.
④ One key goal is to utilize unbiased criteria for entry to education.

01

해석

경고 신호의 디자인은 놀라울 정도로 복잡하다. 그것들은 알아차릴 수 있도록 충분히 시끄럽거나 밝아야 하지만, 너무 시끄럽거나 밝아서 성가시게 집중을 방해하는 것이 되어서는 안된다. 그 신호는 관심을 끌면서(중요한 정보를 나타내는 것으로서의 역할을 하면서) 표시되고 있는 사건의 본질에 대한 정보도 같이 전달해야 한다. 다양한 기구들이 통합된 반응을 가질 필요가 있는데, 이것은 서로 다르고 종종 경쟁하는 회사들의 많은 디자인팀들 사이에 국제적인 기준과 협력이 있어야 한다는 것을 의미한다. 비록 경보 관리 시스템을 위한 국가적인 기준의 개발을 포함해 이 문제를 겨냥한 상당한 연구가 있었지만, 여전히 많은 상황에 그 문제가 남아 있다.

① 경고 신호를 디자인할 때 고려해야 할 요소
② 새로운 경고 신호를 디자인하기 위한 치열한 경쟁
③ 귀찮고 산만한 경보가 자주 발생하는 이유
④ 비상시에 정확하게 경고를 해석하는 것의 중요성

해설

경고 신호를 디자인할 때 소리의 크기나 밝기뿐만 아니라 공동 작용할 수 있는 반응을 위해 고려해야 할 다양한 조건들이 있다는 내용이므로, 글의 주제로 ①이 가장 적절하다.

어휘

distraction 주의를 산만하게 하는 것
signifier 나타내는 것, 표시하는 것
coordinated 통합된, 조정된
collaboration 협력
considerable 상당한

정답 ①

02

해석

학생, 인턴, 견습생들에게 우리는 교육과 훈련에 대한 차별적이지 않은 접근을 보장할 의무가 있다. 우리는 전 학생의 필요에 관해 정보가 확실하며 정확한 교육과 훈련을 제공할 것이다. 우리는 학생들의 전문적이고 학문적인 발전을 위해 그들에게 책임감을 가지고 지도할 필요성을 인식하고 있다. 우리는 기술과 지식, 학생들에게 윤리적 책임감을 알려줄 의무를 향상시키고 확장시키기 위한 계속적인 교육에 헌신하고 있다. 학생들은 연구와 출판을 포함한 우리의 전문적인 활동에 대한 그들의 기여가 적절하게 인정될 것이라고 확신해도 좋다.

① 학생 학업 진도에 대한 신중한 관찰이 책임의 핵심 영역이다.
② 계속되는 교육에 관여되어 있는 학생들의 요구가 우선시된다.
③ 학생들의 연구가 적절하게 인정받아야 하는 것은 중요하다.
④ 하나의 핵심 목표는 교육 진입에 대한 편견이 없는 기준을 활용하는 것이다.

해설

이 글은 학생들을 교육하는 데 있어 어떠한 원칙을 가지고 있는지를 설명하고 있다. 그러나 ②의 내용은 언급되어 있지 않다.

어휘

owe 빚지고 있다, ~을 다할 의무를 지고 있다
nondiscriminatory 차별 없는
mentor 스승, 은사; 지도하다
precedence 선행, 우위, 우선

정답 ②

03~04

다음 글을 읽고 물음에 답하시오.

(A)

Dear Library Patrons,

Please be advised of a temporary adjustment to our regular library operating hours, effective Monday, November 6th. Due to essential building maintenance, our weekday hours will be slightly modified for a period of two weeks.

From November 6th to November 17th, the library will be open from 10:00 a.m. to 6:00 p.m. on Mondays through Fridays. Our weekend hours will remain unchanged, with the library open from 11:00 a.m. to 5:00 p.m. on Saturdays and Sundays.

During this maintenance period, all library services, including borrowing and returning materials, computer access, and study spaces, will still be available. However, please be aware that there may be some noise disruptions at certain times. We apologize for any inconvenience this may cause and appreciate your understanding as we work to improve our facilities.

For any urgent inquiries, please contact the library staff at (222) 123-4567 or visit our website at www.libraryname.org for further updates.

Thank you for your cooperation.

Sincerely,

The Library Management

03

(A)에 들어갈 윗글의 제목으로 가장 적절한 것은?

① Exciting Weekend Programs at the Library
② Temporary Change in Library Operating Hours
③ New Services Available at Your Local Library
④ Upcoming Library Renovation Project

04

윗글의 내용과 일치하지 <u>않는</u> 것은?

① 변경된 운영 시간은 11월 6일부터 적용될 것이다.
② 주말 운영 시간은 동일하게 유지될 것이다.
③ 도서관은 보수 공사로 인해 2주 동안 문을 닫을 것이다.
④ 이용자들은 변경된 운영 시간 동안에도 도서관 컴퓨터를 이용할 수 있을 것이다.

03~04

해석

도서관 이용객 여러분께,

11월 6일 월요일부터 우리 도서관의 정기 운영 시간이 일시적으로 조정된다는 것을 알려드립니다. 필수적인 건물 유지보수로 인해 2주 동안 평일 운영 시간이 약간 변경될 예정입니다.

11월 6일부터 11월 17일까지 월요일부터 금요일까지는 도서관이 오전 10시부터 오후 6시까지 운영됩니다. 주말 시간은 변경되지 않는데, 토요일과 일요일에는 오전 11시부터 오후 5시까지 도서관이 운영됩니다. 이 유지보수 기간 동안 자료 대여 및 반납, 컴퓨터 접속, 학습 공간을 포함한 모든 도서관 서비스는 계속 이용하실 수 있습니다. 그러나 특정 시간대에 소음이 발생할 수 있다는 점을 유의해 주시기 바랍니다. 이로 인해 불편을 끼쳐드려 죄송합니다. 우리가 시설 개선을 위해 노력하는 동안 양해해 주시기 바랍니다.

긴급한 문의 사항이 있으시면 (222) 123-4567로 도서관 직원에게 연락하시거나, 저희 웹사이트 www.libraryname.org를 방문하여 추가적인 소식을 확인하시기 바랍니다.

여러분의 협조에 감사드립니다.

도서관 관리소 드림

해설

03 첫 문장에서 library operating hours에 일시적인 조정이 있을 것이라고 했으므로 ②가 정답이다.
① 도서관에서의 흥미진진한 주말 프로그램
② 도서관 운영 시간의 임시 변경
③ 여러분의 지역 도서관에서 제공되는 새로운 서비스
④ 곧 있을 도서관 수선 프로젝트

04 ①은 From November 6th to November 17th, the library will be open from 10:00 a.m. to 6:00 p.m. on Mondays through Fridays. ②는 Our weekend hours will remain unchanged, ④는 all library services, including borrowing and returning materials, computer access, and study spaces, will still be available에서 내용의 근거를 찾을 수 있다. 2주 동안 평일 운영 시간이 변경될 뿐이지 도서관이 문을 닫는 것은 아니므로 ③이 내용과 일치하지 않는다.

어휘

be advised of ~을 알려주다
adjustment 조정
maintenance 유지, 보수
slightly 약간
modify 수정하다, 바꾸다
access 접속, 접근
disruption 두절
appreciate 감사하다

정답 03 ② 04 ③

05
다음 글의 흐름상 어색한 문장은?

A good working relationship need not require us to eliminate an inequality based on skill or seniority. Expertise, experience, or authority should get its due* — no more and no less. ① For example, we would probably all accept the superior judgment of a doctor on a medical problem or the superior authority of a judge to decide on a lawsuit. ② We need to accept unequal working relationships between people with different skills and with different degrees of authority. ③ And those with more skill or authority need not give up their status in order to work out differences with others of less skill or authority. ④ Whatever group you belong to, you should admit that the productivity of your group can be dependent on the equality among group members. Yet there is no reason to defer** to a doctor in matters of politics nor to let a judge overrule the views of the rest of the family on what television set to buy.

* get one's due: 받아야 할 것을 받다 ** defer: 미루다

06
밑줄 친 부분에 들어갈 말로 가장 적절한 것은?

There is a new mode of thought in the shopping environment. No longer is it enough to identify simple consumer demands and try to satisfy them. The new consumer is operating on a fresh plane of needs that is totally different from that used by his predecessors. The new consumer shops for reasons that seem strange from a conventional point of view. Modern shoppers buy things to reward themselves, to satisfy psychological needs, or to make themselves feel good. Modern shoppers buy things because they are expensive. They buy things to make a statement, to show off their personality, or to boost their self-esteem. Purchased items have become a way to show who you are. Buying an item because you have a real physical necessity for it, in the way that our parents used to shop, _____.

① has led to the development of countless physical items
② has become the least of the modern shopper's concerns
③ has allowed us to empathize with our parents' decisions
④ has made all the companies listen to consumer demands

05

해석
좋은 업무 관계는 우리가 기술 혹은 연상이라는 점에 근거한 불평등을 없앨 것을 요구할 필요가 없다. 전문적인 지식, 경험, 혹은 권위는 그 이상도 그 이하도 아닌 의당 받아야 할 것을 받아야 한다. 예를 들면, 우리 모두는 아마도 의료 문제에서 의사의 우수한 판단을 받아들일 것이며 소송에 대해 결정을 내리는 판사의 우수한 권위를 받아들일 것이다. 우리는 다른 기술과 다른 정도의 권위를 가진 사람들 사이의 업무적으로 불평등한 관계를 받아들일 필요가 있다. 그리고 더 많은 기술 혹은 권위를 가진 사람들은 더 적은 기술 혹은 권위를 가진 다른 사람들과의 차이를 해결하기 위해서 그들의 지위를 포기할 필요가 없다. (여러분이 어떠한 집단에 속해 있든지 간에 여러분은 여러분 집단의 생산성이 구성원들 간의 평등에 달려있다는 것을 인정해야 한다.) 그러나 정치 문제를 의사에게 미루거나 혹은 어떤 텔레비전 세트를 사야 할지에 대해 판사가 나머지 가족 구성원의 관점을 기각하도록 할 이유가 없다.

해설
업무에서는 불평등을 없앨 필요가 없고, 전문적인 기술과 경험이 있는 사람들은 의당 받아야 할 것을 받아야 한다는 내용의 글이므로, ④는 글의 흐름과 관계가 없다.

어휘
seniority 손위임, 연상
work out ~을 해결하다
overrule 기각하다, 반대하다

정답 ④

06

해석
쇼핑 환경에는 새로운 양식의 사고가 있다. 단순한 소비자 수요를 확인하고 그것을 만족시키려고 노력하는 것으로는 더는 충분하지 않다. 새로운 소비자는 선임자들이 사용한 욕구의 차원과는 완전히 다른 신선한 차원의 욕구 위에서 작동하고 있다. 새로운 소비자는 전통적인 관점에서 이상하게 보이는 이유로 쇼핑을 한다. 현대의 소비자는 자기 자신에게 보상을 하거나, 심리적인 욕구를 만족시키거나, 자기 자신의 기분을 좋게 만들기 위해서 물건을 산다. 현대의 소비자는 비싸기 때문에 물건을 산다. 그들은 어떤 진술을 하거나, 자신들의 성격을 과시하거나, 자신의 자존감을 높이기 위해서 물건을 산다. 구매된 물품은 당신이 누구인지 보여주는 것이 되었다. 우리 부모들이 쇼핑을 하곤 했던 방식으로 물품에 대한 실제적인 물리적 필요성을 가지고 있기 때문에, 그것을 사는 것은 현대의 쇼핑객들이 가지고 있는 관심사 중에서 가장 덜 중요한 관심사가 되었다.

① 수많은 물리적인 아이템의 개발로 이어졌다
② 현대의 쇼핑객들이 가지고 있는 관심사 중에서 가장 덜 중요한 관심사가 되었다
③ 부모님의 결정에 공감할 수 있게 해주었다
④ 모든 기업들이 소비자의 요구를 듣게 만들었다

해설
우리 부모들은 어떤 물품이 실제로 필요해서 샀지만, 현대의 쇼핑객들은 자기 자신에게 보상을 하고, 심리적인 욕구를 만족시키고, 기분을 좋게 만들기 위해서 물건을 사는 등 다른 욕구의 충족을 위해 물품을 산다는 내용의 글이므로, 빈칸에 들어갈 말로 ②가 가장 적절하다.

어휘
plane 차원
predecessor 선임자
conventional 전통적인
show off ~을 과시하다
boost 높이다
self-esteem 자존감

정답 ②

01

다음 글의 주제로 가장 적절한 것은?

Living things naturally return to a state of balance. When we are disturbed by forces acting on us, our inner machinery kicks in and returns us to a balanced state of equilibrium. *Homeostasis* is the word we use to describe the ability of an organism to maintain internal equilibrium by adjusting its physiological processes. Most of the systems in animal and human physiology are controlled by homeostasis. We don't like to be off balance. We tend to keep things in a stable condition. This system operates at all levels. Our blood stays the same temperature. Except for extraordinary exceptions, when people find ways to intervene using methods more powerful than our tendency to equilibrium, our habits, behaviors, thoughts, and our quality of life stay pretty much the same too.

① the general tendency of organisms to keep equilibrium
② inner mechanisms to enhance the quality of life
③ the physical balance needed for mental equilibrium
④ major differences in animal and human physiology

02

다음 글의 내용과 일치하지 <u>않는</u> 것은?

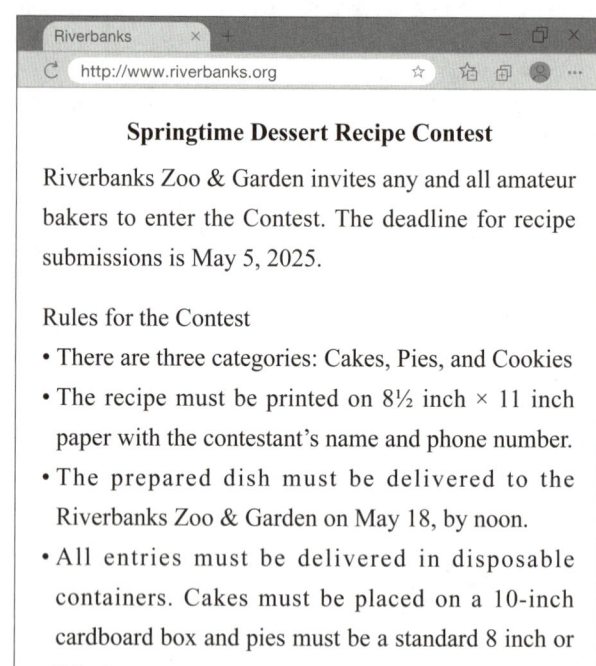

Springtime Dessert Recipe Contest

Riverbanks Zoo & Garden invites any and all amateur bakers to enter the Contest. The deadline for recipe submissions is May 5, 2025.

Rules for the Contest
- There are three categories: Cakes, Pies, and Cookies
- The recipe must be printed on 8½ inch × 11 inch paper with the contestant's name and phone number.
- The prepared dish must be delivered to the Riverbanks Zoo & Garden on May 18, by noon.
- All entries must be delivered in disposable containers. Cakes must be placed on a 10-inch cardboard box and pies must be a standard 8 inch or 9 inch.
- The winning recipes will be published in an upcoming issue of Riverbanks magazine.

For more information, please call 803-775-1799 or visit www.riverbanks.org.

① Recipes must be submitted by May 5, 2025.
② The name and phone number of the contestant must be on the paper on which the recipe is printed.
③ Pies should be at least 10 inches in size.
④ The winning recipes will be published in Riverbanks magazine.

01

해석
생명체들은 저절로 균형 상태로 돌아간다. 우리에게 영향을 미치는 힘에 의해 우리가 방해를 받을 때, 우리의 내부 조직이 작동하여 우리를 평형이라는 균형이 잡힌 상태로 돌아오게 한다. '항상성'은 생리적인 과정들을 조절하여 내적인 평형 상태를 유지하는 생명체의 능력을 묘사하기 위해서 우리가 사용하는 단어이다. 동물과 사람의 생리 체계의 대부분은 항상성에 의해서 조절된다. 우리는 균형이 깨지는 것을 좋아하지 않는다. 우리는 안정된 상태로 유지하는 경향이 있다. 이러한 체계는 모든 수준에서 작용한다. 우리의 혈액은 동일한 온도를 유지한다. 사람들이 평형을 이루는 경향성보다도 더 강력한 방법들을 사용하여 개입하는 방식들을 알아내는 특별한 예외들을 제외하고는, 우리의 습관, 행동, 사상, 그리고 삶의 질 또한 거의 동일하게 유지된다.

① 평형 상태를 유지하려는 생물체의 일반적인 경향
② 삶의 질을 높이기 위한 내부 메커니즘
③ 정신적 균형에 필요한 신체적 균형
④ 동물과 인간의 생리의 주요한 차이

해설
평형 상태를 유지하려고 하는 생물체의 특성에 대해 쓴 글이므로, ①이 글의 주제로 가장 적절하다.

어휘
act on ~에 작용하다, 영향을 주다
kick in 작동하다, 효력을 나타내다
equilibrium 평형, 균형
homeostasis 항상성
physiological 생리적인

정답 ①

02

해석
Springtime 디저트 요리법 대회
Riverbanks Zoo & Garden은 모든 아마추어 제빵사들이 대회에 참가하도록 초청합니다.
요리법 제출 마감일은 2025년 5월 5일입니다.

대회 규칙
• 케이크, 파이, 그리고 쿠키의 세 부문이 있습니다.
• 조리법을 8.5인치×11인치의 종이에 인쇄하고 참가자의 이름과 전화번호를 함께 적어야 합니다.
• 준비된 요리는 5월 18일 정오까지 Riverbanks Zoo & Garden으로 배달되어야 합니다.
• 모든 참가작은 일회용 용기에 넣어서 배달되어야 합니다. 케이크는 10인치 크기의 판지 상자에 들어 있어야 하고 파이는 표준 규격에 맞는 8인치나 9인치의 크기이어야 합니다.
• 우승한 조리법들은 Riverbanks 잡지의 다음 호에 실립니다.
정보가 더 필요하시면 803-775-1799로 전화하시거나 www.riverbanks.org를 방문해 주세요.

① 요리법은 2025년 5월 5일까지 제출해야 한다.
② 요리법이 인쇄된 종이에는 참가자의 이름과 전화번호가 반드시 기재되어 있어야 한다.
③ 파이의 크기는 최소 10인치 이상이어야 한다.
④ 우승한 조리법들은 Riverbanks 잡지에 실릴 예정이다.

해설
파이의 크기는 표준 규격에 맞게 8인치나 9인치여야 한다고 했으므로 ③은 글의 내용과 일치하지 않는다.

어휘
deadline 마감일
submission 제출
contestant 참가자
entry 참가작
disposable 일회용의
cardboard box 판지 상자
upcoming issue 다음 호

정답 ③

03~04

다음 글을 읽고 물음에 답하시오.

> Earthquakes can happen without warning, so it's important to know what to do to protect yourself. If you are indoors when the shaking starts, <u>drop</u> to your hands and knees, take cover under a sturdy table or desk, and hold on until the shaking stops.
>
> Stay away from windows, mirrors, and heavy furniture that could fall. Do not run outside during the shaking, as falling debris is a serious hazard.
>
> If you are outside, move away from buildings, power lines, and trees. Find an open area and stay low to the ground. If you are driving, stop the car in a safe spot and remain inside.
>
> After the earthquake, check yourself and others for injuries. Be prepared for aftershocks and follow emergency broadcasts for instructions. Avoid using elevators, and only use your phone for urgent calls.
>
> Being prepared can help reduce panic and save lives.

03

밑줄 친 drop의 의미와 가장 가까운 것은?

① fall down
② move fast
③ jump up
④ get low

04

윗글의 목적으로 가장 적절한 것은?

① 지진 발생 시 대피 방법을 안내하기 위해
② 지진의 원인과 피해 사례를 설명하기 위해
③ 긴급 구조 요청 절차를 소개하기 위해
④ 지진 예보 시스템을 홍보하기 위해

03~04

해석

지진은 경고 없이 발생할 수 있으므로, 자신을 보호하기 위해 무엇을 해야 하는지 아는 것이 중요합니다. 진동이 시작될 때 실내에 있다면 손과 무릎을 바닥에 대고 튼튼한 테이블이나 책상 아래에 몸을 숨기고 진동이 멈출 때까지 기다리세요.

떨어질 수 있는 창문, 거울, 무거운 가구로부터 떨어지세요. 낙하 파편은 심각한 위험이 있으므로 진동 중에는 밖으로 뛰어 나가지 마세요.

여러분이 밖에 있다면 건물, 전선, 그리고 나무에서 멀리 떨어져 있어야 합니다. 열린 공간을 찾아 지면에 낮게 머무르세요. 운전 중이라면 안전한 장소에 차를 세우고 내부에 머물러야 합니다.

지진이 끝난 후 자신과 다른 사람의 부상 여부를 확인하세요. 여진에 대비하고 긴급 방송의 지시를 따르세요. 엘리베이터 사용은 피하고 긴급 전화 시에만 휴대폰을 사용하세요.

대비하는 것은 공포를 줄이고 생명을 구하는 데 도움이 될 수 있습니다.

해설

03 지진 발생 시 대처 요령에 관한 글이므로, drop to your hands and knees는 '손과 무릎을 바닥에 대고 엎드리다'라는 의미임을 알 수 있다. 선택지 중에서는 '낮은 자세를 취하다'라는 의미의 ④ get low의 의미가 가장 가깝다. fall down은 '밑으로 떨어지다'라는 의미이므로 적절하지 않다.
① 밑으로 떨어지다
② 빠르게 움직이다
③ 벌떡 일어서다
④ 낮은 자세를 취하다

04 지진 발생 시 대피 및 행동 요령을 설명하고 있으므로 ①이 가장 적절하다.

어휘

indoors 실내에(서)
sturdy 튼튼한, 단단한
hold on 기다리다, 참아 내다
debris 잔해
hazard 위험
aftershock 여진
panic 공황, 공포

정답 03 ④ 04 ①

05
주어진 문장이 들어갈 위치로 가장 적절한 것은?

> What's neat about that is that people from all walks of life immediately have something in common.

Cheering for your local sports team will help you feel like being a part of the community and show you how much you have in common with your neighbors. (①) Almost all people in southern Indiana cheer for the Indiana University basketball team. (②) The mechanic and the doctor, the schoolteacher and the chef, the janitor and the mayor may not have a lot of similar interests, but they can all discuss Indiana's season. (③) The team gives the community the chance not only to hold a common interest but also to come together on game day. (④) And when the team plays away games, it's not unusual to see house after house tuned in to the games. Walk down the street and you'll hear conversations about the team, and immediately feel that you are a part of the community and that something binds you, your neighbors, and the rest of the city together.

06
밑줄 친 부분에 들어갈 말로 가장 적절한 것은?

> _____ keeps the pressure off. If you're producing just one page, one blog post, or one sketch a week, you expect it to be pretty good, and you start to worry about quality. I knew a writer who could hardly bring herself to write. When she did manage to keep herself in front of her laptop for a lot of work, she felt enormous pressure to be brilliant. She evaluated the product of each work session with an uneasy and highly critical eye. She didn't produce much work, so what she did accomplish had to be extraordinarily good. Because I write every day, no single day's work seems particularly important. I have good days and I have bad days. Some days, I don't get much done at all. But that's okay, because I know I'm working steadily. My consequent lack of anxiety puts me in a more playful frame of mind and allows me to experiment and take risks. If something doesn't work out, I have plenty of time to try a different approach.

① Tidiness
② Frequency
③ Teamwork
④ Recognition

05

해석

여러분의 지역 스포츠를 위해 응원하는 것은 여러분이 그 지역사회의 일원임을 느끼도록 도와주며 여러분에게 여러분이 이웃과 공통점을 얼마나 많이 갖고 있는지를 보여줄 것이다. 남부 인디애나 주에 있는 거의 모든 사람들이 인디애나 대학 농구팀을 응원한다. <u>그것에 대해 멋진 것은 온갖 계층의 사람들이 직접적으로 공통되는 어떤 것을 갖고 있다는 것이다.</u> 기계공과 의사, 학교 선생님과 요리사, 건물 관리인과 시장이 비슷한 관심사를 많이 갖고 있지 않을 수도 있지만, 그들은 온통 인디애나의 시즌에 관하여 말할 수 있다. 그 팀은 그 지역사회에 공통의 관심사를 지니거나 경기하는 날에 함께 올 수 있는 기회를 제공한다. 그리고 그 팀이 원정경기를 할 때, 집집마다 그 경기에 맞추어져 있는 것을 보는 것은 생소하지 않다. 거리를 따라 내려가면 여러분은 그 팀에 관한 대화를 듣고 즉시 여러분이 그 지역사회의 일원이며 어떤 것이 여러분, 이웃, 그리고 그 도시 나머지를 함께 묶어주는 것을 느끼게 된다.

해설

주어진 문장의 all walks of life와 have something in common으로 보아 다음에는 여러 계층의 사람들이 이어지고, 또한 공통의 관심사에 관한 내용이 이어져야 하므로, 주어진 문장은 ②에 들어가는 것이 가장 적절하다.

어휘

all walks of life 온갖 계층
tune in to (라디오 다이얼, TV 채널을) ~에 맞추다

정답 ②

06

해석

빈번함은 압박감을 떨쳐낸다. 만약 한 주에 딱 한 페이지, 블로그 게시물 하나, 혹은 스케치 한 개를 만들어 내면, 여러분은 그것이 꽤 좋을 것이라고 기대하고, (그것의) 질을 걱정하기 시작한다. 나는 거의 글을 쓸 마음이 생기지 않는 작가를 한 명 알고 있었다. 그녀가 많은 일로 가까스로 자신의 노트북 앞에 있을 때, 그녀는 훌륭해야 한다는 엄청난 압박감을 느꼈다. 그녀는 불편하고 매우 비판적인 눈으로 작업 기간마다 나온 결과를 평가했다. 그녀는 일을 많이 해내지 못해서, 자신이 성취한 것은 특별히 좋아야 했다. 나는 매일 글을 쓰기 때문에 어느 하루의 작업이 특히 중요하지는 않은 것 같다. 나에게는 좋은 날들도 있고 나쁜 날들도 있다. 어떤 날은 거의 아무 일도 하지 못한다. 그래도 내가 꾸준히 일하고 있다는 것을 알고 있으므로 그것은 괜찮다. 결과적으로 내가 걱정이 없어서 나는 더 쾌활한 마음의 상태가 되고 시도하고 위험을 감수할 수 있다. 만약 어떤 일이 잘 안 되면, 나는 충분한 시간을 갖고 다른 방법을 모색한다.

① 깔끔함
② 빈번함
③ 팀워크
④ 인정

해설

한 주에 딱 한 페이지, 블로그 게시물 하나, 혹은 스케치 한 개를 만들어 내면, 그것의 질을 걱정하기 시작하지만, 매일 글을 쓰는 필자는 걱정이 없어서 시도하고 위험을 감수할 수 있다는 내용의 글이므로, 빈칸에는 ②가 가장 적절하다.

어휘

keep off ~을 떨쳐내다, ~을 멀리 있게 하다
bring oneself to ~할 마음이 생기다
session (활동) 기간
extraordinarily 특별히, 엄청나게
consequent 결과로서 일어나는
frame of mind 마음의 상태

정답 ②

DAY 30 독해

01

다음 글의 제목으로 가장 적절한 것은?

Thirty million new tennis balls made every year are mostly packed in pressurized plastic tubes. That means they end up in the can along with other plastic waste we throw away each day. If you buy tennis balls, consider purchasing the pressureless variety. Pressureless tennis balls are not only longer lasting than their pressurized counterparts, but are sold in a recyclable paper box or a reusable mesh bag instead of a pressurized plastic or metal tube with an aluminum seal. If you generally buy a dozen balls per month, you can save more than three pounds of plastic a year. If 25 percent of the 360 million tennis balls manufactured each year were pressureless, the plastic tubes saved could form a line from Queens, New York, to Wimbledon.

① Choose Balls for Nature!
② Scale of Tennis Industry
③ Enjoy Your Favorite Sport!
④ Secret Balls for Fun Games

02

다음 글의 내용과 일치하는 것은?

The belief in an everlasting heritage of abundance had many good effects. It made Americans optimistic people with confidence that human problems could be solved. It greatly reduced the conflict between the rich and poor that has torn many older nations apart. Perhaps most important, the belief in an always growing abundance gave strong support to such basic national values as freedom, self-reliance, equality of opportunity, competition and hard work. It seemed to Americans that their high standard of living was a reward for practicing these values.

① The author criticizes the belief in an everlasting heritage of abundance.
② Americans' high standard of living was the outcome of their optimistic attitude.
③ The rate of human problems in the U.S. is relatively high in spite of their optimism.
④ Americans' confidence has greatly influenced the reduction of conflict among classes.

01

해석

매년 제조되는 삼천만 개의 새로운 테니스공은 대부분 압축 플라스틱 통 속에 포장된다. 이는 우리가 날마다 버리는 다른 플라스틱 쓰레기와 더불어 결국 쓰레기통 속에 들어간다는 것을 의미한다. 당신이 만약 테니스공을 산다면, 압력이 가해지지 않은 종류의 공을 구매하는 것을 고려하라. 압력이 가해지지 않은 테니스공은 압축된 테니스 공보다 수명이 더 길 뿐만 아니라, 압축 플라스틱 통이나 알루미늄으로 밀봉된 금속 통 대신에 재활용 할 수 있는 종이 상자나 재사용 할 수 있는 그물 가방에 넣어져서 판매된다. 보통 한 달에 12개의 공을 산다면, 일 년에 3파운드 이상의 플라스틱 소비를 줄일 수 있다. 만약 매년 제조되는 3억 6천만 개 테니스공의 25퍼센트가 무압구라면, 절약되는 플라스틱 통은 뉴욕 주 퀸스로부터 윔블던까지 이르는 줄을 만들 수 있을 것이다.

① 자연을 위한 공을 선택하라!
② 테니스 산업의 규모
③ 당신이 가장 좋아하는 운동을 즐겨라!
④ 재미있는 게임을 위한 비밀 공

해설

압력이 가해지지 않은 공은 수명이 길 뿐 아니라, 포장 용기도 재활용이 가능해서 플라스틱 쓰레기를 줄일 수 있다는 내용의 글이다. 따라서 글의 제목으로 ①이 가장 적절하다.

어휘

counterpart 상대물, 대응물
mesh 그물, 망사
seal (용기의) 밀봉 부분

정답 ①

02

해석

풍요가 영원히 유산으로 대물림될 것이라는 믿음은 많은 좋은 영향을 끼쳤다. 그것은 미국인들을 인간의 문제는 해결될 수 있다는 확신을 가진 긍정적인 국민으로 만들어 주었다. 그것은 오랜 역사를 가진 국가들을 분열시켰던 빈부의 갈등을 대단히 감소시켰다. 아마도 가장 중요한 영향은, 항상 더 풍요로워질 거라는 믿음이 자유, 자립, 기회의 평등, 경쟁, 근면 등과 같은 기본적인 국가적 가치를 강력히 지지해 준 점일 것이다. 미국인들은 자신들의 높은 생활 수준을 이러한 가치를 구현한 보답으로 여긴다.

① 필자는 끝없는 풍요의 유산에 대한 믿음을 비판한다.
② 미국인들의 높은 생활 수준은 그들의 긍정적 자세의 결과였다.
③ 미국에서 인간 문제의 비율은 낙관주의에도 불구하고 비교적 높다.
④ 미국의 자신감은 계층 사이의 갈등의 감소에 큰 영향을 미친다.

해설

미래에 대한 밝은 전망은 미국인들을 긍정적이고 진취적인 국민으로 만들어 주었고, 계층 간의 갈등을 감소시키는 데 기여했다. 필자는 이러한 상황을 매우 긍정적으로 평가하고 있다. ①과 ③은 부정적인 내용이므로 일단 정답에서 제외된다. 그리고 ②는 일견 맞는 말 같지만, 미국의 높은 생활 수준은 긍정적인 태도에서 비롯된 국가 기본 가치 구현의 결과물이라고 했으므로 완전히 옳은 말은 아니다.

어휘

heritage 유산
abundance 풍부함
optimistic 낙관적인
confidence 자신감
conflict 갈등, 분쟁
self-reliance 자립

정답 ④

03~04

다음 글을 읽고 물음에 답하시오.

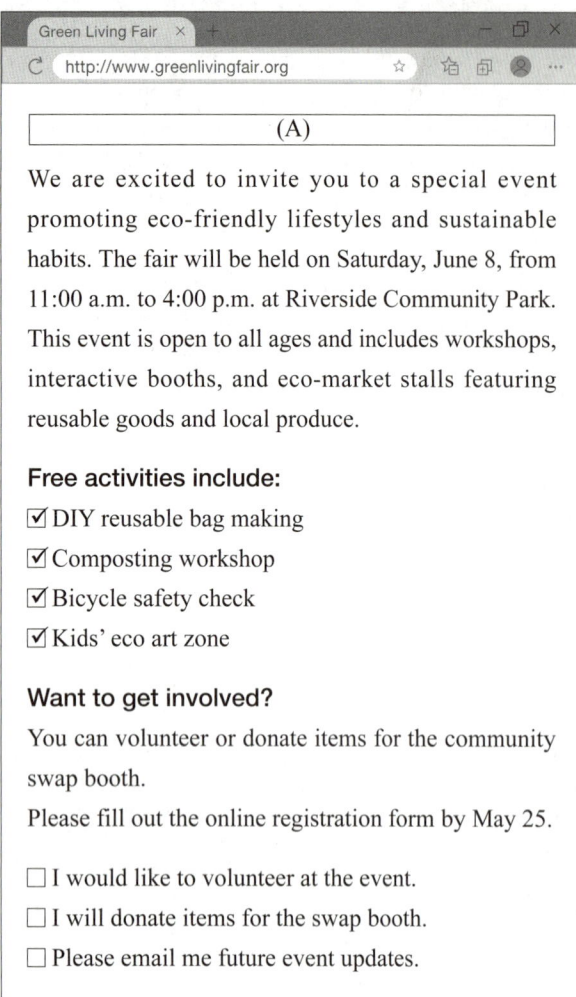

03

(A)에 들어갈 윗글의 제목으로 가장 적절한 것은?

① Call for Local Artists and Performers
② Sign Up for Free Gardening Classes
③ Join Us at the 2025 Green Living Fair
④ Issues at Riverside Park

04

윗글의 내용과 일치하지 않는 것은?

① 지역 주민이라면 누구나 참가할 수 있다.
② 행사에서는 재사용 가능한 물품도 판매된다.
③ 봉사 신청은 행사 당일 현장에서 받는다.
④ 행사 관련 정보는 웹사이트에서 확인할 수 있다.

03~04

해석

친환경 라이프스타일과 지속 가능한 습관을 홍보하는 특별한 행사에 여러분을 초대하게 되어 기쁩니다. 박람회는 6월 8일 토요일 오전 11시부터 오후 4시까지 리버사이드 커뮤니티 파크에서 열립니다.
이 행사는 모든 연령대에 열려 있으며, 워크숍, 인터랙티브 부스, 그리고 재사용 가능한 상품과 지역 농산물을 특색으로 하는 에코 마켓 가판대를 포함합니다.

무료 활동에는 다음과 같은 것이 포함됩니다:
☑ DIY 재사용 가능한 가방 만들기
☑ 퇴비화 워크숍
☑ 자전거 안전 점검
☑ 어린이 에코 아트 존

참여하고 싶으신가요?
자원봉사를 하시거나 커뮤니티 교환 부스에 물품을 기부할 수 있습니다. 5월 25일까지 온라인 등록 양식을 작성해 주시기 바랍니다.

☐ 행사에서 자원봉사를 하고 싶습니다.
☐ 교환 부스에 물품을 기부하겠습니다.
☐ 향후 행사에 대한 새로운 소식을 이메일로 보내주시기 바랍니다.

자세한 내용은 www.greenlivingfair.org를 방문하거나 (555) 321-7890으로 문의하세요.

해설

03 지역사회 행사를 소개하는 내용이므로 ③이 정답이다.
① 지역 예술가와 공연자들께 요청합니다
② 무료 정원 가꾸기 수업에 등록하기
③ 2025 그린 리빙 페어에 저희와 함께하세요
④ 리버사이드 파크의 문제점들

04 ①은 a community event, This event is open to all ages, ②는 eco-market stalls featuring reusable goods, ④는 For more details, visit www.greenlivingfair.org 등에서 해당 내용을 찾을 수 있다. ③은 Please fill out the online registration form by May 25.에서 온라인으로 등록한다는 것을 알 수 있으므로 내용과 일치하지 않는다.

어휘

community 지역사회
promote 홍보하다, 촉진하다
eco-friendly 친환경적인
sustainable 지속 가능한
interactive 상호 작용을 하는
stall 가판대
produce 농산물
compost 퇴비를 만들다
donate 기부하다
swap 교환
update 최신 소식

정답 03 ③   04 ③

05
주어진 글 다음에 이어질 글의 순서로 가장 적절한 것은?

> Not only do people increase their well-being, but they also increase their sense of connectedness.

(A) The theory states that when people view time as plentiful, as young people generally do, they focus on preparing for the future. To that end, they spend their energy seeking new information and broadening their horizons.

(B) As we grow older, we feel closer to the people around us. In 1993, Stanford psychologist Laura Carstensen published her paper on "Theory of Socioemotional Selectivity."

(C) When people see their time as limited, however, as people do when they get older, they focus on making their lives more emotionally meaningful. To that end, they tend to strengthen their closest relationships and discard those friendships that are less emotionally meaningful.

① (A) – (C) – (B)
② (B) – (A) – (C)
③ (B) – (C) – (A)
④ (C) – (A) – (B)

06
밑줄 친 부분에 들어갈 말로 가장 적절한 것은?

> Much theoretical and analytical musicology of the past two hundred years has devoted itself to the detection and discussion of patterns in music. A pattern normally only attains significance if it occurs in more than one context. Ways of conceiving and representing such recurrences have changed significantly over time, but they are now often considered with a support of the notion of intertextuality. From the point of view of the listeners, their recurrence in different contexts facilitates perception and cognition of the music, giving a frame of reference with which to negotiate the work, to predict its unfolding processes, and to manage its novelties and unpredictabilities. From the point of view of the composers, learning the craft of composition generally involves learning how to manipulate such standard patterns and figures, and even when the composers discover their distinctive "voice," there is perhaps more that _____.

① is borrowed than is genuinely new in their style
② naturally ignores the principles of general methods
③ restricts the conditions under which an individual works
④ encourages the creativity of the next generation of composers

05

해석
사람들은 자신의 행복을 증진시킬 뿐만 아니라 자신의 유대감도 증가시킨다. (B) 나이가 들어감에 따라, 우리는 주변의 사람들과 더 가까운 유대감을 느끼게 된다. 1993년에 스탠퍼드 대학교의 심리학자인 Laura Carstensen은 '사회 정서적 선택 이론'에 관한 자신의 논문을 출판했다. (A) 대개 젊은 사람들이 그렇듯이, 시간이 풍부하게 많이 있다고 여길 때 사람들은 미래를 위한 준비를 하는 것에 집중한다고 그 이론에서는 말한다. 그러한 목표를 위해서, 그들은 새로운 정보를 찾고 자신들의 시야를 넓히는 데 에너지를 사용한다. (C) 하지만, 사람들이 나이가 들 때 그렇듯이, 시간이 그리 많지 않다고 여길 때 그들은 자신의 삶을 정서적으로 더 의미 있게 만드는 데 집중한다. 그러한 목표를 위해서, 그들은 가장 가까운 관계를 강화하고 정서적으로 의미가 덜한 우정 관계는 무시해 버린다.

해설
사람은 행복뿐만 아니라 유대감을 증가시킨다는 내용의 주어진 문장 다음에, 사회 정서적 선택 이론을 소개한 (B)가 오고, 그 이론의 내용을 설명하면서 젊은 사람들은 미래에 대비한 준비를 한다는 내용의 (A)가 오고, 하지만 나이 든 사람들은 가까운 인간관계를 강화한다는 내용의 (C)가 마지막에 와야 한다.

어휘
connectedness 소속 관계, 유대감
broaden one's horizons 시야를 넓히다

정답 ②

06

해석
과거 200년 동안의 많은 이론적이고 분석적인 음악학은 음악 패턴의 발견과 토론에 몰두했다. 패턴은 그것이 한 가지가 넘는 맥락에서 발생할 때만 일반적으로 중요성을 획득한다. 그런 반복을 상상하고 표현하는 방법은 시간이 지나면서 크게 변화했지만, 그것들은 현재 텍스트 간 관련성의 개념의 도움으로 의미된다. 애청자의 입장에서 보면, 서로 다른 맥락에서 패턴의 반복은 음악에 대한 지각 및 인지를 용이하게 하고 그 작품을 다루고, 그것의 전개 과정을 예측하고, 그것의 신기함과 예측 불가능성을 잘 처리하는 기준틀을 제공한다. 작곡가의 관점에서 보면, 작곡 기술을 배우는 데에는 그런 표준 패턴과 음형을 솜씨 좋게 다루는 방법을 배우는 것이 일반적으로 포함되고, 작곡가가 자신의 독특한 '표현'을 발견할 때에도 아마 <u>그들의 스타일에서 순수하게 새로운 것보다 차용된 것이 더 많을 것이다</u>.

① 그들의 스타일에서 순수하게 새로운 것보다 차용되다
② 일반적인 방법의 원칙을 자연스럽게 무시하다
③ 개별 작업의 조건을 제한하다
④ 차세대 작곡가들의 창의성을 장려하다

해설
음악 속에서 패턴을 발견하고 그것에 대해 토론하는 것이 음악학 연구의 중심이며, 패턴의 반복 덕분에 음악에 대한 이해와 처리가 쉬워지고 작곡가들도 그러한 패턴을 솜씨 좋게 다루도록 교육받는다는 내용이다. 새로움보다는 패턴의 반복이 작곡의 핵심이라는 취지이므로, 빈칸에 들어갈 말로 ①이 가장 적절하다.

어휘
musicology 음악학
detection 발견
recurrence 반복, 되풀이
intertextuality 텍스트 간 관련성
manipulate 솜씨 좋게 다루다
figure [음악] 음형(音型)(하나의 통일된 느낌을 주는 멜로디)

정답 ①

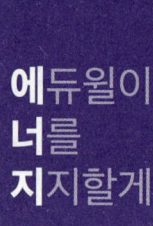

꿈을 끝까지 추구할 용기가 있다면
우리의 꿈은 모두 실현될 수 있다.

- 월트 디즈니(Walt Disney)

PART II

생활영어

에듀윌 공무원 영어

DAY 01~30

DAY 01 생활영어

01
밑줄 친 부분에 들어갈 말로 가장 적절한 것은?

> A: Is Chicago your hometown?
> B: _____
> A: I asked if you're a native of Chicago.
> B: Please speak a little more slowly.

① I beg your pardon?
② Not yet. Wait a second.
③ Not that I know of.
④ Are you following me?

02
밑줄 친 부분에 들어갈 말로 가장 적절한 것은?

> A: Excuse me? You look quite familiar to me.
> B: Wait a minute. Are you a graduate from UCLA?
> A: Yes, I am. And you must be Matthew, the bookworm.
> B: _____.

① No, I transferred to UC Berkeley
② Well, you can't check out these books
③ Oh, I'm so glad we ran into each other here
④ Sure! My school is not far from here

01

해석

A: 시카고가 당신의 고향인가요?
B: 다시 한 번 말씀해 주시겠어요?
A: 시카고에서 태어나셨냐고 물었어요.
B: 조금만 더 천천히 얘기해 주세요.

① 다시 한 번 말씀해 주시겠어요?
② 아직 아니에요. 잠시만 기다리세요.
③ 제가 알기로는 그렇지 않아요.
④ 제 말 이해했어요?

어휘

native ~ 출신인 사람, 토착민

정답 ①

02

해석

A: 실례합니다. 당신이 나에게 꽤 낯이 익어요.
B: 잠시만요. UCLA 졸업생인가요?
A: 네, 맞아요. 그럼 당신은 책벌레였던 Matthew가 틀림없군요.
B: 와, 이곳에서 이렇게 만나다니 너무 반가워요.

① 아니요, 나는 UC 버클리로 편입했어요
② 글쎄요, 당신은 이 책들을 빌릴 수는 없어요
③ 와, 이곳에서 이렇게 만나다니 너무 반가워요
④ 그럼요! 내 학교는 여기서 멀지 않아요

어휘

familiar 친숙한, 친밀한
transfer 옮기다
run into ~을 우연히 만나다

정답 ③

03
밑줄 친 부분에 들어갈 말로 가장 적절한 것은?

> A: Can you feed my cat while I'm away?
> B: Sure! Just tell me what to do.
> A: She eats twice a day, morning and evening.
> B: _____?
> A: No, she only eats dry food.
> B: Got it. And water?
> A: Change it once a day.
> B: No problem. I'll send you a photo too!

① Does she eat wet food too
② Is she allergic to anything
③ Does she like going for walks
④ What's her favorite toy

DAY 02 생활영어

01

밑줄 친 부분에 들어갈 말로 가장 적절한 것은?

> A: What are you doing? If we don't leave now, we'll be late.
> B: Can you wait just a moment? I have to make a bank transfer.
> A: Do you have to do it right now?
> _____.
> B: Don't worry, I can do it really quickly on my smart phone.

① Make it snappy
② Beats me
③ Don't jump the gun
④ You're telling me

01

해석
A: 뭐 하고 있어? 우리가 지금 떠나지 않으면, 늦을 거야.
B: 잠시만 기다려 줄래? 계좌 이체를 해야만 해.
A: 그걸 지금 해야만 해? 서둘러.
B: 걱정 마, 스마트폰으로 정말 빠르게 처리할 수 있어.

① 서둘러
② 모르겠어
③ 너무 서두르지 마
④ 내 말이 그 말이야

어휘
bank transfer 계좌 이체

정답 ①

02

밑줄 친 부분에 들어갈 말로 가장 적절한 것은?

> A: We need to come to a final decision on this matter.
> B: I think we should go with the colors red and yellow.
> A: I'd like to _____.
> B: What's your opinion on it?
> A: I think it would work better if we chose cool colors such as blue and purple.

① take a different stance
② see eye to eye with you
③ assent to your opinion
④ fall in with your ideas

03

밑줄 친 부분에 들어갈 말로 가장 적절한 것은?

> A: Did you get the new air fryer you ordered?
> B: Yeah, it arrived yesterday.
> A: Have you tried using it yet?
> B: I did! _____.
> A: What did you make?
> B: Just fries for now, but they turned out great.
> A: I've been thinking of getting one too.
> B: Totally worth it. It saves so much time.

① I returned it right away
② It was super easy to set up
③ I'm still reading the manual
④ I gave it to my parents

02

해석

A: 우리는 이 문제에 대한 최종 결정을 내려야 해.
B: 나는 빨간색과 노란색으로 가야 한다고 생각해.
A: 나는 다른 입장을 취하고 싶어.
B: 그것에 관한 네 의견은 뭐니?
A: 나는 파랑색이나 보라색과 같은 시원한 색을 선택한다면 더 효과가 있을 거라고 생각해.

① 다른 입장을 취하다
② 네게 전적으로 동감하다
③ 네 의견에 동의하다
④ 네 생각과 일치하다

어휘

come to a decision 결론에 도달하다
matter 문제
opinion 의견

정답 ①

03

해석

A: 네가 주문했던 새 에어프라이어는 받았니?
B: 응, 어제 도착했어.
A: 그걸 사용해 봤어?
B: 했어! 설정하는 것이 정말 쉬웠어.
A: 뭘 만들었니?
B: 지금 당장은 그냥 감자튀김인데, 정말 맛있었어.
A: 나도 하나 살까 생각 중이야.
B: 완전히 그럴 만한 가치가 있어. 시간이 정말 많이 절약돼.

① 바로 반품했어
② 설정하는 것이 정말 쉬웠어
③ 아직 사용 설명서를 읽고 있어
④ 부모님께 드렸어

어휘

fries 감자튀김
for now 당분간은
turn out ~임이 밝혀지다
worth 가치 있는
set up 설정하다
right away 즉시

정답 ②

DAY 03 생활영어

01
밑줄 친 부분에 들어갈 말로 가장 적절한 것은?

> A: I don't want to go to the movies tomorrow night.
> B: Fine. _____
> A: So, it's okay if I don't go?
> B: Sure, no problem.

① Suit yourself.
② I bought a pig in a poke.
③ You are telling me.
④ Here's mud in your eye!

02
밑줄 친 부분에 들어갈 말로 가장 적절한 것은?

> A: You know what? I beat Chris in a bowling match yesterday.
> B: Really? The other day he bragged about his bowling skills.
> A: He did? Anyway, I put him in his place.
> B: You did a good job. _____
> A: Well, he is no match to me.

① Hear me out.
② What a rip-off!
③ You are a cut above him.
④ I hate to put it this way.

01

해석

A: 저는 내일 밤 영화 보러 가고 싶지 않아요.
B: 괜찮아요. 좋을 대로 하세요.
A: 정말, 제가 가지 않아도 괜찮은 거죠?
B: 물론이죠, 문제 없어요.

① 좋을 대로 하세요.
② 충동구매를 했어요.
③ 정말 그래요.
④ 건배!

정답 ①

02

해석

A: 너 그거 알아? 어제 볼링 시합에서 내가 Chris를 이겼어.
B: 진짜? 저번에 Chris가 자기 볼링 실력을 자랑했는데.
A: 그랬어? 어쨌든 내가 그의 콧대를 꺾어 놨지.
B: 정말 잘했어. 네가 그보다 한 수 위네.
A: 사실, 그는 나한테 상대가 안 돼.

① 내 말 끝까지 들어 봐.
② 완전 바가지네!
③ 네가 그보다 한 수 위네.
④ 나도 이런 식으로 말하기 싫어.

어휘

brag 자랑하다
put someone in one's place 콧대를 팍 꺾다
rip-off 바가지, 도둑질

정답 ③

03
밑줄 친 부분에 들어갈 말로 가장 적절한 것은?

> A: Hey, are you free this weekend? I was thinking we could catch a movie.
> B: Sure! I'd love that. Is there anything you want to see?
> A: There's a new sci-fi film playing at the theater downtown. The trailer looked amazing.
> B: Sounds fun. _____?
> A: There's one at 2:30 and another at 5:45.
> B: Let's go to the earlier one. That way we can grab dinner afterward.

① Have you seen the reviews online
② Should I buy popcorn in advance
③ What are the showtimes for it
④ Is that theater near your place

DAY 04 생활영어

01

밑줄 친 부분에 들어갈 말로 가장 적절한 것은?

> A: I was really worried when I heard that you had an accident. Are you okay now?
> B: Yes, I'm fine. But I missed all my classes last week because I was in the hospital.
> A: I took notes in all the classes. Do you want to borrow them?
> B: _____

① No. We don't have access to the class.
② Of course. That would be really helpful.
③ Sure. The committee reviewed the accident.
④ No, thank you. I can go to the hospital alone.

01

해석

A: 네가 사고를 당했다는 소식을 듣고 정말 걱정했어. 이제 괜찮아?
B: 응, 괜찮아. 하지만 병원에 있느라 지난주에 모든 수업을 빠졌어.
A: 내가 모든 수업에서 필기를 했어. 그것들을 빌리고 싶니?
B: 물론이지. 그건 정말 도움이 될 거야.

① 아니. 우리는 수업에 들어갈 수 없어.
② 물론이지. 그건 정말 도움이 될 거야.
③ 물론이지. 위원회가 그 사고를 검토했어.
④ 고맙지만 사양할게. 나 혼자 병원에 갈 수 있어.

어휘

miss 놓치다
take notes 필기하다
have access to ~에 출입할 수 있다
committee 위원회

정답 ②

02

밑줄 친 부분에 들어갈 말로 가장 적절한 것은?

> A: Did you order lunch already?
> B: Not yet. I was waiting to ask you first.
> A: _____
> B: Sounds good. I'll get us two chicken bowls.
> A: Great. Can you add extra sauce to mine?
> B: Sure. Do you want anything to drink?
> A: Just water's fine, thanks.

① Let's cook something at home.
② Want to try that new sandwich place?
③ How about ordering from the usual spot?
④ Should we eat out instead?

03

밑줄 친 부분에 들어갈 말로 가장 적절한 것은?

> A: Hey! I finally got the tickets for the concert this Saturday!
> B: Awesome! Where are our seats?
> A: We're in Section B, pretty close to the stage.
> B: Nice! _____?
> A: The show starts at 7, but the doors open at 5:30. We should get there early to avoid the crowd.
> B: Good idea. I'll bring a portable charger for my phone and some water.

① Do we need to bring our own chairs
② What time should we get there
③ Are we going by train or by bus
④ Can we return the tickets if it rains

02

해석

A: 벌써 점심을 주문했니?
B: 아직 안 했어. 너한테 먼저 물어보려고 기다리고 있었어.
A: 늘 먹던 곳에서 주문하는 게 어때?
B: 좋아. 치킨 덮밥 두 개 시킬게.
A: 좋아. 내 덮밥에는 소스를 추가해 줄 수 있니?
B: 물론이야. 마실 것을 원하니?
A: 물이면 돼. 고마워.

① 집에서 뭔가를 요리해 보자.
② 그 새로운 샌드위치 가게를 가 보고 싶니?
③ 늘 먹던 곳에서 주문하는 게 어때?
④ 대신 외식할까?

어휘

bowl 그릇
add 더하다
extra 추가의
spot 곳, 장소
eat out 외식하다, 나가서 먹다

정답 ③

03

해석

A: 야! 드디어 이번 주 토요일 콘서트 티켓을 구했어!
B: 끝내주네! 우리 자리는 어디야?
A: 우리는 B구역인데, 무대와 꽤 가까워.
B: 좋아! 우리가 몇 시에 그곳에 가야 하니?
A: 공연은 7시에 시작하지만 입장은 5시 30분부터야. 우리는 인파를 피하기 위해 일찍 도착해야 해.
B: 좋은 생각이야. 내가 휴대폰용 충전기와 물을 가져올게.

① 우리가 의자를 직접 가져와야 하니
② 우리가 몇 시에 그곳에 가야 하니
③ 우리는 기차로 가니, 아니면 버스로 가니
④ 비가 오면 티켓을 환불할 수 있니

어휘

awesome 엄청난, 기막히게 좋은
section 구역, 구획
avoid 피하다
crowd 인파, 군중

정답 ②

DAY 05 생활영어

01

밑줄 친 부분에 들어갈 말로 가장 적절한 것은?

> A: What are we going to do after dinner?
> B: Why don't we go to karaoke?
> A: No! Actually, _____.
> B: Who cares? I want to go just for fun.

① I can't carry a tune
② money makes the mare go
③ keep your chin up
④ speak of the devil

02

밑줄 친 부분에 들어갈 말로 가장 적절한 것은?

> A: Excuse me, but may I ask your age?
> B: I'm 38 years old.
> A: Wow! _____
> B: How old did you think I was?
> A: No more than 30.
> B: Thanks for the compliment.

① You look young for your age.
② How do you keep fit?
③ You speak English without an accent.
④ You are a real egghead.

01

해석
A: 우리 저녁 먹고 뭐 할까?
B: 노래방 가는 거 어때?
A: 안 돼! 사실 나는 음치야.
B: 그게 뭐 어때서? 그냥 재미로 가고 싶다는 거지.

① 나는 음치야
② 돈은 귀신도 부린다
③ 기운을 내
④ 호랑이도 제 말하면 온다

어휘
karaoke 노래방
actually 사실은
care 신경 쓰다

정답 ①

02

해석
A: 실례지만 나이를 여쭤 봐도 될까요?
B: 서른여덟 살입니다.
A: 와! 나이보다 젊어 보이세요.
B: 저를 몇 살로 생각하셨는데요?
A: 서른도 안 되어 보였어요.
B: 칭찬 감사합니다.

① 나이보다 젊어 보이세요.
② 어떻게 건강을 유지하세요?
③ 원어민처럼 영어를 하시네요.
④ 정말 머리가 좋으시네요.

어휘
compliment 칭찬
egghead 지식인, 인텔리

정답 ①

03

밑줄 친 부분에 들어갈 말로 가장 적절한 것은?

> A: I heard there's a new art exhibition at the city museum. Want to go this weekend?
> B: Sure! What's it about?
> A: It's a collection of modern art pieces by both local and international artists.
> B: Sounds interesting. _____?
> A: It's open from 10 a.m. to 6 p.m. every day, and tickets are half price before noon.
> B: Great! Let's go early and grab lunch afterward.

① Do we need to bring any supplies
② Are cameras allowed inside the gallery
③ What time does the exhibition open
④ Can we meet the artists in person

03

해석

A: 시립 미술관에서 새로운 미술 전시회가 열렸다고 들었어요. 이번 주말에 갈래요?
B: 물론이죠! 무슨 내용인가요?
A: 국내외 예술가들의 현대 미술 작품 모음집입니다.
B: 흥미롭네요. 전시회는 몇 시에 열리나요?
A: 매일 오전 10시부터 오후 6시까지 열리고, 정오 전까지 티켓 가격이 반값입니다.
B: 좋아요! 일찍 가서 끝나고 점심을 먹어요.

① 준비물을 가져와야 하나요
② 미술관 내부에서 카메라가 허용되나요
③ 전시회는 몇 시에 열리나요
④ 예술가들을 직접 만날 수 있을까요

어휘

exhibition 전시, 전시회
museum 박물관, 미술관
collection 수집품, 소장품
grab lunch 간단히 점심을 먹다
supplies 물품
gallery 미술관
in person 직접

정답 ③

DAY 06 생활영어

01
밑줄 친 부분에 들어갈 말로 가장 적절한 것은?

> A: You look miserable. Is something wrong?
> B: Yes. According to my vacation plan, I'm supposed to be in Phuket now, but the flu forced me to cancel my trip. _____.
> A: Poor boy! Let's take a walk instead.

① I'm down in the mouth
② I'm all ears
③ It couldn't be better
④ It's not worth the candle

01

해석

A: 너 우울해 보여. 무슨 일 있어?
B: 응. 휴가 계획대로라면 지금 푸켓에 있어야 하는데 독감 때문에 여행이 취소됐어. 난 낙심했어.
A: 안됐네! 대신에 산책이라도 가자.

① 난 낙심했어
② 열심히 듣고 있어
③ 아주 좋아
④ 그건 수지가 맞지 않아

어휘

miserable 불행한, 비참한
be supposed to ~하기로 되어 있다
flu 독감
force ~하게 만들다, 강요하다
down in the mouth 풀이 죽은, 낙심한
be all ears 열심히 듣다

정답 ①

02

밑줄 친 부분에 들어갈 말로 가장 적절한 것은?

> A: Here's your ticket. Should we get some snacks for the movie?
> B: Sure, but let's be quick. I don't want to miss the trailers before the movie.
> A: Okay. How about a medium popcorn and two soft drinks?
> B: Great. I can get a discount with my membership card. _____.
> A: Thanks. Maybe I should keep you around a little longer.
> B: Wait. What?

① You let me down
② You'll pay for this
③ Let me get this
④ Let's wind it up

03

밑줄 친 부분에 들어갈 말로 가장 적절한 것은?

> A: I found this place where we can try on traditional Korean clothing. Want to go this weekend?
> B: That sounds really cool! Do they have hanbok in different styles?
> A: Yes, they have both modern and classic designs. You can also take photos in a traditional setting.
> B: Nice! _____?
> A: It's 50,000 won for one hour, including accessories.
> B: That's not bad. Let's make a reservation!

① How long does the whole tour take
② How much does it cost to try them on
③ What kind of food do they serve there
④ Do I need to bring my own shoes

02

해석

A: 네 표 여기 있어. 우리 영화 보면서 먹을 간식거리 좀 살까?
B: 그래, 그런데 빨리 사자. 영화 시작 전에 하는 예고편을 놓치기 싫거든.
A: 그래. 중간 사이즈 팝콘이랑 청량음료 두 개 어때?
B: 좋아. 내 멤버십 카드로 할인 받을 수 있어. <u>내가 이거 살게.</u>
A: 고마워. 아마도 너랑 좀 더 오래 사귀게 될 것 같아.
B: 잠깐만, 뭐라고?

① 너는 나를 실망시켰어
② 어디 두고 보자
③ 내가 이거 살게
④ 끝내자

어휘

miss 놓치다
trailer 예고편
get a discount 할인을 받다
let ~ down ~을 실망시키다
pay for 벌을 받다, 대가를 치르다
wind up ~을 마무리 짓다

정답 ③

03

해석

A: 한국 전통 의상을 입어볼 수 있는 곳을 찾았어요. 이번 주말에 갈래요?
B: 정말 멋지네요! 다양한 스타일의 한복이 있나요?
A: 네, 모던한 디자인과 클래식한 디자인이 모두 있어요. 전통적인 환경에서 사진을 찍을 수도 있어요.
B: 좋아요! <u>입어 보는 데 비용이 얼마나 드나요?</u>
A: 액세서리 포함해서 한 시간에 5만 원이에요.
B: 나쁘지 않네요. 예약합시다!

① 전체 투어는 얼마나 걸리나요
② 입어 보는 데 비용이 얼마나 드나요
③ 그곳에서는 어떤 음식을 제공하나요
④ 제 신발을 가져와야 하나요

어휘

setting 배경, 설정
make a reservation 예약하다
try on ~을 입어 보다

정답 ②

01

밑줄 친 부분에 들어갈 말로 가장 적절한 것은?

> A: Hello. I'd like to rent a car from this Friday to this Sunday.
> B: Good morning. This catalog shows all the cars available.
> A: I like this red sedan. What's the rate for this car?
> B: _____.

① Your car is parked in parking space 3B
② Sorry, but you must have a driver's license
③ You can return it to one of our branches there
④ It's $80 including tax and you must buy insurance

02

밑줄 친 부분에 들어갈 말로 가장 적절한 것은?

> A: I thought you were going to L.A. with Jane.
> B: I was. But my car's in the shop.
> A: Well, you can borrow my car.
> B: Really?
> A: Yeah, _____
> B: Thanks, buddy.

① You went too far this time.
② What are friends for?
③ You know better than that!
④ That place kicks!

01

해석

A: 안녕하세요. 이번 주 금요일부터 일요일까지 차를 빌리고 싶은데요.
B: 안녕하세요. 이 카탈로그에 대여 가능한 모든 차가 나와 있습니다.
A: 이 빨간 세단이 맘에 드네요. 이 차의 가격은 얼마인가요?
B: 세금 포함 80달러이고, 보험에 가입하셔야 합니다.

① 당신의 차는 3B 주차 공간에 주차되어 있습니다
② 죄송하지만 운전면허증이 있으셔야 합니다
③ 그곳에 있는 우리 지점 중 한 곳으로 반납하실 수 있습니다
④ 세금 포함 80달러이고, 보험에 가입하셔야 합니다

어휘

rent a car 차를 빌리다
available 이용 가능한
rate 요금, 가격
branch 지점, 지사
buy insurance 보험에 가입하다

정답 ④

02

해석

A: 나는 네가 Jane하고 LA로 가는 걸로 생각했는데.
B: 그랬지. 하지만 내 차가 정비소에 있어.
A: 그러면 내 차를 빌려가.
B: 정말?
A: 응, 친구 좋다는 게 뭐니?
B: 고마워, 친구야.

① 이번에는 네가 너무 지나쳤어.
② 친구 좋다는 게 뭐니?
③ 네가 그럴 만큼 어리석지 않잖아!
④ 그 장소 좋아!

어휘

go too far 도를 넘다
know better than ~할 만큼 어리석지 않다

정답 ②

03

밑줄 친 부분에 들어갈 말로 가장 적절한 것은?

> A: Hey, have you submitted the monthly report to the team leader yet?
> B: Not yet. I'm still waiting on the sales figures from the marketing team.
> A: Oh, I thought they sent those yesterday.
> B: They sent a partial file, but a few sections are still missing.
> A: _____?
> B: I already did. They said they'll send the rest by this afternoon.
> A: All right. Let me know if they don't, so I can follow up too.

① Did you ask them to resend the file
② Should I add some graphs to the report
③ Have you backed up the old version
④ Do you want me to review the final version

03

해석

A: 팀장님께 월간 보고서를 제출했어요?
B: 아직 안 했습니다. 아직 마케팅 팀의 판매 수치를 기다리고 있습니다.
A: 마케팅 팀에서 그것들을 어제 보낸 줄 알았어요.
B: 일부 파일만 보냈고 아직 몇 개의 부분이 누락되었습니다.
A: 그들에게 파일을 다시 보내달라고 요청했나요?
B: 이미 했어요. 그들이 오늘 오후까지 나머지를 보내준다고 했어요.
A: 알겠습니다. 그렇게 하지 않으면 알려주세요. 저도 후속 조치를 취할 수 있습니다.

① 그들에게 파일을 다시 보내달라고 요청했나요
② 제가 보고서에 그래프를 추가해야 하나요
③ 이전 버전을 백업하셨나요
④ 최종 버전을 검토해 드릴까요

어휘
submit 제출하다
figure 수치, 숫자
section 부분, 부문
missing 없어진
follow up 후속 조치를 취하다

정답 ①

DAY 08 생활영어

01
밑줄 친 부분에 들어갈 말로 가장 적절한 것은?

> A: Let me pay for dinner this time.
> B: No! You did that last time. It's my turn.
> A: Don't worry. I can get this.
> B: No! _____.

① Let's chip in ten more dollars for the next dinner
② Sorry for disturbing you on your day off
③ Let's just split the bill then
④ I can't pinpoint it

01

해석
A: 이번에는 내가 저녁 식사 비용을 낼게.
B: 아니야! 네가 지난번에 냈잖아. 이번에는 내 차례야.
A: 걱정 마. 내가 낼 수 있어.
B: 아니야. 그러면 나누어서 내자.

① 다음 저녁 식사를 위해 10달러를 더 내자
② 쉬는 날에 방해해서 미안해
③ 그러면 나누어서 내자
④ 그건 정확하게 말할 수 없어

어휘
chip in (돈을) 모으다, 기부하다
disturb 방해하다
split the bill 각자 부담하다, 나누어서 내다
pinpoint 정확히 지적[설명]하다

정답 ③

02

밑줄 친 부분에 들어갈 말로 가장 적절한 것은?

> A: I saw the photos you posted yesterday — amazing work!
> B: Thanks! I took them at the botanical garden.
> A: The lighting was perfect.
> B: _____?
> A: That's a great idea. I know a few quiet spots.
> B: Awesome. Saturday morning?
> A: Works for me. I'll bring my camera too.
> B: Cool. Let's try some portraits this time.

① Do you want to take photos together next time
② Can you teach me how to use a tripod
③ Did you edit those on your phone
④ Should I bring my running shoes

03

밑줄 친 부분에 들어갈 말로 가장 적절한 것은?

> A: Hello, this is Mira from JH Electronics. I'd like to place an urgent order for 30 wireless routers.
> B: Of course. I can help you with that. _____?
> A: Model WR-600, the same one we ordered last time.
> B: Got it. I'll check our stock and confirm the delivery time shortly.
> A: Great. We're hoping to receive them by Friday at the latest.
> B: I'll do my best to make that happen.

① Would you like to speak to our technician
② Which model would you like to order
③ Do you know how to install the routers
④ Have you used a wireless router before

02

해석

A: 당신이 어제 올린 사진을 봤어요. 정말 멋진 작품이었어요!
B: 고마워요! 식물원에서 찍은 사진들이에요.
A: 조명이 완벽하더군요.
B: 다음에 같이 사진 찍을래요?
A: 좋은 생각이에요. 제가 조용한 장소를 몇 군데 알고 있어요.
B: 멋지네요. 토요일 아침 어때요?
A: 저도 괜찮아요. 제 카메라도 가져올게요.
B: 좋아요. 이번에는 인물 사진도 시도해 보자고요.

① 다음에 같이 사진 찍을래요
② 삼각대 사용법을 가르쳐 줄래요
③ 당신 휴대폰으로 그것들을 편집했나요
④ 제 운동화를 가져가야 하나요

어휘

post 게시하다, 올리다
botanical garden 식물원
spot 곳, 장소
portrait 인물 사진, 초상화
tripod 삼각대
edit 편집하다

정답 ①

03

해석

A: 안녕하세요, 저는 JH 일렉트로닉스의 Mira입니다. 무선 라우터 30대를 급히 주문하고 싶습니다.
B: 물론이죠. 제가 도와드릴 수 있습니다. 어떤 모델을 주문하고 싶으신가요?
A: 저희가 지난번에 주문한 것과 동일한 WR-600 모델입니다.
B: 알겠습니다. 재고를 확인하고 빠른 시일 내에 배송 시간을 확정해 드리겠습니다.
A: 좋네요. 늦어도 금요일까지는 그것들을 받을 수 있으면 좋겠습니다.
B: 그렇게 될 수 있도록 최선을 다하겠습니다.

① 저희 기술자와 이야기하시겠어요
② 어떤 모델을 주문하고 싶으신가요
③ 라우터를 설치하는 방법을 알고 계시나요
④ 전에 무선 라우터를 사용해 본 적이 있으세요

어휘

place an order 주문하다
urgent 긴급한
stock 재고
confirm 확정하다
shortly 곧
at the latest 늦어도
technician 기술자, 기사
install 설치하다

정답 ②

DAY 09 생활영어

01

밑줄 친 부분에 들어갈 말로 가장 적절한 것은?

> A: Excuse me, but I forgot to bring my ID card. What should I do?
> B: Well, no one is allowed to take the test without an ID card.
> A: I know. Is there any way I can take the test today?
> B: _____.

① I'm sorry, but there is nothing I can do
② That's the best way to renew your ID card
③ Your score is high enough to pass the exam
④ You must be on time to take a test tomorrow

02

밑줄 친 부분에 들어갈 말로 가장 적절한 것은?

> A: Hey, did you ever finish cleaning your room?
> B: Not yet… I keep putting it off.
> A: You said that yesterday too!
> B: I know. _____.
> A: Then how about I come over and help?
> B: Really? That might actually motivate me.
> A: We can play music while we clean.
> B: Okay! But no photos of the mess, please.

① I don't need help, I'm fine
② It's already spotless, I promise
③ I can't even see the floor right now
④ I think I lost my phone in your house

01

해석

A: 실례합니다만, 제가 신분증을 가져오는 것을 잊었어요. 어떻게 해야 할까요?
B: 음, 아무도 신분증 없이 시험을 볼 수는 없어요.
A: 알아요. 제가 오늘 시험을 볼 수 있는 방법은 없나요?
B: 죄송하지만 제가 할 수 있는 일이 없습니다.

① 죄송하지만 제가 할 수 있는 일이 없습니다
② 그게 신분증을 갱신하는 가장 좋은 방법입니다
③ 당신의 점수는 시험에 합격할 만큼 높습니다
④ 내일 시험을 보려면 제시간에 와야 합니다

어휘

ID card 신분증 카드
renew 갱신하다

정답 ①

02

해석

A: 네 방 청소를 끝내 본 적이 있니?
B: 아니, 아직 없어… 난 그걸 계속 미루고 있어.
A: 넌 어제도 그렇게 말했잖아!
B: 알아. 지금은 방바닥조차 보이지 않아.
A: 그럼 내가 가서 도와주는 게 어때?
B: 정말? 그럼 정말로 동기부여가 될 수도 있겠어.
A: 우리가 청소하는 동안 음악을 재생할 수 있어.
B: 알았어! 하지만 엉망인 상태를 사진 찍지는 말아 줘.

① 난 도움이 필요하지 않아, 난 괜찮아
② 이미 너무나 깨끗해. 내가 장담할게
③ 지금은 방바닥조차 보이지 않아
④ 너희 집에서 내 휴대폰을 잃어버린 것 같아

어휘

put off ~을 미루다
motivate 동기를 부여하다
mess 엉망
spotless 아주 깨끗한

정답 ③

03

밑줄 친 부분에 들어갈 말로 가장 적절한 것은?

> A: Hey, did your package arrive?
> B: Not yet. I got a message saying it was delivered, but I didn't see anything at my door.
> A: That's strange. _____?
> B: Yeah, and I also checked with my neighbor. They didn't see it either.
> A: Maybe you should call the delivery company and ask.
> B: Good idea. I'll do that now and see what happened.

① Did you check the tracking number again
② Have you already opened the package
③ Do you want me to pick it up for you
④ Did you try calling your landlord

03

해석

A: 얘, 네 소포는 도착했니?
B: 아직 안 했어. 배달되었다는 메시지를 받았는데 우리 집 문 앞에 아무것도 안 보여.
A: 이상하네. 배송 조회 번호를 다시 확인해 봤니?
B: 응, 그리고 이웃에게도 확인해 봤어. 그들도 그걸 못 봤대.
A: 택배 회사에 전화해서 물어봐야 할 것 같아.
B: 좋은 생각이야. 지금 전화해 보고 무슨 일이 있었는지 확인해 볼게.

① 배송 조회 번호를 다시 확인해 봤니
② 소포를 벌써 개봉했니
③ 내가 그걸 찾아서 네게 가져다 줄까
④ 너희 집주인에게 전화해 봤니

어휘

package 소포, 택배
tracking number 배송 조회 번호
pick up ~을 찾다, 챙기다
landlord 집주인

정답 ①

DAY 10 생활영어

01
밑줄 친 부분에 들어갈 말로 가장 적절한 것은?

> A: I didn't notice you at the meeting this morning.
> B: I had to see a client this morning. I didn't get back in time. How was the meeting?
> A: Oh, well, you know. The same old stuff. Nothing was said that you don't already know.
> B: _____.

① Right. I'm looking forward to meeting you
② That's a little early. I have a meeting at 4:00
③ I didn't know there was a meeting yesterday
④ I guess I won't feel bad about missing it then

01

해석
A: 오늘 아침 회의에서 당신을 못 봤어요.
B: 오늘 아침에는 고객을 만나야 했어요. 제시간에 돌아올 수 없었죠. 회의는 어땠나요?
A: 아, 아시잖아요. 똑같고 오래된 일들이요. 당신이 모를만한 것들은 없었어요.
B: 회의에 빠져도 안 좋을 것은 없었겠네요.

① 맞아요. 당신을 만나는 것을 고대하고 있어요
② 약간 이르네요. 4시에 회의가 있어서요
③ 어제 회의가 있는지 몰랐어요
④ 회의에 빠져도 안 좋을 것은 없었겠네요

어휘
notice 알아차리다
client 고객

정답 ④

02

밑줄 친 부분에 들어갈 말로 가장 적절한 것은?

> A: What are you cooking? It smells amazing!
> B: I'm making pasta with homemade sauce.
> A: Nice! Did you follow a recipe?
> B: _____.
> A: That's impressive. Mind if I taste a little?
> B: Sure, but it's still simmering.
> A: No problem. I'll wait.
> B: Dinner will be ready in 15 minutes.

① No, I just made it up as I want
② Yes, I bought it from the store
③ Yes, I need help doing the dishes
④ No, I ordered this from a restaurant

03

밑줄 친 부분에 들어갈 말로 가장 적절한 것은?

> A: Hi, I'd like to exchange this bag of rice I bought yesterday.
> B: Of course. May I ask what the problem is?
> A: When I opened it, I noticed the packaging was torn and some rice had spilled.
> B: I'm really sorry about that. _____?
> A: Yes, I brought it just in case.
> B: Great. Please wait a moment while I get a new one for you.

① Would you like to buy another item
② Did you keep the receipt with you
③ Do you want to keep both bags
④ Have you cooked the rice already

02

해석

A: 무슨 요리를 하고 있나요? 냄새가 정말 좋아요!
B: 수제 소스로 파스타를 만들고 있어요.
A: 좋네요! 레시피를 따랐나요?
B: 아니요, 그냥 제가 원하는 대로 만들었어요.
A: 인상적이네요. 제가 맛 좀 봐도 될까요?
B: 물론이죠, 하지만 아직 끓고 있어요.
A: 문제 없어요. 기다릴게요.
B: 저녁 식사는 15분 후에 준비될 거예요.

① 아니요, 그냥 제가 원하는 대로 만들었어요
② 네, 그건 가게에서 샀어요
③ 네, 설거지하는 데 도움이 필요해요
④ 아니요, 이건 음식점에서 주문했어요

어휘

smell (특정한) 냄새가 나다; 냄새
recipe 요리법, 레시피
impressive 인상적인
simmer 보글보글 끓다
do the dishes 설거지하다

정답 ①

03

해석

A: 안녕하세요, 어제 산 이 쌀 포대를 교환하고 싶습니다.
B: 물론입니다. 무슨 문제인지 여쭤 봐도 될까요?
A: 열어보니 포장이 찢어져 있고 쌀이 약간 쏟아진 것을 발견했어요.
B: 그 점은 정말 죄송합니다. 영수증을 챙기셨나요?
A: 네, 혹시 몰라서 가져왔어요.
B: 잘하셨어요. 새 것을 가져다드릴 테니 잠시만 기다려 주세요.

① 다른 물건을 구매하시겠어요
② 영수증을 챙기셨나요
③ 가방을 두 개 모두 보관하시겠어요
④ 밥을 이미 지으셨나요

어휘

notice 알아차리다
packaging 포장
torn 찢어진
spill 쏟다, 흘리다
just in case 만약을 위해
receipt 영수증

정답 ②

01

밑줄 친 부분에 들어갈 말로 가장 적절한 것은?

> A: Adam, I'm just leaving the office now. When are you getting off work?
> B: I'm afraid I can't yet. I'm writing an e-mail to my customer.
> A: Are you almost done? I can wait until you're finished.
> B: _____

① No. This will take some time.
② No. I have to go home early today.
③ No. I don't mind working with the boss.
④ Definitely. I'll send you an e-mail right now.

02

밑줄 친 부분에 들어갈 말로 가장 적절한 것은?

> A: Hey, are you on your way?
> B: On my way where?
> A: To the movie! It starts in 20 minutes.
> B: Wait… I thought it was tomorrow night.
> A: _____
> B: Nooo, I totally got the date wrong.
> A: It's okay. I'll just watch it and tell you how it ends.
> B: That's evil. Don't you dare!

① Can we go to a different theater?
② I'm standing right outside already.
③ You were the one who booked the tickets.
④ I sent you a reminder text this morning.

01

해석

A: Adam, 나 지금 사무실에서 나가려던 참이야. 언제 퇴근할 거야?
B: 나는 아직 못 할 것 같아. 고객에게 보낼 이메일을 쓰고 있거든.
A: 거의 다 됐어? 끝낼 때까지 기다릴 수 있는데.
B: <u>아니. 이건 시간이 좀 걸릴 거야.</u>

① 아니. 이건 시간이 좀 걸릴 거야.
② 아니. 오늘 일찍 집에 가야만 해.
③ 아니. 난 사장님과 함께 일하는 게 싫지 않아.
④ 물론이지. 내가 너에게 바로 이메일을 보낼게.

어휘

leave the office 퇴근하다
get off work 퇴근하다

정답 ①

02

해석

A: 야, 너 오고 있니?
B: 어딜 오고 있는데?
A: 영화 보러! 영화가 20분 후에 시작해.
B: 잠깐만… 그건 내일 밤인 줄 알았는데.
A: <u>내가 오늘 아침에 알림 문자를 보냈잖아.</u>
B: 안 돼, 날짜를 완전히 착각했어.
A: 괜찮아. 그냥 내가 영화를 보고 어떻게 끝나는지 말해 줄게.
B: 아주 악랄하군. 그러기만 했다 봐!

① 우리가 다른 영화관에 갈 수 있니?
② 난 벌써 바로 밖에 서 있어.
③ 티켓을 예약한 사람은 바로 너였잖아.
④ 내가 오늘 아침에 알림 문자를 보냈잖아.

어휘

get ~ wrong ~을 헷갈리다
evil 사악한, 악랄한
reminder 상기시키는 것

정답 ④

03

밑줄 친 부분에 들어갈 말로 가장 적절한 것은?

> A: Hey, did you get your package?
> B: Not yet. I think it was delivered to the wrong place.
> A: Really? _____?
> B: It says it was left "by the mailbox."
> A: Did you check with the building manager?
> B: Not yet. I'll do that now.
> A: Good idea. Hope you find it!

① What did you order this time
② Do you know what time it came
③ What does the tracking info say
④ Have you opened it already

03

해석

A: 이봐, 네 택배를 받았니?
B: 아직 못 받았어. 잘못된 곳으로 배송된 것 같아.
A: 정말? 배송 추적 정보에는 뭐라고 나와 있어?
B: "우편함 옆에 두었다"고 되어 있어.
A: 건물 관리자에게 확인했니?
B: 아직 안 했어. 지금 할게.
A: 생각 잘했어. 꼭 찾길 바랄게!

① 이번에는 뭘 주문했니
② 그게 몇 시에 왔는지 아니
③ 배송 추적 정보에는 뭐라고 나와 있어
④ 벌써 그걸 개봉했니

어휘

package 소포, 택배
mailbox 우편함
tracking info 추적 정보

정답 ③

DAY 12 생활영어

01
밑줄 친 부분에 들어갈 말로 가장 적절한 것은?

> A: How much is this leather jacket? It looks great.
> B: This is a nice leather jacket and it's $825 including tax.
> A: Really? You can usually buy a leather jacket for around $500 these days. That's really expensive.
> B: _____

① I think you're overcharging me.
② Great! You made a good choice.
③ I bought this jacket at a good price.
④ It's far better in quality than the others.

01

해석
A: 이 가죽 재킷은 얼마인가요? 아주 괜찮아 보이네요.
B: 멋진 가죽 재킷인데, 세금 포함 825달러입니다.
A: 정말요? 요즘은 보통 500달러 정도에 가죽 재킷을 살 수 있던데요. 너무 비싸네요.
B: 품질이 다른 물건보다 훨씬 더 좋아요.

① 저에게 바가지를 씌우시는 것 같네요.
② 멋지네요! 좋은 선택을 하셨어요.
③ 저는 좋은 가격으로 이 재킷을 샀어요.
④ 품질이 다른 물건보다 훨씬 더 좋아요.

어휘
leather 가죽
overcharge 많이 청구하다, 바가지를 씌우다

정답 ④

02

밑줄 친 부분에 들어갈 말로 가장 적절한 것은?

> A: What are we making for dinner tonight?
> B: I was thinking stir-fried veggies and rice.
> A: Sounds healthy. Want me to chop the onions?
> B: _____
> A: All right. I'll start with the carrots then.
> B: Thanks. Could you also wash the spinach?
> A: Got it. Let's finish before 7.
> B: Deal. I'm starving already.

① No thanks. I already cut those.
② I left the stove on by mistake.
③ I don't like cooking anymore.
④ I ordered pizza instead.

03

밑줄 친 부분에 들어갈 말로 가장 적절한 것은?

> A: Hey, did you pay the electricity bill this month?
> B: Not yet. I completely forgot.
> A: _____
> B: Really? I didn't get any.
> A: I got a text yesterday. It said the due date is tomorrow.
> B: Okay, I'll pay it tonight.
> A: Good. Don't forget the late fee if you miss it.

① Why don't we split it later?
② We already paid it last week.
③ They sent a reminder message.
④ Is it cheaper to pay in cash?

02

해석

A: 우리 오늘 저녁으로 뭘 만들까?
B: 난 야채 볶음과 밥을 생각하고 있었어.
A: 건강에 좋을 것 같네. 내가 양파를 썰까?
B: 고맙지만 괜찮아. 내가 이미 썰어 놨어.
A: 알았어. 그럼 나는 당근부터 시작할게.
B: 고마워. 시금치도 씻어 줄 수 있니?
A: 알았어. 7시 전에 끝내자.
B: 좋아. 벌써 배가 고프네.

① 고맙지만 괜찮아. 내가 이미 썰어 놨어.
② 내가 실수로 가스레인지를 켜 놨어.
③ 나는 더 이상 요리하는 것을 좋아하지 않아.
④ 나는 그 대신 피자를 주문했어.

어휘

stir-fry 프라이팬에 볶다
veggie 채소
chop 자르다, 썰다
spinach 시금치
starving 몹시 배고픈
stove 가스레인지

정답 ①

03

해석

A: 너, 이번 달 전기 요금을 냈니?
B: 아직 안 냈어. 완전히 잊어버렸어.
A: 그들이 알림 메시지를 보냈어.
B: 정말? 나는 하나도 못 받았는데.
A: 난 어제 문자를 받았어. 마감일이 내일이라고 그러네.
B: 알았어, 오늘 밤에 결제할게.
A: 좋아. 그걸 놓칠 경우 연체료가 나오는 걸 잊지 마.

① 우리가 나중에 그걸 나누면 어떨까?
② 우리는 이미 지난주에 그걸 지불했어.
③ 그들이 알림 메시지를 보냈어.
④ 현금으로 결제하는 것이 더 저렴하니?

어휘

electricity bill 전기 요금 고지서
due date 만기일, 마감일
late fee 연체료
split 나누다, 쪼개다
reminder 상기시키는 것, 알림
in cash 현금으로

정답 ③

DAY 13 생활영어

01
밑줄 친 부분에 들어갈 말로 가장 적절한 것은?

> A: Hi. Am I heading towards the orchard?
> B: No, you should've made a left on Forest Road.
> A: What do you suggest I do?
> B: _____.

① You'd better let me drive
② Try to come back after harvest
③ Stopping here is convenient
④ Turn around at the next intersection

02
밑줄 친 부분에 들어갈 말로 가장 적절한 것은?

> A: Did your package arrive today?
> B: Yeah, but they left it at the wrong door.
> A: Seriously? Where did you find it?
> B: _____
> A: That's lucky. It could've been taken.
> B: I know. I'll update my delivery instructions.
> A: Good idea. Add a phone number too.
> B: Will do. Thanks for the tip!

① Next door. My neighbor brought it over.
② It's still stuck at the warehouse.
③ It got returned to the sender.
④ I think I left it at your place.

01

해석

A: 안녕하세요, 제가 과수원 쪽으로 가고 있는 건가요?
B: 아니요, 당신은 포레스트 로드에서 좌회전했어야 해요.
A: 제가 어떻게 하면 될까요?
B: 다음 교차로에서 유턴하세요.

① 제가 운전하는 게 낫겠어요
② 수확 이후에 오세요
③ 여기서 멈추는 게 편해요
④ 다음 교차로에서 유턴하세요

어휘

head toward ~쪽으로 가다
make a left 좌회전하다
turn around 회전하다; 돌아보다
intersection 교차로

정답 ④

02

해석

A: 네 택배가 오늘 도착했니?
B: 응, 하지만 택배사가 다른 집 문 앞에 두고 갔어.
A: 정말이야? 그걸 어디서 찾았니?
B: 옆집. 이웃이 그걸 가져왔어.
A: 운이 좋았네. 누가 가져갈 수도 있었어.
B: 알아. 배송 요구 사항을 업데이트해야겠어.
A: 좋은 생각이야. 전화번호도 추가하도록 해.
B: 그럴게. 충고 고마워!

① 옆집. 이웃이 그걸 가져왔어.
② 그건 아직 창고 안에 있어.
③ 그건 발신인에게 반송되었어.
④ 너희 집에 두고 온 것 같아.

어휘

instructions 지시, 명령
next door 이웃; 옆집의
stuck 갇힌
warehouse 창고

정답 ①

03

밑줄 친 부분에 들어갈 말로 가장 적절한 것은?

> A: Did you finish the laundry?
> B: No, the washing machine stopped working.
> A: Oh no. _____?
> B: I pressed start, but nothing happened.
> A: Maybe it's unplugged or the power's out.
> B: I checked. It's plugged in.
> A: Then we might need to call a repair service.
> B: Yeah, I'll do that now.

① Did you forget to add detergent
② Did you try turning it on again
③ Did you fold the clothes already
④ Did you take everything out

03

해석

A: 빨래 다 했어요?
B: 아니요, 세탁기가 작동을 멈췄어요.
A: 이런. 전원을 다시 켜 보셨나요?
B: 시작 버튼을 눌렀지만 아무 일도 일어나지 않았어요.
A: 플러그가 뽑혔거나 전원이 꺼졌을 수도 있어요.
B: 제가 확인했어요. 선이 연결되어 있어요.
A: 그러면 우리가 수리 서비스를 불러야 할 수도 있네요.
B: 네, 지금 그렇게 할게요.

① 세제를 넣는 것을 잊으셨나요
② 전원을 다시 켜 보셨나요
③ 옷을 벌써 다 개었나요
④ 모든 것을 꺼냈나요

어휘

laundry 세탁, 세탁물
unplug (선을 뽑아) 전원을 끊다
detergent 세제

정답 ②

DAY 14 생활영어

01
밑줄 친 부분에 들어갈 말로 가장 적절한 것은?

> A: Sally, are you going to take the subway for Jamsil?
> B: Yes. I'll get off at the Sports Complex Station. I live near there.
> A: You lived around Dangsan Station, didn't you? When did you move there?
> B: _____

① I had difficulty moving the huge bookshelves.
② I was there two hours before the game started.
③ I've been there several times, but I won't go again.
④ I moved to a fully-furnished apartment last month.

01

해석

A: Sally, 넌 잠실로 가는 지하철을 탈 거야?
B: 응. 난 종합운동장역에서 내릴 거야. 나는 그 근처에 살고 있어.
A: 넌 당산역 근처에 살았잖아? 언제 이사했어?
B: 지난달에 가구가 모두 갖추어진 아파트로 이사했어.

① 난 거대한 책장을 옮기는 것이 어려웠어.
② 난 경기가 시작되기 2시간 전에 거기 있었어.
③ 그곳에 여러 번 가 봤는데, 다시는 가지 않을 거야.
④ 지난달에 가구가 모두 갖추어진 아파트로 이사했어.

어휘
get off 내리다
bookshelf 책장
fully-furnished 가구가 완비된

정답 ④

02
밑줄 친 부분에 들어갈 말로 가장 적절한 것은?

> A: Did you bring your umbrella? It's pouring outside.
> B: No… I think I left mine on the bus.
> A: Again? That's the third one this month!
> B: I know, I'm terrible with umbrellas.
> A: You should write your name on them or something.
> B: _____
> A: Or buy a super cheap one so it hurts less when it's gone.
> B: Honestly, I might just stick to raincoats from now on.

① I think it's still in my backpack.
② I always leave them in restaurants.
③ Do you have an extra one I can borrow?
④ That actually sounds like a smart idea.

03
밑줄 친 부분에 들어갈 말로 가장 적절한 것은?

> A: You didn't come to class this morning.
> B: I know… I overslept.
> A: Didn't you set an alarm?
> B: _____
> A: You missed a quiz.
> B: Seriously? That's the worst.
> A: You should talk to the professor.
> B: I will. I hope I can make it up.

① I set two, but I turned them off in my sleep.
② I forgot there was class today.
③ I think I left my bag at school.
④ Can I copy your homework later?

02

해석

A: 우산 가져왔니? 밖에 비가 엄청나게 내려.
B: 아니… 우산을 버스에 두고 내린 것 같아.
A: 또? 이달 들어 세 번째야!
B: 알아, 나는 우산하고 원수가 졌나 봐.
A: 우산에 네 이름을 쓰던가 뭔가를 해야 해.
B: 그거 정말 똑똑한 생각인 것 같네.
A: 아니면 잃어버렸을 때 타격이 덜하도록 아주 저렴한 것을 사.
B: 솔직히 말하면, 앞으로는 비옷만 입어야 할지도 몰라.

① 아직 내 배낭 안에 있는 것 같아.
② 난 항상 그것들을 식당에 두고 다녀.
③ 내가 빌릴 수 있는 여분의 것이 있니?
④ 그거 정말 똑똑한 생각인 것 같네.

어휘

pour (비가) 억수로 내리다
super cheap 엄청 저렴한
stick to ~을 고수하다
extra 여분의, 추가의

정답 ④

03

해석

A: 너 오늘 아침에 수업에 안 왔더라.
B: 나도 알아… 늦잠을 잤어.
A: 알람을 설정하지 않았니?
B: 두 개를 설정했지만 잠결에 꺼버렸어.
A: 넌 쪽지 시험을 놓쳤어.
B: 정말? 최악이군.
A: 교수님과 이야기해 봐.
B: 그럴게. 내가 시험을 벌충할 수 있으면 좋겠어.

① 두 개를 설정했지만 잠결에 꺼버렸어.
② 오늘 수업이 있다는 것을 깜빡했어.
③ 학교에 가방을 두고 온 것 같아.
④ 나중에 네 숙제를 복사해도 될까?

어휘

set an alarm 알람을 설정하다
quiz 퀴즈, 쪽지 시험
make up ~을 보충하다
turn off ~을 끄다

정답 ①

01

밑줄 친 부분에 들어갈 말로 가장 적절한 것은?

> A: Erin, where can I get Wi-Fi access to the Internet?
> B: At the post office. They offer free Internet service for visitors.
> A: Where is it? I hope it's not far from here.
> B: _____

① It's behind the bank across the road.
② You're going in the wrong direction.
③ I'm on the way, so I'll take it there for you.
④ They charge a fee for the Internet connection.

02

밑줄 친 부분에 들어갈 말로 가장 적절한 것은?

> A: I'm heading to the gym after work. Want to come?
> B: Sure, I haven't worked out all week.
> A: _____
> B: Good idea. I'll bring my water bottle too.
> A: Let's meet at the entrance around 6.
> B: Got it. Are we doing weights or cardio today?
> A: I was thinking we could start with the treadmill.
> B: Sounds perfect. See you there!

① Is it okay if I skip today?
② I'm way too tired for anything active.
③ Don't forget to bring your headphones.
④ I left my sneakers at home.

01

해석

A: Erin, Wi-Fi로 인터넷을 연결할 수 있는 곳은 어디예요?
B: 우체국이요. 방문객들을 위해 무료 인터넷 서비스를 제공해요.
A: 우체국이 어디인가요? 여기서 멀지 않으면 좋겠어요.
B: 길 건너편에 있는 은행 뒤에 있어요.

① 길 건너편에 있는 은행 뒤에 있어요.
② 당신은 잘못된 방향으로 가고 있어요.
③ 내가 가는 중이니, 당신을 위해 그것을 가져갈게요.
④ 그들은 인터넷 연결에 대한 요금을 청구해요.

어휘

access 접속, 접근
direction 방향
charge 청구하다
fee 요금, 비용

정답 ①

02

해석

A: 난 퇴근 후에 헬스장에 갈 거예요. 갈래요?
B: 네, 일주일 내내 운동을 안 했어요.
A: 헤드폰을 가져오는 것을 잊지 마세요.
B: 좋은 생각이네요. 제 물병도 가져갈게요.
A: 6시쯤 입구에서 만나요.
B: 알았어요. 우리 오늘 웨이트나 유산소 운동을 하나요?
A: 러닝머신부터 시작할까 생각 중이었어요.
B: 완벽하네요. 거기서 봐요!

① 오늘 건너뛰어도 괜찮나요?
② 너무 피곤해서 활동적인 일은 아무것도 할 수 없어요.
③ 헤드폰을 가져오는 것을 잊지 마세요.
④ 운동화를 집에 두고 왔어요.

어휘

head 향하다
gym 헬스장, 체육관
do weights 웨이트 운동을 하다
cardio 유산소 운동, 심장 강화 운동
treadmill 러닝머신
skip 건너뛰다
sneakers 운동화

정답 ③

03

밑줄 친 부분에 들어갈 말로 가장 적절한 것은?

> A: Have you seen my wallet anywhere?
> B: No, when did you last have it?
> A: I think at lunch. I paid for coffee.
> B: _____
> A: That's a good idea. I'll call them now.
> B: I hope it's still there.
> A: If not, I'll have to cancel my cards.
> B: Let me know if you need help.

① You probably left it at my house.
② I left mine at school yesterday.
③ Do you have cash on you?
④ Maybe try calling the café.

DAY 16 생활영어

01

밑줄 친 부분에 들어갈 말로 가장 적절한 것은?

> A: Is this a picture of you as a boy?
> B: No. Actually that's my father. It was taken almost 40 years ago.
> A: My gosh! It really looks like you.
> B: _____

① He looks better than his picture.
② He doesn't care about his dress.
③ Right. I have a strong resemblance to my father.
④ The two are so alike that I can't tell them apart.

01

해석
A: 이것은 네가 어렸을 때 사진이야?
B: 아니, 사실은 우리 아버지야. 거의 40년 전에 찍은 거야.
A: 세상에! 정말로 너랑 닮았어.
B: 맞아. 내가 아버지를 매우 닮았지.

① 그는 사진보다 더 괜찮아 보여.
② 그는 자신의 옷에 관심이 없어.
③ 맞아. 내가 아버지를 매우 닮았지.
④ 그 둘은 너무 비슷해서 나는 구별할 수 없어.

어휘
My gosh! 세상에!
resemblance 닮음, 유사
tell ~ apart ~을 구별하다, 분간하다

정답 ③

02

밑줄 친 부분에 들어갈 말로 가장 적절한 것은?

> A: Ugh, I just missed the bus by ten seconds.
> B: Again? That's the second time this week.
> A: I know. _____.
> B: Maybe you should leave a few minutes earlier.
> A: Yeah, I keep underestimating the walk to the stop.
> B: Want me to call and let them know you'll be late?
> A: That would help a lot, thanks.

① I forgot to bring my umbrella too
② I saw it pulling away as I turned the corner
③ I think I'll just go back home
④ I never take the bus on Mondays

03

밑줄 친 부분에 들어갈 말로 가장 적절한 것은?

① I heard the CEO will be attending
② I haven't started my slides yet
③ I think the meeting was canceled
④ I forgot about the presentation

02

해석

A: 아, 방금 10초 차이로 버스를 놓쳤어.
B: 또? 이번 주 들어 두 번째네.
A: 알아. 모퉁이를 돌 때 버스가 떠나는 것을 보았어.
B: 넌 몇 분 일찍 출발하는 게 좋을 것 같아.
A: 응, 정류장까지 가는 길을 계속 과소평가하고 있네.
B: 그들에게 전화해서 네가 늦을 거라고 알려줄까?
A: 그러면 정말 도움이 될 거야, 고마워.

① 나도 우산을 가져오는 것을 깜박했어
② 모퉁이를 돌 때 버스가 떠나는 것을 보았어
③ 난 그냥 집으로 돌아갈 것 같아
④ 난 월요일에는 버스를 절대 안 타

어휘

underestimate 과소평가하다
stop 정류장
pull away 떠나다

정답 ②

03

해석

Eunji: 오후 3시 회의에 쓸 슬라이드는 다 만들었어요?
Olivia: 거의 다 됐어요! 지금 지난 분기의 데이터를 추가하고 있어요.
Eunji: 좋아요. 끝나면 알려주세요. 당신이 만든 파트를 제가 만든 파트에 합칠게요.
Olivia: 알겠어요. 그런데 오늘 발표를 누가 주도하는지 아세요?
Eunji: 사장님이 참석하신다고 들었어요. 그렇게 때문에 우리는 모든 것을 준비해야 해요.
Olivia: 와, 알겠어요. 제가 완벽을 기할게요.
Eunji: 고마워요! 2시 30분에 재빨리 예행연습을 하자고요.

① 사장님이 참석하신다고 들었어요
② 제 슬라이드는 아직 시작하지 않았어요
③ 회의가 취소된 것 같아요
④ 발표에 대해 깜박 잊어버렸어요

어휘

slide (발표용) 슬라이드
quarter 분기
combine 합치다, 결합하다
lead 이끌다, 주도하다
run-through 예행연습

정답 ①

DAY 17 생활영어

01
밑줄 친 부분에 들어갈 말로 가장 적절한 것은?

> A: Oh, no! There's a car in front of mine. It's blocking me out.
> B: Is the dark green sedan yours?
> A: Yes, it is. I have to leave now. What shall I do?
> B: _____.

① I have an important meeting at 2 p.m
② There's a parking lot behind the building
③ See if there's a phone number in the front to call
④ When you drive, you must obey the traffic laws

02
밑줄 친 부분에 들어갈 말로 가장 적절한 것은?

> A: I can't believe how messy this place is.
> B: I was going to clean up yesterday, I swear.
> A: It's okay. Let's just do it now.
> B: _____
> A: I'll vacuum, and you can do the dishes.
> B: Deal. Then we'll tackle the laundry.
> A: We might need music to survive this.
> B: Already made a cleaning playlist.

① I already did everything.
② Okay, but let's split the work.
③ I don't think we need to clean.
④ Can we do it tomorrow?

01

해석

A: 아, 이런! 내 앞에 차가 있어요. 나를 못 나가게 막고 있네요.
B: 짙은 녹색 세단이 당신 차예요?
A: 네, 맞아요. 저는 지금 가야 해요. 어떻게 해야 할까요?
B: 앞에 전화할 전화번호가 있는지 보세요.

① 오후 2시에 중요한 회의가 있어요
② 건물 뒤에 주차장이 있어요
③ 앞에 전화할 전화번호가 있는지 보세요
④ 운전할 때는 교통 법규를 지켜야 해요

어휘

block 막다
obey 따르다, 복종하다

정답 ③

02

해석

A: 여긴 믿을 수 없을 정도로 지저분하네.
B: 내가 어제 청소하려고 했어. 정말이야.
A: 괜찮아. 지금 바로 하자.
B: 좋아, 하지만 일을 나누자.
A: 내가 진공청소기를 돌릴 테니, 넌 설거지를 하면 돼.
B: 좋아. 그런 다음 세탁물을 처리하자.
A: 이 상황을 이겨내려면 음악이 필요할 수도 있어.
B: 이미 청소용 선곡표를 만들어 놨지.

① 내가 벌써 모든 것을 다 했어.
② 좋아, 하지만 일을 나누자.
③ 우리가 청소할 필요는 없다고 생각해.
④ 우리 그걸 내일 해도 될까?

어휘

messy 지저분한
swear 맹세하다
vacuum 진공청소기로 청소하다
do the dishes 설거지하다
tackle 착수하다
laundry 세탁물
split 나누다, 쪼개다

정답 ②

03

밑줄 친 부분에 들어갈 말로 가장 적절한 것은?

① I forgot my umbrella too
② It's not raining near me
③ I'm going to take a taxi home
④ I have an extra umbrella I can lend you

03

해석

Yuna Seo: 방금 전부터 비가 엄청 내리기 시작했어요. 우산을 가져왔어요?
David Kim: 아니요… 집에 두고 왔어요. 오늘 비가 올 줄 몰랐어요.
Yuna Seo: 저는 오늘 아침에 일기예보를 확인했어요. 소나기가 내릴 가능성이 있다고 하더군요.
David Kim: 제가 그 정보를 놓쳤나 봐요. 아직 사무실에 계세요?
Yuna Seo: 네, 하지만 곧 출발할 거예요. <u>당신에게 빌려줄 수 있는 우산이 하나 더 있어요.</u>
David Kim: 그래 주시면 정말 좋겠네요. 감사합니다!
Yuna Seo: 무슨 말씀을요! 10분 후에 프런트에서 뵐게요.

① 제 우산도 잊어버렸어요
② 제 근처에는 비가 오지 않아요
③ 택시를 타고 집에 가려고 해요
④ 당신에게 빌려줄 수 있는 우산이 하나 더 있어요

어휘

forecast 일기예보
chance 가능성
shower 소나기
extra 추가의, 여분의

정답 ④

DAY 18 생활영어

01

밑줄 친 부분에 들어갈 말로 가장 적절한 것은?

> A: Do you think you will recognize Cathy when you see her?
> B: I'm not sure. I haven't seen her since she went to Germany to study music.
> A: Time flies like an arrow.
> B: _____

① Yeah. Ten years have passed already.
② Okay. Let's fly to Germany right now.
③ Oh. It isn't long enough to study music.
④ Actually, I want to learn how to make arrows.

01

해석
A: Cathy를 만나면 알아볼 수 있을 것 같아?
B: 잘 모르겠어. 그녀가 음악을 공부하러 독일에 간 이후로 본 적이 없어.
A: 시간이 참 빠르네.
B: 맞아. 벌써 10년이 지났어.

① 맞아. 벌써 10년이 지났어.
② 좋아. 지금 당장 독일로 날아가자.
③ 아, 음악을 공부하기에는 충분한 시간이 아니야.
④ 사실, 나는 화살 만드는 방법을 배우고 싶어.

어휘
recognize 알아보다, 인식하다
Time flies like an arrow. 시간이 화살과 같다[시간이 화살처럼 빠르다].

정답 ①

02

밑줄 친 부분에 들어갈 말로 가장 적절한 것은?

> A: Did you get anything for Minji's birthday?
> B: Not yet. I have no idea what she'd like.
> A: She loves baking, right?
> B: _____
> A: Maybe we can get her a recipe book.
> B: Ooh, or some fancy measuring tools.
> A: Let's go shopping after class.
> B: Good plan!

① Actually, she doesn't like sweets.
② Right! I totally forgot about that.
③ I think she's having a party today.
④ I bought her something last year.

03

밑줄 친 부분에 들어갈 말로 가장 적절한 것은?

① It's always too crowded there.
② I walked past it this morning.
③ No, I don't drink coffee.
④ I'm working late tonight.

02

해석

A: 민지 생일 선물로 뭔가를 샀니?
B: 아직 안 샀어. 그녀가 뭘 좋아하는지 전혀 감이 안 와.
A: 그녀는 베이킹을 좋아하지 않니?
B: 맞아! 완전히 잊고 있었네.
A: 어쩌면 우리가 그녀에게 요리책을 사다 줄 수 있어.
B: 아, 아니면 멋진 계량 도구 몇 개.
A: 수업 끝나고 쇼핑하러 가자.
B: 좋은 계획이야!

① 사실 그녀는 단 것을 좋아하지 않아.
② 맞아! 완전히 잊고 있었네.
③ 그녀는 오늘 파티를 하는 것 같아.
④ 나는 작년에 그녀에게 뭔가를 사줬어.

어휘

bake (빵을) 굽다
fancy 근사한, 멋진
measure 측정하다, 재다
sweets 사탕, 단 음식

정답 ②

03

해석

Hannah Jeong: 오늘 퇴근하고 커피 한 잔 할래요?
Jason Moon: 좋아요! 저는 6시쯤에 끝나요. 당신은요?
Hannah Jeong: 저도 그래요. 역 근처에 새로운 카페가 생겼어요. 한 번 가 볼래요?
Jason Moon: 좋네요. 이름을 아세요?
Hannah Jeong: "Bean & Bloom"이라고 불리는 것 같아요. 오늘 아침에 그곳을 지나서 걸어왔거든요.
Jason Moon: 네, 제가 찾아볼 테니 그곳에서 만나요.
Hannah Jeong: 좋아요! 6시 30분을 목표로 하죠.

① 그곳은 항상 너무 붐벼요.
② 오늘 아침에 그곳을 지나서 걸어왔거든요.
③ 아니요, 저는 커피를 마시지 않아요.
④ 오늘 밤은 늦게까지 일할 거예요.

어휘

grab (급하게) 먹다
look up ~을 찾아보다
aim 목표로 하다

정답 ②

DAY 19 생활영어

01

밑줄 친 부분에 들어갈 말로 가장 적절한 것은?

> A: My camera! It's gone. I wonder what happened.
> B: Do you think someone has stolen it? Do you want to make a police report?
> A: I'm not sure that it was stolen. Maybe I put it down somewhere.
> B: _____?

① Who do you think stole the camera
② Where do you last remember seeing it
③ How do you like your new digital camera
④ Is there a place around here where I can repair it

02

밑줄 친 부분에 들어갈 말로 가장 적절한 것은?

> A: Is that your lunch? It smells amazing!
> B: Yeah, I made it myself last night.
> A: What is it? Fried rice?
> B: _____
> A: No wonder it smells so good.
> B: Want a bite?
> A: Just a little!
> B: Here, try this part. It has kimchi in it.

① No, I didn't bring anything today.
② I bought it from a street vendor.
③ Sort of. I added some bulgogi to it too.
④ It's my first time cooking anything.

01

해석

A: 내 카메라! 카메라가 사라졌어요! 무슨 일이 일어난 건지 모르겠어요.
B: 누가 그걸 훔쳤다고 생각하세요? 경찰에 신고하시겠어요?
A: 그것이 도난당했는지 확신을 못하겠어요. 제가 어딘가에 두었을지도 모르고요.
B: 그걸 마지막으로 어디에서 봤는지 기억하세요?

① 누가 카메라를 훔쳤다고 생각하나요
② 그걸 마지막으로 어디에서 봤는지 기억하세요
③ 새 디지털 카메라는 어떠세요
④ 내가 그것을 수리할 수 있는 곳이 이 주변에 있나요

어휘

make a police report 경찰에 신고하다
put down ~을 내려놓다

정답 ②

02

해석

A: 그게 당신 점심이에요? 냄새가 정말 좋네요!
B: 네, 어젯밤에 제가 직접 만들었어요.
A: 그게 뭐예요? 볶음밥인가요?
B: 비슷한 거예요. 불고기도 약간 추가했어요.
A: 냄새가 이렇게 좋은 것이 당연하군요.
B: 한 입 드실래요?
A: 조금만 주세요!
B: 여기, 이 부분을 드세요. 김치가 들어 있어요.

① 아니오, 오늘은 아무것도 가져오지 않았어요.
② 그건 노점상에서 구입했어요.
③ 비슷한 거예요. 불고기도 약간 추가했어요.
④ 뭔가를 요리하는 것은 이번이 처음이에요.

어휘

smell (특정한) 냄새가 나다; 냄새
bite 한 입
street vendor 노점상
sort of 일종의
add 더하다, 추가하다

정답 ③

03
밑줄 친 부분에 들어갈 말로 가장 적절한 것은?

① I just bought new workout clothes
② I don't like working out at night
③ My gym is too far from my house
④ I've never been to a gym before

DAY 20 생활영어

01
밑줄 친 부분에 들어갈 말로 가장 적절한 것은?

> A: Greg, will you help me fix my car window?
> B: Sure. Should I bring my tools to your house?
> A: No. I'll drive my car to your house. Is it okay if I clean your garage in return?
> B: _____

① That's okay. I'll take the wheel tonight.
② Yes. His auto repair shop is out of business.
③ No. In that case, you should hire a mechanic.
④ Of course. Actually, I was planning to clean it.

01

해석
A: Greg, 내 차의 창문 고치는 것을 좀 도와줄래?
B: 물론이지. 내 공구를 너희 집으로 가져갈까?
A: 아니, 내가 너희 집까지 차를 운전해서 갈게. 보답으로 네 차고를 청소해도 될까?
B: 물론이지. 사실, 차고 청소를 할 계획이었어.

① 괜찮아. 오늘 밤은 내가 운전할게.
② 응. 그의 자동차 정비소는 폐업했어.
③ 아니. 그런 경우면, 정비사를 고용해야 해.
④ 물론이지. 사실, 차고 청소를 할 계획이었어.

어휘
fix 수리하다, 고치다
garage 차고
in return 답례로
take the wheel 운전대를 잡다, 운전하다
out of business 폐업한, 망한

정답 ④

02

밑줄 친 부분에 들어갈 말로 가장 적절한 것은?

> A: Whoa, you cut your hair!
> B: Yeah, it was getting way too long.
> A: It looks really good on you.
> B: _____
> A: Where did you go?
> B: A small salon near my house.
> A: Maybe I'll try it too.
> B: I can give you the name!

① It was just a quick trim.
② I've had this style for years.
③ Thanks! I wasn't sure at first.
④ I didn't do anything actually.

03

밑줄 친 부분에 들어갈 말로 가장 적절한 것은?

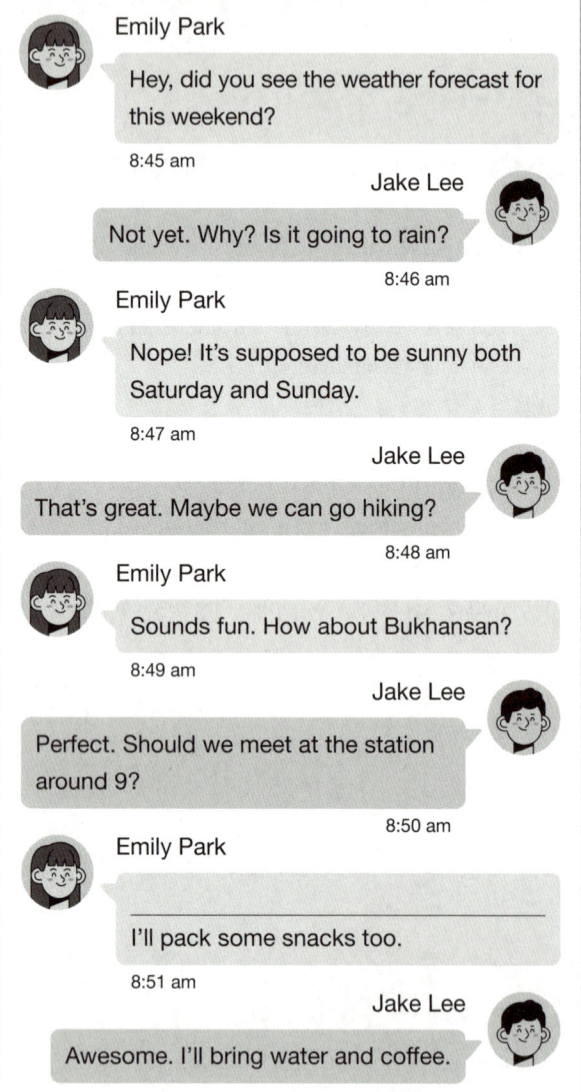

① Sure, 9 works for me.
② No, I have plans at 9.
③ Yes, I saw the forecast.
④ No, I can't eat snacks.

02

해석

A: 와, 머리 잘랐네요!
B: 네, 머리가 너무 길어지고 있었어요.
A: 당신에게 정말 잘 어울리네요.
B: 고마워요! 처음에는 잘 모르겠더군요.
A: 어디에 갔었어요?
B: 저희 집 근처에 있는 작은 미용실이요.
A: 저도 한번 해 볼까 봐요.
B: 제가 가게 이름을 알려드릴 수 있어요!

① 그냥 빠르게 다듬었을 뿐이에요.
② 저는 몇 년간 이 스타일을 고수했어요.
③ 고마워요! 처음에는 잘 모르겠더군요.
④ 사실은 아무것도 하지 않았어요.

어휘

look good on ~에게 잘 어울리다
salon 미용실, 상점
trim 다듬기

정답 ③

03

해석

Emily Park: 이번 주말의 일기 예보 봤어?
Jake Lee: 아직 안 봤어. 왜? 비 온대?
Emily Park: 아니! 토요일과 일요일 모두 맑을 거야.
Jake Lee: 좋네. 우리 하이킹 갈까?
Emily Park: 재미있겠네. 북한산은 어때?
Jake Lee: 아주 좋아. 9시쯤 역에서 만날까?
Emily Park: 그래, 난 9시가 괜찮아. 간식도 좀 챙길게.
Jake Lee: 멋져. 난 물과 커피를 가져올게.

① 그래, 난 9시가 괜찮아.
② 아니, 난 9시에 일정이 있어.
③ 응, 난 일기 예보를 봤어.
④ 아니, 난 간식을 먹을 수 없어.

어휘

weather forecast 일기 예보
be supposed to ~하기로 되어 있다
go hiking 하이킹을 하다

정답 ①

DAY 21 생활영어

01
밑줄 친 부분에 들어갈 말로 가장 적절한 것은?

> A: Tom, what are you eating?
> B: It's a tomato-cucumber salad with almonds.
> A: Don't you usually eat a double cheeseburger with fries for lunch?
> B: _____

① Okay. I'll go buy some cheese.
② Don't worry. I'll find a good recipe.
③ Sure. I'll sign up for the cooking class.
④ Yes, but from now on I'm changing my diet.

02
밑줄 친 부분에 들어갈 말로 가장 적절한 것은?

> A: Hey, do you have a charger I could borrow?
> B: Sure. What kind of phone do you have?
> A: It's an Android with USB-C.
> B: _____
> A: That's perfect. My battery's at 3%.
> B: You really let it get that low?
> A: I left my power bank at home today.
> B: Just be sure to give it back when you're done!

① I charged mine last night.
② Sorry, I don't have a phone either.
③ I have one in my bag I don't use often.
④ You should always bring your own.

01

해석

A: Tom, 뭘 먹고 있어?
B: 아몬드를 넣은 토마토 오이 샐러드야.
A: 넌 점심으로 보통 더블 치즈버거와 감자튀김을 먹지 않니?
B: 그랬는데, 지금부터 식단을 바꾸려고 해.

① 좋아. 나는 가서 치즈를 좀 살게.
② 걱정 마. 괜찮은 레시피를 찾아볼게.
③ 물론이지. 나는 요리 교실을 신청할 거야.
④ 그랬는데, 지금부터 식단을 바꾸려고 해.

어휘

cucumber 오이
fry (보통 복수형인 fries로) 감자튀김
recipe 요리법, 레시피
sign up for ~을 신청하다

정답 ④

02

해석

A: 얘, 충전기 좀 빌릴 수 있니?
B: 물론이야. 어떤 종류의 휴대폰을 가지고 있니?
A: USB-C 타입의 안드로이드야.
B: 내 가방에 내가 자주 안 쓰는 것이 하나 있어.
A: 아주 좋아. 내 것은 배터리가 3%야.
B: 정말 그렇게 배터리를 낮게 두었니?
A: 오늘 보조 배터리를 집에 두고 왔어.
B: 끝나면 꼭 돌려줘!

① 내 것은 어젯밤에 충전했어.
② 미안하지만, 나도 전화기가 없어.
③ 내 가방에 내가 자주 안 쓰는 것이 하나 있어.
④ 항상 네 것을 가지고 다녀야 해.

어휘

charger 충전기
power bank 보조 배터리

정답 ③

03

밑줄 친 부분에 들어갈 말로 가장 적절한 것은?

① Yes, I'm allergic to dairy.
② No, I already ate pasta today.
③ Okay, I'll grab something on the way.
④ No, I don't have dinner plans tonight.

03

해석

Daniel Cho: 오늘 밤에 저녁 먹으러 올래? 파스타를 만들 거야.
Lina Kim: 오, 맛있을 것 같네! 어떤 파스타?
Daniel Cho: 카르보나라. 온라인에서 훌륭한 레시피를 찾았어.
Lina Kim: 좋아! 내가 뭐 가져가야 할까?
Daniel Cho: 디저트나 좀 가져올래? 아이스크림이나 달콤한 것.
Lina Kim: 알았어. 가는 길에 뭘 좀 사갈게. 사무실 근처에 빵집이 있어.
Daniel Cho: 아주 좋네. 6시쯤 올래?
Lina Kim: 그래, 그럼 그때 봐!

① 응, 난 유제품 알레르기가 있어.
② 아니, 난 오늘 이미 파스타를 먹었어.
③ 알았어. 가는 길에 뭘 좀 사갈게.
④ 아니, 오늘 저녁 약속은 없어.

어휘
come over 오다, 방문하다
allergic to ~에 알레르기가 있는
dairy 유제품

정답 ③

DAY 22 생활영어

01
밑줄 친 부분에 들어갈 말로 가장 적절한 것은?

> A: Jessica, let's go to the jazz concert tomorrow evening. I have two free tickets!
> B: Whose concert is it?
> A: Raymond Charles, the famous jazz singer who won the Grammy Award last year.
> B: _____

① Oh, I really love him. I'll go with you.
② Good job. That's quite an improvement.
③ You missed the concert? That's too bad.
④ Don't worry about it. I'll pay this time.

01
해석
A: Jessica, 내일 저녁에 재즈 콘서트에 가자. 무료 티켓 2장이 있어!
B: 누구 콘서트야?
A: Raymond Charles라고, 작년에 그래미상을 수상한 유명한 재즈 가수야.
B: 아, 나는 그를 정말 좋아해. 너와 함께 갈게.

① 아, 나는 그를 정말 좋아해. 너와 함께 갈게.
② 잘했어. 꽤 많이 좋아졌네.
③ 콘서트를 못 갔다고? 너무 아쉽다.
④ 걱정하지 마. 이번에는 내가 낼게.

어휘
free 무료의
improvement 발전, 개선

정답 ①

02

밑줄 친 부분에 들어갈 말로 가장 적절한 것은?

> A: I'm at the café. Where are you?
> B: I'm inside too, near the counter.
> A: That's strange. I don't see you.
> B: Wait... Are you at Green Bean Café?
> A: No, I'm at Daily Brew. That's where we said, right?
> B: _____
> A: No worries. I'll wait here. Come when you can.

① Okay, I'll find a table for us.
② Oh no, I thought we said Green Bean.
③ Oh right, I'm already on my way home.
④ Sure, do you want anything to drink?

03

밑줄 친 부분에 들어갈 말로 가장 적절한 것은?

① Yeah. My goal is to run a marathon race.
② Thanks to your help, my diet was successful.
③ Actually, I can't resist eating fast food often.
④ Good for you! I think your goal will be achieved soon.

02

해석

A: 나 카페에 왔어. 어디에 있니?
B: 나도 안에 있는데, 카운터 근처야.
A: 이상하네. 네가 안 보이는데.
B: 잠깐만… 지금 그린빈 카페에 있니?
A: 아니, 난 데일리 브루에 있어. 거기가 우리가 말했던 곳이 맞지?
B: 아, 이런, 난 우리가 그린빈이라고 말한 줄 알았어.
A: 걱정 마. 내가 여기서 기다릴게. 올 수 있으면 와.

① 알았어, 우리가 앉을 테이블을 찾아볼게.
② 아, 이런, 난 우리가 그린빈이라고 말한 줄 알았어.
③ 아, 맞아. 난 벌써 집에 가는 중이야.
④ 알았어. 마실 것 좀 줄까?

어휘

on one's way home ~의 집으로 가는 길에

정답 ②

03

해석

Kate: Peter, 네가 살을 빼려고 노력한다고 들었어.
Peter: 맞아. 내 목표는 두 달 안에 5파운드를 빼는 거야.
Kate: 좋아! 성공하면, 너는 지금보다 훨씬 더 건강해질 거야.
Peter: 그래. 사실 부모님을 포함한 모든 사람들도 그렇게 말해.
Kate: 그래서 요즘 살 빼려고 뭘 하고 있니?
Peter: 무엇보다도, 햄버거나 피자 같은 패스트푸드를 먹지 않고 있어.
Kate: 훌륭하네. 운동은? 규칙적으로 운동하고 있니?
Peter: 응, 하고 있지. 매일 30분씩 달리는 것을 규칙으로 하고 있어.
Kate: 잘하고 있구나! 내 생각에는 네 목표가 곧 달성될 것 같아.

① 응. 내 목표는 마라톤 경주에서 달리는 거야.
② 네 도움 덕분에 내 다이어트는 성공적이었어.
③ 사실, 난 패스트푸드를 자주 먹는 것을 참을 수 없어.
④ 잘하고 있구나! 내 생각에 네 목표가 곧 달성될 것 같아.

어휘

lose weight 살을 빼다
achieve 달성하다
including ~을 포함하여
first of all 무엇보다도
regularly 규칙적으로

정답 ④

01

밑줄 친 부분에 들어갈 말로 가장 적절한 것은?

> A: Kevin, I can't solve this math problem. Could you help me?
> B: Math? I'm afraid I'm not very good at math.
> A: Then do you know anyone who could help me with this?
> B: _____

① Great! I knew you would be able to solve it.
② What about Thomas? He's a real math genius.
③ Thanks. Now I understand why I got it wrong.
④ Really? I'm happy you got a good grade in math.

02

밑줄 친 부분에 들어갈 말로 가장 적절한 것은?

> A: Did you finish the slides for the client meeting?
> B: Almost. I just need to update the final chart.
> A: Can I help with anything?
> B: Actually, yes. _____?
> A: Sure, I'll check and send it right away.
> B: Thanks! That'll save me some time.
> A: No problem. Are you presenting tomorrow?
> B: Yes, but just the first part.

① Could you review the whole report again
② Can you email the client the agenda
③ Do you have the latest sales data
④ Should we cancel the meeting

01

해석

A: Kevin, 이 수학 문제를 못 풀겠어. 나 좀 도와 줄래?
B: 수학? 유감이지만 나는 수학을 잘 못해.
A: 그러면 이 일을 도와줄 수 있는 누군가를 알고 있니?
B: <u>Thomas는 어때? 그는 정말 수학 천재야.</u>

① 잘됐네! 네가 해결할 줄 알았어.
② Thomas는 어때? 그는 정말 수학 천재야.
③ 고마워. 이제 내가 왜 틀렸는지 알겠어.
④ 정말? 네가 수학에서 좋은 점수를 받아서 기뻐.

어휘

be good at ~에 능숙하다
genius 천재
grade 성적, 학점

정답 ②

02

해석

A: 고객 미팅용 슬라이드는 다 만들었어요?
B: 거의 다 됐어요. 최종 차트만 업데이트하면 돼요.
A: 제가 뭘 좀 도와드릴까요?
B: 사실은, 네. <u>최신 판매 데이터를 가지고 계신가요?</u>
A: 네, 확인하고 바로 보내드릴게요.
B: 감사합니다! 그러면 시간을 절약할 수 있을 거예요.
A: 문제 없습니다. 내일 발표하시나요?
B: 네, 하지만 첫 번째 파트만요.

① 전체 보고서를 다시 검토해 주시겠어요
② 고객에게 안건을 이메일로 보내주실 수 있나요
③ 최신 판매 데이터를 가지고 계신가요
④ 우리가 회의를 취소해야 할까요

어휘

right away 즉시
present 프레젠테이션하다, 소개하다
client 고객
agenda 안건, 의제
latest 최신의

정답 ③

03

밑줄 친 부분에 들어갈 말로 가장 적절한 것은?

 Yuna
Evan, what are you doing this afternoon?
10:10 AM

Evan
Well, I have to go to the dentist to get my regular checkup at 4 o'clock. It won't take long. Why?
10:12 AM

 Cathy Miller
Well, you know the Ice Show that Michelle Kwan produces is being held at the Royal Ice Rink, don't you?
10:13 AM

Alex Brown
Of course, I do. It's the most popular show at the moment.
10:14 AM

 Cathy Miller
Right, Evan. Why don't we go see it this evening after the checkup? It'll be held at 6. I have two complimentary tickets to the show.
10:15 AM

Alex Brown
Really? How did you get them?
10:16 AM

 Cathy Miller
My uncle is working for the rink. He was given staff complimentary tickets and he gave them to me last night.
10:17 AM

Alex Brown
_____
10:18 AM

① Your uncle? No, I've never met him before.
② Of course, I'd really love to work at the ice rink.
③ Sorry, but I don't know the way to the Royal Ice Rink.
④ Great! Thank you for inviting me to the wonderful show.

DAY 24 생활영어

01

밑줄 친 부분에 들어갈 말로 가장 적절한 것은?

> A: You look depressed. What's wrong?
> B: I studied really hard for a test, but failed.
> A: Come on, _____.
> B: I know, but I still feel disheartened at the result.

① it serves you right
② that's the way the cookie crumbles
③ don't get your head buried in the sand
④ don't let the cat out of the bag

01

해석
A: 넌 우울해 보여. 무슨 일 있니?
B: 시험 공부를 정말 열심히 했는데, 떨어졌어.
A: 힘내, 세상사가 다 그런 거야.
B: 나도 알아, 하지만 시험 결과에 아직도 가슴이 아파.

① 쌤통이다
② 세상사가 그런 거야
③ 현실을 회피하지 마
④ 비밀이 새어 나가지 않도록 해

어휘
depressed 우울한, 의기소침한
disheartened 낙담한

정답 ②

02

밑줄 친 부분에 들어갈 말로 가장 적절한 것은?

> A: I'm starving. What should we eat for dinner?
> B: I could go for something warm. Maybe soup?
> A: Soup sounds good. What about ramen?
> B: _____
> A: I saw a new place nearby that just opened.
> B: Let's try it! I hope it's not crowded.
> A: If it is, we can get takeout instead.
> B: Good plan. Let's head out in five minutes.

① I only eat salads at night.
② No way. I had that for lunch.
③ I don't know how to make that.
④ Perfect. I was craving noodles anyway.

03

밑줄 친 부분에 들어갈 말로 가장 적절한 것은?

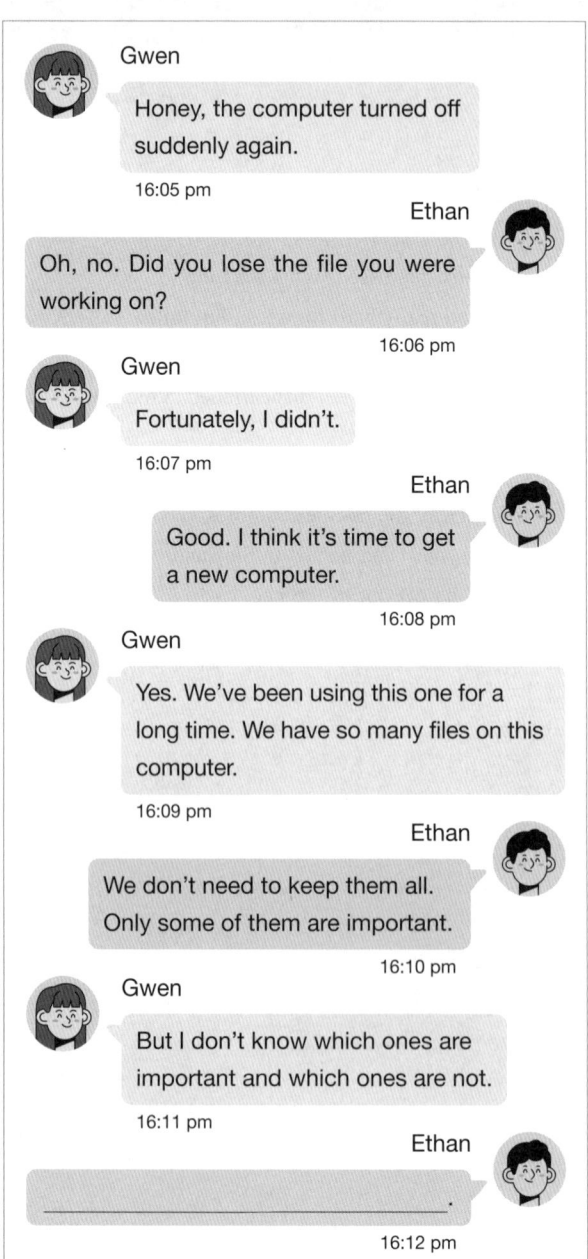

① Let's go through the files and decide which to keep
② We need a new printer as well as a new computer
③ You should've saved the file as you worked on it
④ Then I'll get it fixed as soon as possible

02

해석

A: 나 배고파 죽겠어. 우리 저녁으로 뭘 먹을까?
B: 난 따뜻한 것을 먹으러 가고 싶어. 국물은 어때?
A: 국물 좋지. 라면은 어때?
B: 아주 좋아. 난 어쨌든 면이 무척 당겼어.
A: 내가 근처에 새로 문 연 곳을 봤어.
B: 한번 가 보자! 붐비지 않았으면 좋겠네.
A: 그럴 경우에는 대신 포장을 하면 돼.
B: 좋은 계획이야. 5분 후에 출발하자.

① 나는 밤에 샐러드만 먹어.
② 말도 안 돼. 난 점심에 그걸 먹었어.
③ 난 그걸 어떻게 만드는지 모르겠어.
④ 아주 좋아. 난 어쨌든 면이 무척 당겼어.

어휘

starving 몹시 배고픈
takeout 테이크아웃 음식
head out 출발하다
crave 갈망하다
noodle 면, 국수

정답 ④

03

해석

Gwen: 자기야, 컴퓨터가 또 갑자기 꺼졌어.
Ethan: 아, 안 돼. 당신이 작업하던 파일을 잃어버렸어?
Gwen: 다행히 그렇지는 않아.
Ethan: 좋아. 새 컴퓨터를 살 때가 된 것 같아.
Gwen: 응. 우리는 이 컴퓨터를 오랫동안 사용해 왔어. 이 컴퓨터에는 파일이 너무 많아.
Ethan: 그걸 모두 보관할 필요는 없어. 몇 개만 중요하지.
Gwen: 하지만 나는 어떤 것이 중요하고 어떤 것이 그렇지 않은지 모르겠어.
Ethan: 파일을 살펴보고 어떤 것을 보관할지 결정하자.

① 파일을 살펴보고 어떤 것을 보관할지 결정하자
② 우리는 새 컴퓨터뿐만 아니라 새 프린터도 필요해
③ 당신은 파일을 작업할 때 저장했어야만 했어
④ 그러면 내가 가능한 한 빨리 고칠게

어휘

go through ~을 살펴보다
fix 고치다, 수리하다

정답 ①

01

밑줄 친 부분에 들어갈 말로 가장 적절한 것은?

> A: It's really hot today. I've been sweating all afternoon.
> B: Yeah. Should we turn on the air conditioner?
> A: No, we can't, because it's a central air conditioning system. The maintenance office said air conditioning will be available from next week.
> B: _____

① No. Our air conditioner is out of order.
② I agree with you. It's the hottest day this year.
③ Really? Then, let's turn on the electric fan instead.
④ Right. You should keep the windows closed.

02

밑줄 친 부분에 들어갈 말로 가장 적절한 것은?

> A: This library is really quiet. I like it here.
> B: Yeah, it's perfect for studying.
> A: Where's the nearest outlet? My laptop's dying.
> B: _____.
> A: Great. I'll move my stuff over there.
> B: Just be careful not to trip over the cord.
> A: Thanks for the heads-up.
> B: Want to grab coffee during the break?

① I forgot my laptop at home
② I think the Wi-Fi password has changed
③ That's why I never bring electronics here
④ There's one behind the second row of desks

01

해석

A: 오늘 정말 덥네요. 오후 내내 땀을 흘렸어요.
B: 네. 우리가 에어컨을 켜야 할까요?
A: 아니요, 켤 수 없어요. 그게 중앙 에어컨 시스템이라서요. 관리 사무소에서 다음 주부터 에어컨이 가동될 거라고 말했어요.
B: 정말요? 그러면 대신에 선풍기를 틀죠.

① 아니요. 우리 에어컨은 고장 났어요.
② 당신에게 동의해요. 올해 들어 가장 더운 날이네요.
③ 정말요? 그러면 대신에 선풍기를 틀죠.
④ 맞아요. 창문을 닫아야만 해요.

어휘

sweat 땀을 흘리다
maintenance office 관리 사무소
available 이용 가능한
out of order 고장이 난
turn on ~을 켜다

정답 ③

02

해석

A: 이 도서관은 정말 조용하네. 나는 이곳이 마음에 들어.
B: 응, 공부하기에 완벽해.
A: 가장 가까운 콘센트는 어디에 있지? 노트북 배터리가 거의 다 됐어.
B: 책상 두 번째 줄 뒤에 하나 있어.
A: 좋아. 내 물건들을 저쪽으로 옮길게.
B: 선에 걸려 넘어지지 않도록 조심해.
A: 미리 알려줘서 고마워.
B: 쉬는 시간에 커피 좀 마실래?

① 내 노트북을 집에 두고 왔어
② Wi-Fi 비밀번호가 변경된 것 같아
③ 그래서 나는 이곳에 전자제품을 절대 가져오지 않아
④ 책상 두 번째 줄 뒤에 하나 있어

어휘

outlet 콘센트
stuff 물건, 것
trip ~에 걸려 넘어지다
heads-up 알림, 경고
grab coffee 잠깐 커피를 마시다
electronics 전자 기기
row 줄, 열

정답 ④

03

밑줄 친 부분에 들어갈 말로 가장 적절한 것은?

① I really regret watching the whole game, though.
② Oh, I should have watched the game until the end.
③ Right. The process is more important than the result.
④ Yeah, many Barcelona fans were unhappy after the game.

DAY 26 생활영어

01

밑줄 친 부분에 들어갈 말로 가장 적절한 것은?

> A: Oh, no. I ordered two pairs of shoes online, but only one pair was delivered.
> B: Maybe they'll deliver the other later.
> A: But I didn't get any message from the online shop. I ordered them at the same time.
> B: _____

① Oh, then, why don't you give them a call?
② That's right. When will my order be delivered?
③ I'm sorry, but your size is out of stock right now.
④ Sure. The price is good, but the delivery is too late.

01

해석

A: 아, 이런. 온라인으로 신발 두 켤레를 주문했는데, 한 켤레만 배송됐어.
B: 나중에 나머지 신발을 배송할지도 모르지.
A: 하지만 온라인 상점으로부터 아무런 메시지도 받지 못했어. 난 그 두 켤레를 동시에 주문했거든.
B: 아, 그러면, 그들에게 전화해 보는 것이 어때?

① 아, 그러면, 그들에게 전화해 보는 것이 어때?
② 맞아. 내 주문품은 언제 배송이 될까?
③ 미안하지만, 너의 사이즈는 지금 품절이야.
④ 응. 가격은 괜찮은데, 배송이 너무 늦어.

어휘

deliver 배달하다
at the same time 동시에
out of stock 재고가 떨어진, 품절인

정답 ①

02

밑줄 친 부분에 들어갈 말로 가장 적절한 것은?

A: Are you free this weekend?
B: I think so. What's up?
A: There's a movie I really want to see.
B: _____
A: It's a mystery thriller with a twist ending.
B: I'm in. I love that genre.
A: Should we book tickets in advance?
B: Yeah, Saturday evenings get busy.

① Let's watch something at home instead.
② I already watched it last week.
③ What kind of movie is it?
④ I don't like going to the theater.

03

밑줄 친 부분에 들어갈 말로 가장 적절한 것은?

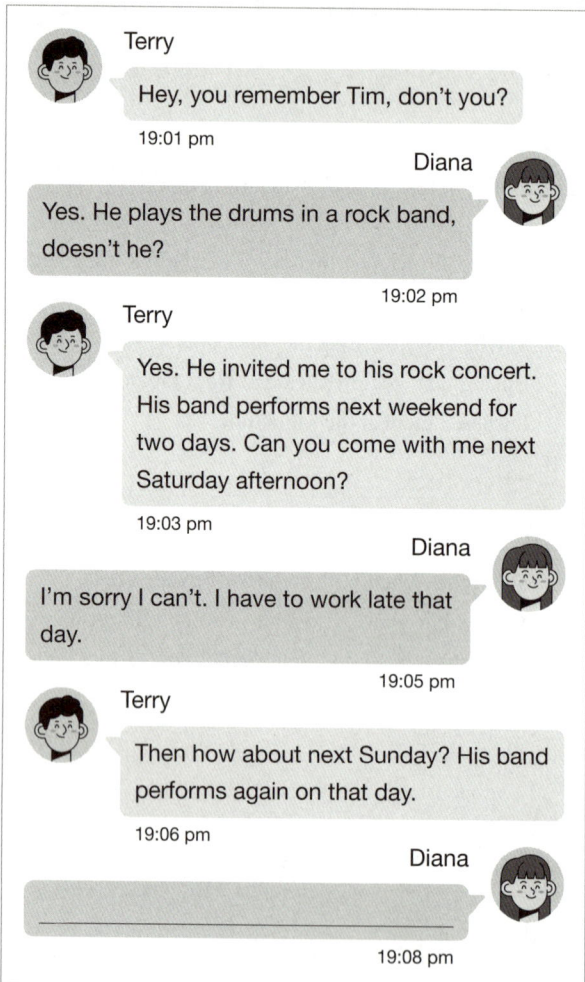

① I'm sorry that our school festival is over.
② Sorry, but I don't know how to play the drums.
③ I promise I'll invite you to my concert later.
④ Great! I'll finish working at noon that day.

02

해석

A: 이번 주말에 시간 있니?
B: 그럴 거야. 무슨 일인데?
A: 내가 정말 보고 싶은 영화가 있거든.
B: 어떤 종류의 영화인데?
A: 반전 결말이 있는 미스터리 스릴러야.
B: 나도 끼워 줘. 나는 그 장르를 좋아해.
A: 우리가 미리 티켓을 예약해야 할까?
B: 응, 토요일 저녁은 붐벼.

① 대신 집에서 뭔가를 보자.
② 난 그걸 지난주에 이미 봤어.
③ 어떤 종류의 영화인데?
④ 난 극장에 가는 것을 좋아하지 않아.

어휘
twist 급변, 급진전
genre 장르
book 예약하다, 예매하다
in advance 미리
busy 붐비는
instead 대신에

정답 ③

03

해석

Terry: 너, Tim을 기억하지?
Diana: 응. 그는 록 밴드에서 드럼을 치잖아, 그렇지 않니?
Terry: 맞아. 그가 나를 록 콘서트에 초대했어. 그의 밴드가 다음 주말에 이틀 동안 공연을 한대. 다음 주 토요일 오후에 나와 함께 갈래?
Diana: 미안하지만 못 갈 것 같아. 그날은 늦게까지 일해야 해.
Terry: 그럼 다음 주 일요일은 어때? 그의 밴드는 그날에도 공연을 하거든.
Diana: 좋아! 그날은 정오에 일을 끝낼 거야.

① 우리 학교 축제가 끝나서 유감이야.
② 미안하지만, 나는 드럼을 칠 줄 몰라.
③ 나중에 너를 내 콘서트에 꼭 초대할게.
④ 좋아! 그날은 정오에 일을 끝낼 거야.

어휘
perform 공연하다

정답 ④

DAY 27 생활영어

01

밑줄 친 부분에 들어갈 말로 가장 적절한 것은?

> A: Mike, did you hear that Laura has been hospitalized?
> B: Yes, I heard she slipped down the stairs and had a bad fall last week.
> A: I'm going to visit her with our classmates tomorrow. Do you want to come?
> B: _____

① Count me in. I'd like to go.
② I'm sorry. It's my fault, too.
③ Don't worry. I'll be okay soon.
④ Hmm. We'd better take the elevator.

02

밑줄 친 부분에 들어갈 말로 가장 적절한 것은?

> A: I'm at the café. Where are you?
> B: Wait… which café did you mean?
> A: The one across from the train station.
> B: _____
> A: That's okay. I can walk over there.
> B: Are you sure? I can come to you.
> A: No worries. I need some fresh air anyway.
> B: I'll order drinks while I wait.

① Can we reschedule?
② I don't know where that is.
③ I'm already inside, by the window.
④ Oh no, I went to the one near your house.

01

해석

A: Mike, Laura가 입원했다는 소식 들었어?
B: 응, 지난주에 계단에서 미끄러져서 심하게 넘어졌다고 들었어.
A: 내일 우리 반 친구들이랑 병문안을 가려고 해. 너도 올래?
B: 나도 끼워 줘. 나도 가고 싶어.

① 나도 끼워 줘. 나도 가고 싶어.
② 미안해. 그것 또한 내 잘못이야.
③ 걱정하지 마. 난 곧 괜찮아질 거야.
④ 흠. 우린 엘리베이터를 타는 게 낫겠어.

어휘

be hospitalized 입원하다
slip 미끄러지다

정답 ①

02

해석

A: 난 카페에 있어. 넌 어디 있니?
B: 잠깐만… 어떤 카페를 말하는 거야?
A: 기차역 맞은편에 있는 것.
B: 아, 이런, 난 너희 집 근처에 있는 데로 갔어.
A: 괜찮아. 내가 그쪽으로 갈 수 있어.
B: 정말? 내가 너한테 갈 수 있어.
A: 걱정 마. 어쨌든 신선한 공기가 필요하거든.
B: 기다리는 동안 내가 음료를 주문할게.

① 일정을 변경할 수 있을까?
② 그게 어디 있는지 모르겠어.
③ 나는 벌써 안에 있어. 창문 옆에.
④ 아, 이런, 난 너희 집 근처에 있는 데로 갔어.

어휘

across from ~의 맞은편에
reschedule 일정을 변경하다

정답 ④

03

밑줄 친 부분에 들어갈 말로 가장 적절한 것은?

① You should ask her to help you.
② It was easy to take care of my son.
③ Right. She's going to enter the speech contest.
④ I hope the same thing will happen to my daughter.

DAY 28 생활영어

01

밑줄 친 부분에 들어갈 말로 가장 적절한 것은?

> A: My nephew came from England to visit me in Korea.
> B: Really? Did he have a good time?
> A: Yes, he had a fantastic time, but he feels that, even though he spent 2 weeks in Seoul and went to a lot of places... he only _____.
> B: That's true. There really is a lot to see and do in Seoul.

① scratched the surface
② passed the buck
③ played it cool
④ put on airs

01

해석
A: 내 조카가 나를 보러 영국에서 한국으로 왔어.
B: 정말? 그가 좋은 시간을 보냈니?
A: 응, 그는 정말 즐거운 시간을 보냈지만, 서울에서 2주를 보내면서 많은 장소를 갔음에도 불구하고… 단지 수박 겉핥기식이었다고 느끼더라.
B: 사실이야. 서울에는 볼 것도 할 것도 정말 많으니까.

① 수박 겉핥기식이었어
② 책임을 전가했어
③ 냉정하게 대처했어
④ 점잔을 뺐어

정답 ①

02

밑줄 친 부분에 들어갈 말로 가장 적절한 것은?

A: It's so hot today. Why did I wear jeans?
B: I told you to check the weather this morning.
A: I thought it'd be cooler like yesterday.
B: _____.
A: Ugh, I don't even have shorts with me.
B: There's a clothing store nearby.
A: You know what? I might actually buy a pair.
B: Good call. And don't forget water!

① It was already 28 degrees when I left
② I brought an umbrella just in case
③ I think it's going to snow later
④ Maybe it'll rain tonight

03

밑줄 친 부분에 들어갈 말로 가장 적절한 것은?

① Just forget about it. It wasn't your fault.
② So, you don't want to attend the meeting.
③ Well, you didn't listen to my request at all.
④ Right. I'll offer an apology for what I said.

02

해석

A: 오늘 너무 덥다. 내가 왜 청바지를 입었을까?
B: 내가 오늘 아침에 날씨를 확인하라고 했잖아.
A: 어제처럼 더 시원할 줄 알았지.
B: 내가 출발했을 때 이미 28도였어.
A: 아, 나는 반바지도 안 가지고 있는데.
B: 근처에 옷가게가 있어.
A: 그거 알아? 사실 한 벌을 살 수도 있어.
B: 좋은 결정이야. 그리고 물도 잊지 마!

① 내가 출발했을 때 이미 28도였어
② 혹시 몰라서 우산을 가져왔어
③ 나중에 눈이 올 것 같아
④ 오늘 밤 비가 올지도 몰라

어휘

shorts 반바지
nearby 근처에
degree (온도의) 도
just in case 만약을 위해서

정답 ①

03

해석

Charles: Vicky! 무슨 일이야? 조금 우울해 보여.
Vicky: 상사가 모든 사람들 앞에서 나에게 소리를 질렀어.
Charles: 이런! 어떻게 된 거야?
Vicky: 오해가 있었을 뿐인데, 그는 내 책상 앞에 서서 나에게 소리를 지르고 자기 사무실 문을 쾅 닫았어.
Charles: 모든 사람들이 네가 큰 실수를 저질렀다고 생각하겠네.
Vicky: 그러다가 그가 와서 미안하다고 말했어.
Charles: 그가 자신의 실수에 대해 사과했다고 하니 다행이다.
Vicky: 그래, 하지만 사무실에서 고함 소리를 듣는 것은 기분이 별로야.
Charles: 그냥 그 일을 잊어. 그건 네 잘못이 아니었어.

① 그냥 그 일을 잊어. 그건 네 잘못이 아니었어.
② 그러면 너는 회의에 참석하고 싶지 않겠네.
③ 글쎄, 너는 나의 부탁을 전혀 듣지 않았어.
④ 맞아. 내가 말한 것에 대해 난 사과할 거야.

어휘

yell 소리 지르다
slam 문을 쾅 닫다
turn out ~임이 밝혀지다
apologize 사과하다
at all 전혀

정답 ①

DAY 29 생활영어

01

밑줄 친 부분에 들어갈 말로 가장 적절한 것은?

> A: So you had a crazy day at work yesterday?
> B: _____ We had two long meetings and started two new projects.
> A: You got in so late last night.
> B: I know. Thanks for waiting up for me.

① Be my guest.
② What a bummer!
③ Go for it!
④ You said it.

02

밑줄 친 부분에 들어갈 말로 가장 적절한 것은?

> A: How many copies of the presentation materials do you think we'll need?
> B: 60 should be enough, but it's always good to have extras.
> A: True. Better safe than sorry. How many would you recommend then?
> B: Let's make it 75 just in case we have more attendees than expected like last time.
> A: Good idea. _____?
> B: Absolutely. We are going to have people asking for the presentation materials after the presentation.
> A: Sure, that way everyone can easily have it whenever needed.

① How early do we need to distribute the materials
② Should we also have a digital version for sharing
③ Will the materials be printed in color or black and white
④ Are there any specific materials we should avoid including

01

해석

A: 그러니까, 넌 어제 직장에서 아주 바빴던 거지?
B: 맞아. 우린 긴 회의를 두 개 하고 나서 새 프로젝트 두 개를 시작했어.
A: 너 어제 집에 아주 늦게 왔더라.
B: 알아. 기다려줘서 고마워.

① 너 좋을 대로 해.
② 실망이야!
③ 힘내!
④ 맞아.

정답 ④

02 2025 지방직 9급

해석

A: 우리는 발표 자료가 몇 부나 필요할 것 같나요?
B: 60부면 충분하겠지만, 여분이 있는 것이 항상 좋죠.
A: 맞아요. 유비무환이죠. 그럼 몇 부를 추천하세요?
B: 지난번처럼 예상보다 많은 참석자가 있을 경우를 대비해서 75부로 하죠.
A: 좋은 생각입니다. 공유하기 위한 디지털 버전도 있어야 할까요?
B: 당연하죠. 발표가 끝난 후에 발표 자료를 요청하는 사람들이 있을 겁니다.
A: 네, 그래야 모든 사람이 필요할 때 그걸 쉽게 받을 수 있겠네요.

① 자료를 얼마나 일찍 배포해야 할까요
② 공유하기 위한 디지털 버전도 있어야 할까요
③ 자료는 컬러로 인쇄되나요, 아니면 흑백으로 인쇄되나요
④ 우리가 포함하지 말아야 할 특정 자료가 있을까요

어휘

copy 부, 사본
presentation 발표
material 자료, 재료
extra 여분의 것; 여분의
attendee 참석자
distribute 배포하다, 나누어 주다
black and white 흑백의
specific 특정한

정답 ②

03

밑줄 친 부분에 들어갈 말로 가장 적절한 것은?

① I'm on a tight budget
② I need to get in shape
③ It should clear up soon
④ I can pick you up later

DAY 30 생활영어

01
밑줄 친 부분에 들어갈 말로 가장 적절한 것은?

> A: Did you hear that the weather will be very nice from tomorrow?
> B: Oh, really? That'll be good for a trip then.
> A: I think so. What about going away for a couple of days? I'll book a hotel and look for nice restaurants.
> B: Now? Are you sure?
> A: Yes. _____.

① Look before you leap
② Don't hit the ceiling
③ Bite the bullet
④ Let's strike while the iron is hot

01

해석
A: 내일부터 날씨가 정말 좋을 거라는 얘기 들었어?
B: 아, 정말? 그럼 여행 가기 딱 좋겠다.
A: 나도 그렇게 생각해. 한 이틀 정도 어디 가는 건 어때? 호텔도 예약하고 근사한 식당도 찾아볼게.
B: 지금? 진심이야?
A: 응. 쇠뿔도 단김에 빼자고.

어휘
a couple of 둘의
Look before you leap. 돌다리도 두들겨 보고 건너라.
hit the ceiling 화를 내다
bite the bullet 이를 악물고 참다
Strike while the iron is hot. 쇠뿔도 단김에 빼라.

정답 ④

02

밑줄 친 부분에 들어갈 말로 가장 적절한 것은?

> A: Aren't you going to have lunch?
> B: No, I'm not hungry. I'd rather read my book. I'm reading *The Lucky Club*.
> A: *The Lucky Club*? What's it about?
> B: Well, it's about a group of Korean women who live in Los Angeles. The main character is a woman born in America whose mother came from Korea.
> A: It sounds interesting. Who's it by?
> B: _____.
> A: She wrote *The Heroine Generation*, too, didn't she?
> B: No, that was written by May Lee.
> A: Oh, I see.

① I have already read it
② Lin Lee is the author
③ It originally belongs to me
④ She is one of my relatives in Korea

03

밑줄 친 부분에 들어갈 말로 가장 적절한 것은?

Alex Brown
Hello. Do you remember we have a meeting with the city hall staff this afternoon?
10:10 am

Cathy Miller
Is it today? Isn't it tomorrow?
10:11 am

Alex Brown
I'll check my calendar.
10:12 am

I'm sorry, I was mistaken. The meeting is at 2 pm tomorrow.
10:13 am

Cathy Miller
Yes, that's right.
10:14 am

Alex Brown
You know we don't have to go to city hall for the meeting, right?
10:15 am

Cathy Miller
_____
It's sometimes more convenient.
10:16 am

Alex Brown
I agree. Please share the meeting URL. Also, could you send me the ID and password?
10:19 am

Cathy Miller
Sure, I'll share them via email and text.
10:19 am

① Yes, it's an online meeting.
② Yes, be sure to reply to the email.
③ No, I didn't receive your text message.
④ No, I don't have another meeting today.

02 2025 국가직 9급

해석

A: 점심을 안 먹을 거예요?
B: 네, 배가 안 고파요. 차라리 책을 읽을래요. 제가 지금 'The Lucky Club'을 읽고 있거든요.
A: 'The Lucky Club'이요? 무슨 내용인가요?
B: 음, 그 책은 로스앤젤레스에 살고 있는 일단의 한국 여성들에 관한 거예요. 주인공은 한국 출신의 어머니를 둔 미국에서 태어난 여성이에요.
A: 흥미롭게 들리네요. 누가 쓴 건가요?
B: Lin Lee가 저자예요.
A: 그녀가 'The Heroine Generation'도 썼죠?
B: 아니요, 그건 May Lee가 썼어요.
A: 아, 그렇군요.

① 저는 이미 그걸 읽었어요
② Lin Lee가 저자예요
③ 그건 원래 제 것입니다
④ 그녀는 한국에 있는 제 친척 중 한 명이에요

어휘

main character 주인공
author 작가, 저자
belong to ~의 것이다, ~에게 속하다
relative 친척

정답 ②

03 2025 국가직 9급

해석

Alex Brown: 안녕하세요. 오늘 오후에 시청 직원들과 회의가 있는 거 기억하세요?
Cathy Miller: 그게 오늘인가요? 내일 아니에요?
Alex Brown: 제 달력을 확인해 볼게요. 미안해요, 제가 착각했네요. 회의는 내일 오후 2시네요.
Cathy Miller: 네, 그게 맞아요.
Alex Brown: 회의 때문에 우리가 시청에 갈 필요 없다는 거 아시죠?
Cathy Miller: 네, 그건 온라인 회의예요. 때로는 그게 더 편리하더군요.
Alex Brown: 저도 동의해요. 회의 URL을 공유해 주세요. 그리고 제게 또한 ID와 비밀번호를 보내주실 수 있나요?
Cathy Miller: 네, 이메일과 문자로 공유해 드릴게요.

① 네, 그건 온라인 회의예요.
② 네, 이메일에 꼭 답장해 주세요.
③ 아니요, 당신의 문자 메시지를 받지 못했어요.
④ 아니요, 오늘은 다른 회의가 없어요.

어휘

staff 직원
convenient 편리한
via ~을 통해
text 문자 메시지

정답 ①

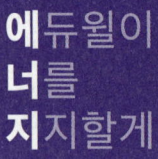

내가 꿈을 이루면
나는 누군가의 꿈이 된다.

– 이도준

여러분의 작은 소리 에듀윌은 크게 듣겠습니다.

본 교재에 대한 여러분의 목소리를 들려주세요.
공부하시면서 어려웠던 점, 궁금한 점,
칭찬하고 싶은 점, 개선할 점, 어떤 것이라도 좋습니다.

에듀윌은 여러분께서 나누어 주신 의견을
통해 끊임없이 발전하고 있습니다.

에듀윌 도서몰 book.eduwill.net
- 부가학습자료 및 정오표: 에듀윌 도서몰 → 도서자료실
- 교재 문의: 에듀윌 도서몰 → 문의하기 → 교재(내용, 출간) / 주문 및 배송

2026 에듀윌 9급공무원 유형별 문제집 영어 독해·생활영어

발행일	2025년 8월 22일 초판
편저자	헤더진
펴낸이	양형남
펴낸곳	(주)에듀윌
ISBN	979-11-360-3849-4
등록번호	제25100-2002-000052호
주소	08378 서울특별시 구로구 디지털로34길 55 코오롱싸이언스밸리 2차 3층

* 이 책의 무단 인용 · 전재 · 복제를 금합니다.

www.eduwill.net
대표전화 1600-6700

에듀윌에서 꿈을 이룬 합격생들의 진짜 **합격스토리**

에듀윌 강의·교재·학습시스템의 우수성을
합격으로 입증하였습니다!

김O범 지방직 9급 일반행정직 최종 합격

에듀윌의 체계적인 학습 관리 시스템 덕분에 합격!

에듀윌은 시스템도 체계적이고 학원도 좋았습니다. 저에게는 학원에서 진행하는 아케르 시스템이 큰 도움이 되었습니다. 아케르 시스템은 학원에 계시는 매니저님이 직접 1:1로 상담도 해주시고 학습 관리를 해주시는 시스템입니다. 제 담당 매니저님은 늘 진심으로 저와 함께 고민해주시고 제 건강이나 학습 상태도 상담해주시고, 전에 합격하신 선배님들이 어떤 식으로 학습을 진행했는지 조언해주셔서 많은 도움이 되었습니다. 수험생활에서 가장 힘든 것은 외로움과의 싸움이라고 생각하는데, 에듀윌 덕분에 주변에 제 편이 참 많다는 것을 느꼈고 공부하는 기간이 덜 힘들었던 것 같습니다.

이O민 지방교육청 교육행정직 9급 최종 합격

에듀윌만의 합리적인 가격과 시스템, 꼼꼼한 관리에 만족

에듀윌을 선택한 가장 큰 이유는 금액적인 부분입니다. 타사 패스보다 훨씬 저렴한 금액이라 금전적인 부분이 큰 부담인 수험생 입장에서는 가장 크게 다가오는 장점 중 하나라고 생각합니다. 또한 공통 교재를 사용한다는 점이 저에게는 큰 장점이었습니다. 각 커리큘럼별로 여러 교수님 수업을 들으며 공부할 수 있어서 저에게는 큰 장점이었습니다. 그리고 에듀윌 학원은 매니저님들께서 진심으로 수험생 한 명 한 명에게 관심을 가지고 꼼꼼히 관리해주신다는 점이 마음에 들어 등록하게 되었습니다. 실제로 제가 힘들거나 방향을 잃을 때마다 학원 학습 매니저님들과의 상담을 통해 잘 극복할 수 있었습니다.

전O준 국가직 9급 관세직 최종 합격

에듀윌은 공무원 합격으로 향하는 최고의 내비게이션

학교 특강 중에 현직 관세사 분께서 말씀해주신 관세직에 대한 간략한 정보만 가지고 에듀윌 학원을 방문하였습니다. 거기서 상담실장님과의 상담을 통해 관세직 공무원에 대해 자세히 알게 되었고 여기서 하면 합격할 것 같다는 확신이 들어 에듀윌과 함께 관세직만을 바라보고 관세직을 준비하였습니다. 흔들릴 때마다 에듀윌에 올라온 선배 합격자들의 합격수기를 읽으며 제가 합격수기를 쓰는 날을 상상을 했고, 학원의 매니저님과의 상담도 큰 도움이 되었습니다.

다음 합격의 주인공은 당신입니다!

더 많은 합격스토리

합격자 수 2,100% 수직 상승!
매년 놀라운 성장

에듀윌 공무원은 '합격자 수'라는 확실한 결과로 증명하며
지금도 기록을 만들어 가고 있습니다.

합격자 수를 폭발적으로 증가시킨 합격패스

| 합격 시 수강료 100% 환급 | + | 합격할 때까지 평생 수강 |

※ 환급내용은 상품페이지 참고. 상품은 변경될 수 있음.

상품
페이지

* 2017/2022 에듀윌 공무원 과정 최종 환급자 수 기준

에듀윌 직영학원에서 합격을 수강하세요

언제나 전문 학습 매니저와 상담이 가능한 안내데스크

고품질 영상 및 음향 장비를 갖춘 최고의 강의실

재충전을 위한 카페 분위기의 아늑한 휴게실

에듀윌의 상징 노란색의 환한 학원 입구

에듀윌 직영학원 대표전화

공인중개사 학원 02)815-0600	공무원 학원 02)6328-0600	편입 학원 02)6419-0600	
주택관리사 학원 02)815-3388	소방 학원 02)6337-0600	부동산아카데미 02)6736-0600	
전기기사 학원 02)6268-1400			

공무원학원 바로가기

꿈을 현실로 만드는 에듀윌

공무원 교육
- 선호도 1위, 신뢰도 1위! 브랜드만족도 1위!
- 합격자 수 2,100% 폭등시킨 독한 커리큘럼

자격증 교육
- 9년간 아무도 깨지 못한 기록 합격자 수 1위
- 가장 많은 합격자를 배출한 최고의 합격 시스템

직영학원
- 검증된 합격 프로그램과 강의
- 1:1 밀착 관리 및 컨설팅
- 호텔 수준의 학습 환경

종합출판
- 온라인서점 베스트셀러 1위!
- 출제위원급 전문 교수진이 직접 집필한 합격 교재

어학 교육
- 토익 베스트셀러 1위
- 토익 동영상 강의 무료 제공

콘텐츠 제휴 · B2B 교육
- 고객 맞춤형 위탁 교육 서비스 제공
- 기업, 기관, 대학 등 각 단체에 최적화된 고객 맞춤형 교육 및 제휴 서비스

부동산 아카데미
- 부동산 실무 교육 1위!
- 상위 1% 고소득 창업/취업 비법
- 부동산 실전 재테크 성공 비법

학점은행제
- 99%의 과목이수율
- 17년 연속 교육부 평가 인정 기관 선정

대학 편입
- 편입 교육 1위!
- 최대 200% 환급 상품 서비스

국비무료 교육
- '5년우수훈련기관' 선정
- K-디지털, 산대특 등 특화 훈련과정
- 원격국비교육원 오픈

에듀윌 교육서비스 **AI 교육** AI 프롬프트 연구소/AI CLASS(ChatGPT/AICE/노션 AI/중개업 AI 등) **공무원 교육** 9급공무원/소방공무원/계리직공무원 **자격증 교육** 공인중개사/주택관리사/손해평가사/감정평가사/노무사/전기기사/경비지도사/검정고시/소방설비기사/소방시설관리사/사회복지사1급/대기환경기사/수질환경기사/건축기사/토목기사/직업상담사/청소년상담사/전기기능사/산업안전기사/산업위생관리기사/건설안전기사/위험물산업기사/위험물기능사/유통관리사/물류관리사/행정사/한국사능력검정/한경TESAT/매경TEST/KBS한국어능력시험·실용글쓰기/IT자격증/국제무역사/무역영어/SQLD/ADsP **어학 교육** 토익 교재/토익 동영상 강의 **세무/회계** 전산세무회계/ERP정보관리사/재경관리사 **대학 편입** 편입 영어·수학/연고대/의약대/경찰대/논술/면접 **직영학원** 공무원학원/소방학원/공인중개사 학원/주택관리사 학원/전기기사 학원/편입학원 **종합출판** 공무원·자격증 수험교재 및 단행본 **학점은행제** 교육부 평가인정기관 원격평생교육원(사회복지2급/경영학/CPA) **콘텐츠 제휴·B2B 교육** 콘텐츠 제휴/기업 맞춤 자격증 교육/대학취업역량 강화 교육 **부동산 아카데미** 부동산 창업CEO/부동산 경매 마스터/부동산 컨설팅 **주택취업센터** 실무 특강/실무 아카데미 **국비무료 교육(국비교육원)** 전기기능사/전기(산업)기사/소방설비(산업)기사/IT(빅데이터/자바프로그램/파이썬)/게임그래픽/3D프린터/실내건축디자인/웹퍼블리셔/그래픽디자인/영상편집(유튜브) 디자인/온라인 쇼핑몰광고 및 제작(쿠팡, 스마트스토어)/전산세무회계/컴퓨터활용능력/ITQ/GTQ/직업상담사

교육문의 1600-6700 www.eduwill.net

·2022 소비자가 선택한 최고의 브랜드 공무원·자격증 교육 1위 (조선일보) ·2023 대한민국 브랜드만족도 공무원·자격증·취업·학원·편입·부동산 실무 교육 1위 (한경비즈니스) ·2017/2022 에듀윌 공무원 과정 최종 환급자 수 기준 ·2023년 성인 자격증, 공무원 직영학원 기준 ·YES24 공인중개사 부문, 2025 에듀윌 공인중개사 1차 단원별 기출문제집 부동산학개론(2025년 7월 월별 베스트) 그 외 다수 ·YES24 한국산업인력공단 부문, 2026 에듀윌 에너지관리기능사 필기 한권끝장+무료특강(2025년 7월 월별 베스트) 그 외 다수 ·교보문고 취업/수험서 부문, 2025 에듀윌 공기업 코레일 한국철도공사 실전모의고사 9+2+4회(2025년 2월 1일~2월 28일, 인터넷 월간 베스트) 그 외 다수 ·알라딘 시사/상식 부문, 2025 최신판 에듀윌 취업 공기업기출 일반상식 (2025년 6월 5주 주별 베스트) 그 외 다수 ·YES24 컴퓨터활용능력 부문, 2024 컴퓨터활용능력 1급 필기 초단기끝장(2023년 10월 3~4주 주별 베스트) 그 외 다수 ·YES24 신규자격증 부문, 2025 에듀윌 SQL 개발자 SQLD 2주끝장+무료특강(2025년 7월 월별 베스트) 그 외 다수 ·인터파크 자격서/수험서 부문, 에듀윌 한국사능력검정시험 2주끝장 심화 (1, 2, 3급) (2020년 6~8월 월간 베스트) 그 외 다수 ·YES24 국어 외국어사전영어 토익/TOEIC 기출문제/모의고사 분야 베스트셀러 1위 (에듀윌 토익 READING RC 4주끝장 리딩 종합서, 2022년 9월 4주 주별 베스트) ·에듀윌 토익 교재 입문~실전 인강 무료 제공 (2022년 최신 강좌 기준/109강) ·2024년 종강반 중 모든 평가항목 정상 참여자 기준, 99% (평생교육원 기준) ·2008년~2024년까지 234만 누적수강학점으로 과목 운영 (평생교육원 기준) ·에듀윌 국비교육원 구로센터 고용노동부 지정 "5년우수훈련기관" 선정 (2023~2027) ·KRI 한국기록원 2016, 2017, 2019년 공인중개사 최다 합격자 배출 공식 인증 (2025년 현재까지 업계 최고 기록)